파이썬 라이브러리 레시피

표준 라이브러리부터 서드파티 패키지까지

파이썬 라이브러리 레시피

초판 1쇄 2016년 04월 26일
2쇄 2017년 06월 15일

지은이 이케우치 다카히로, 스즈키 다카노리, 이시모토 아츠오, 고사카 겐지로, 마카비 아이
옮긴이 최지연
발행인 최홍석

발행처 (주)프리렉
출판신고 2000년 3월 7일 제 13-634호
주소 경기도 부천시 원미구 길주로 77번길 19 세진프라자 201호
전화 032-326-7282(代) **팩스** 032-326-5866
URL www.freelec.co.kr

기 획 안동현
편 집 강신원
디 자 인 김혜정

I S B N 978-89-6540-126-1

이 책에 대한 의견이나 오탈자, 잘못된 내용의 수정 정보 등은 프리렉 홈페이지(freelec.co.kr)
또는 이메일(help@freelec.co.kr)로 연락 바랍니다.

표준 라이브러리부터 서드파티 패키지까지

파이썬 라이브러리 레시피

이케우치 다카히로, 스즈키 다카노리, 이시모토 아츠오, 고사카 겐지로, 마카비 아이 공저
최지연 옮김

프리렉

들어가며

Python은 다양한 곳에 사용하고 있습니다. Python은 웹 애플리케이션 개발부터 통계 분석까지 폭넓게 이용하는 범용 프로그래밍 언어입니다. 예전에는 Google이나 Dropbox 등 외국 기업에서 많이 사용했고 국내에는 많이 확산되지 않았었습니다.

하지만 최근들어 각종 커뮤니티 등을 통해 Python의 인기가 꾸준히 높아지고 있습니다. 또한, 매년 개최되는 PyCon(파이썬 개발자 콘퍼런스)에는 점점 참가자가 늘고 있습니다. Python이 이처럼 인기를 끄는 이유는 간단하다는 점과 배우기 쉽다는 점, 표준 라이브러리가 풍부하다는 점을 들 수 있습니다. 이 책은 바로 Python의 풍부한 표준 라이브러리에 중점을 두고 있습니다.

Python의 표준 라이브러리는 매우 완성도가 높습니다. XML이나 JSON 다루기, 수치 계산이나 병렬처리 등, 다양한 기능을 특별한 준비 없이도 사용할 수 있습니다. 표준 라이브러리에 없는 것은 PyPI (https://pypi.python.org/pypi)라는 패키지 인덱스 서비스를 통해 서드파티 패키지를 손에 넣을 수도 있습니다. PyPI에는 전 세계 Python 사용자가 패키지를 등록하거나 공개하고 있으며, 그 수는 무려 78,000을 넘어선 상태입니다(2016년 3월 기준).

하지만 지금부터 본격적으로 Python을 배우려는 사람에게는 이렇게 방대한 라이브러리의 어디부터 손을 대야 할지 고민이 될 수밖에 없습니다. 표준 라이브러리와 비슷한 기능을 가진 서드파티 패키지를 발견했을 때, 둘 중 어느 쪽을 사용해야 하는지 잘 몰라 당황하는 일도 있습니다. 이 책에서는 Python의 표준 라이브러리와 서드파티 패키지 중에서도 특히 자주 사용하는 것과 편리한 것만을 엄선하여 설명하였습니다.

물론, 이미 마련되어 있는 Python 공식 문서(http://docs.python.org/)를 참고할 수도 있습니다. 이 책에서 소개하는 서드파티 패키지 대부분에 대해서 공식 문서를 포함한 문서들을 온라인상에서 발견할 수 있습니다. 하지만 지금까지 표준 라이브러리와 서드파티 패키지를 용도별로 정리하여 설명한 문서는 없습니다. 이 책은 관련된 Python 라이브러리들을 쉽게 찾을 수 있는 형식을 적용하였으며, Python의 열렬한 사용자인 저자 자신의 경험으로부터 얻은 노하우까지 곁들여 방대한 Python 라이브러리를 탐색할 때 나침반 역할을 할 수 있도록 구성했습니다.

이 책은 Python의 기초 지식을 어느 정도 익힌 사람을 대상으로 하고 있습니다. 따라서 문법이나 언어 자체에 대해서는 설명하지 않습니다. 또한, Django나 Pyramid로 대표되는 Web 애플리케이션 프레임워크나 Sphinx, Ansible 등의 Python 도구는 설명에 많은 분량을 할애해야 하므로 다루지 않았습니다.

마지막으로, 이 책의 집필과 제작에 많은 도움 주신 관계자 여러분께 진심으로 감사드립니다. 이 책이 Python을 배우는 여러분에게 도움이 되고, Python의 보급과 발전에 조금이라도 이바지할 수 있기를 바랍니다.

2015년 10월

저자 일동

이 책의 사용 방법

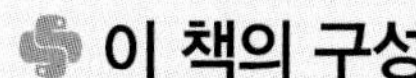

이 책의 구성

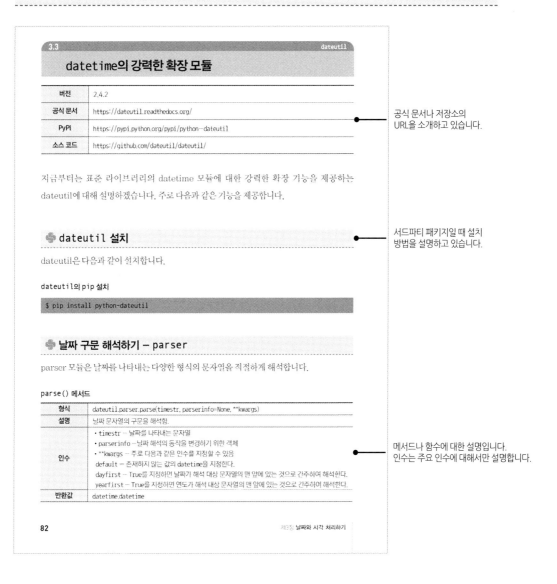

3.3 dateutil

datetime의 강력한 확장 모듈

버전	2.4.2
공식 문서	https://dateutil.readthedocs.org/
PyPI	https://pypi.python.org/pypi/python-dateutil
소스 코드	https://github.com/dateutil/dateutil/

공식 문서나 저장소의 URL을 소개하고 있습니다.

지금부터는 표준 라이브러리의 datetime 모듈에 대한 강력한 확장 기능을 제공하는 dateutil에 대해 설명하겠습니다. 주로 다음과 같은 기능을 제공합니다.

dateutil 설치

서드파티 패키지일 때 설치 방법을 설명하고 있습니다.

dateutil은 다음과 같이 설치합니다.

dateutil의 pip 설치

```
$ pip install python-dateutil
```

날짜 구문 해석하기 – parser

parser 모듈은 날짜를 나타내는 다양한 형식의 문자열을 적절하게 해석합니다.

parse() 메서드

형식	dateutil.parser.parse(timestr, parserinfo=None, **kwargs)
설명	날짜 문자열의 구문을 해석함.
인수	• timestr – 날짜를 나타내는 문자열 • parserinfo – 날짜 해석의 동작을 변경하기 위한 객체 • **kwargs – 주로 다음과 같은 인수를 지정할 수 있음 default – 존재하지 않는 값의 datetime을 지정한다. dayfirst – True를 지정하면 날짜가 해석 대상 문자열의 맨 앞에 있는 것으로 간주하여 해석한다. yearfirst – True를 지정하면 연도가 해석 대상 문자열의 맨 앞에 있는 것으로 간주하여 해석한다.
반환값	datetime.datetime

메서드나 함수에 대한 설명입니다. 인수는 주요 인수에 대해서만 설명합니다.

82 제3장 날짜와 시각 처리하기

샘플 코드에 대해

이 책에서는 샘플 코드를 사용해서 설명하고 있습니다. 코드는 표준 대화 모드 형식과 소스 파일 형식, 두 가지 패턴을 이용하여 설명합니다. 대화 모드 형식은 바탕이 짙은 회색이며, 소스 파일 형식은 옅은 회색입니다. 이러한 코드 안에서 설명하는 부분은 바탕색을 달리하여 표시하였습니다. 일련의 처리를 묶어서 설명할 때는 소스 파일 형식으로, 그 외에는 대화 모드 형식으로 설명하였습니다.

코드 실행에 필요한 import 문은 생략하지 않고 그대로 적었습니다. 단, 절(1.1 등의 번호가 붙은 단위)에서 한 번 등장한 import 문은 두 번째부터는 생략했습니다.

relativedelta에서 두 개의 일시가 주어진 경우의 패턴

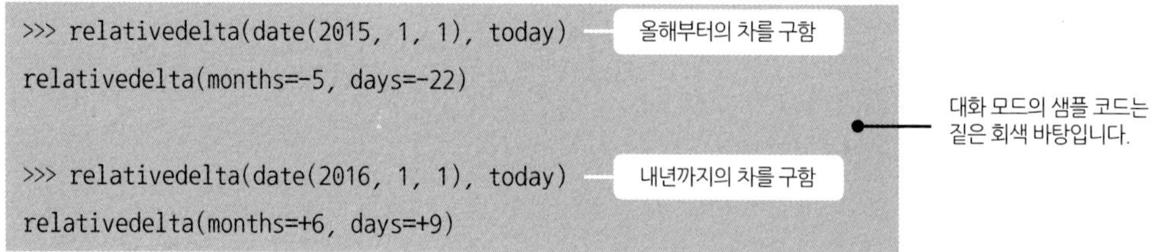

```
>>> relativedelta(date(2015, 1, 1), today)
relativedelta(months=-5, days=-22)

>>> relativedelta(date(2016, 1, 1), today)
relativedelta(months=+6, days=+9)
```


구분 문자와 인용 부호 지정

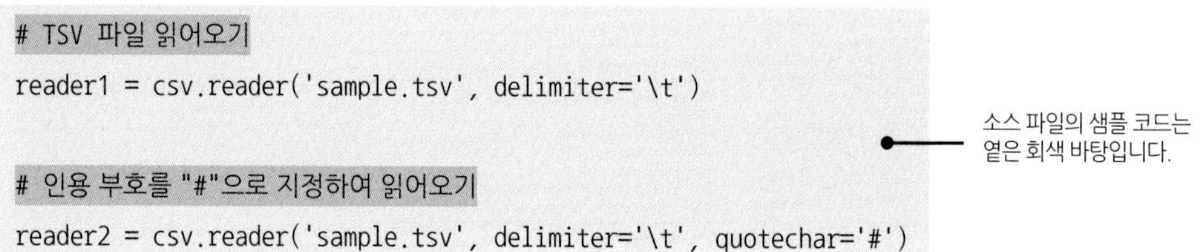

```
# TSV 파일 읽어오기
reader1 = csv.reader('sample.tsv', delimiter='\t')

# 인용 부호를 "#"으로 지정하여 읽어오기
reader2 = csv.reader('sample.tsv', delimiter='\t', quotechar='#')
```

소스 파일의 샘플 코드는 옅은 회색 바탕입니다.

동작 환경

이 책에 등장하는 라이브러리와 소스 코드는 Python 3.4를 대상으로 합니다. 샘플 코드의 동작은 Python 3.4.4에서 확인하였습니다. Python 2.7은 설명에서 제외하였으나 패키지 이름이 변경된 경우 등, 특별한 경우에는 Python 2.7이 잠시 등장하기도 합니다.

메서드와 함수 설명에 대해

메서드나 함수, 클래스를 설명할 때에는 모든 인수가 아닌, 특히 중요한 인수에 대해서만 설명하였습니다.

그 밖의 주의 사항

이 책에 기재된 정보는 출간 당시를 기준으로 게재한 것이므로, 이후 변경되었을 가능성도 있습니다. 또한, 소프트웨어는 버전이 업그레이드되는 경우가 있으므로 이 책의 설명과 기능 내용이나 화면 등이 달라질 수 있습니다. 변경 사항에 대해서는 공식 문서를 참고하기 바랍니다.

차례

텍스트 처리하기

이번 장에서는 프로그램을 작성할 때 가장 기본이 되는 텍스트 처리 기능에 대해 설명합니다. Python에서는 문자열을 편리하게 다루는 기능이나 문자열형(str) 메서드를 여럿 제공합니다. 이들 기능을 잘 활용하여 텍스트 데이터를 분석하고 정형화된 결과를 출력해봅시다.

1.1 str, string

일반적인 문자열 조작하기

공식 문서	https://docs.python.org/3.4/library/stdtypes.html#text-sequence-type-str
공식 문서	https://docs.python.org/3.4/library/string.html

여기서는 일반적인 문자열 조작을 수행하는 내장 자료형 str과 string 모듈에 대해 설명하겠습니다.

문자열 검사 메서드

문자열 객체(str)에는 문자열이 지정된 형식인지 아닌지를 검사하는 메서드가 있습니다. 이들 메서드의 반환값은 모두 bool(True/False)입니다.

문자열 검사 메서드

메서드 이름	설명
isalnum()	문자열이 숫자와 문자일 때만 True를 반환한다.
isalpha()	문자열이 문자일 때만 True를 반환한다. 한국어 등 ASCII 문자열이 아니더라도 숫자나 기호가 포함되어 있지 않으면 True를 반환한다.
isdecimal()	문자열이 십진수 숫자를 나타내면 True를 반환한다.
isdigit()	문자열이 숫자를 나타내는 문자로만 이루어졌으면 True를 반환한다.
isidentifier()	식별자로 사용할 수 있는 문자열이면 True를 반환한다.
islower()	문자열이 모두 소문자면 True를 반환한다.
isnumeric()	수를 나타내는 문자열이면 True를 반환한다. 한자 숫자 등도 포함된다.
isprintable()	프린트 가능한 문자열이면 True를 반환한다.
isspace()	스페이스, 탭 등의 공백 문자면 True를 반환한다.

메서드 이름	설명
istitle()	맨 처음만 대문자이고 뒤는 소문자인 문자열이면 True를 반환한다.
isupper()	문자열이 모두 대문자면 True를 반환한다.

문자열 검사 메서드 사용 예

```
>>> '123abc'.isalnum()      영어와 숫자로만 구성된 문자열
True

>>> '123abc#'.isalnum()     기호가 들어간 문자열
False

>>> 'abcd'.isalpha()
True

>>> '가나다라한국어'.isalpha()
True

>>> 'UPPERCASE'.isupper()
True

>>> 'lowercase'.islower()
True

>>> 'Title String'.istitle()
True

>>> num = '123456789'       아라비아 숫자
>>> num.isdecimal(), num.isdigit(), num.isnumeric()
(True, True, True)

>>> num = '１２３４５６７８９'       전각 아라비아 숫자
>>> num.isdigit(), num.isdecimal(), num.isnumeric()
```

```
(True, True, True)

>>> num = '①②③④⑤'        원숫자
>>> num.isdigit(), num.isdecimal(), num.isnumeric()
(True, False, True)

>>> num = 'ⅠⅡⅢⅣⅤ'        로마자 숫자
>>> num.isdigit(), num.isdecimal(), num.isnumeric()
(False, False, True)

>>> num = '一億二千三百四十五万'        한자 숫자
>>> num.isdigit(), num.isdecimal(), num.isnumeric()
(False, False, True)
```

문자열 변환 메서드

문자열 객체(str)에는 문자열을 변환하는 메서드가 있습니다. 이들 메서드의 반환값은 모두 문자열입니다. 다음 메서드는 대소문자 구분이 있는 알파벳일 때만 유효하며 한국어 등 기타 언어는 변하지 않습니다.

문자열 변환 메서드

메서드 이름	설명
upper()	문자열을 모두 대문자로 변환한다.
lower()	문자열을 모두 소문자로 변환한다.
swapcase()	대문자는 소문자로, 소문자는 대문자로 변환한다.
capitalize()	맨 처음 한 문자를 대문자로, 그 외는 소문자로 변환한다.
title()	단어마다 대문자 한 문자+소문자 형식으로 변환한다.
replace(old, new[, count])	old를 new로 변환한 문자열을 반환한다. count가 지정된 경우에는 맨 처음부터 지정된 수만큼 변환한다.

문자열 변환 메서드 사용 예

```
>>> text = 'HELLO world!'
>>> text.upper()
'HELLO WORLD!'

>>> text.lower()
'hello world!'

>>> text.swapcase()
'hello WORLD!'

>>> text.capitalize()
'Hello world!'

>>> text.title()
'Hello World!'

>>> text.replace('world', 'python')
'HELLO python!'

>>> text.replace('L', 'l', 1)    # 첫 번째 L만 변환
'HElLO world!'
```

서식화 메서드

지정한 형식의 문자열을 작성하기 위한 서식화 메서드 format()에 대해 살펴봅시다.

서식화 메서드란 미리 포맷을 지정하여 그 포맷에 따라 인수를 배치해서 문자열을 작성하는 것입니다. 다음 코드는 간단한 사용 예입니다. {}로 감싼 부분에 format()의 인수로 지정된 값이 대입되어 문자열이 작성됩니다.

format()의 간단한 사용 예

```
>>> '1 + 2 = {0}'.format(1 + 2)
'1 + 2 = 3'

>>> a = 2
>>> b = 3
>>> '{0} * {1} = {2}'.format(a, b, a * b)
'2 * 3 = 6'
```

서식화 메서드에는 다음과 같은 두 가지가 있습니다.

format() 메서드

형식	format(*args, **kwargs)
인수	• args — 서식화할 값을 위치 인수로 지정한다. • kwargs — 서식화할 값을 키워드 인수로 지정한다.

format_map() 메서드

형식	format_map(mapping)
인수	• mapping — 서식화할 값을 사전 형식으로 지정한다.

치환 필드 지정 방법

서식화 메서드에서 치환 필드({}로 지정하는 부분)를 지정하는 방법은 여러 가지가 있습니다. 여기서는 치환 필드를 지정하는 주요 방법에 대해 살펴보겠습니다.

기본적인 치환 필드 지정 방법

형식	설명
{}{}	왼쪽부터 순서대로 인수로 지정한 값으로 치환된다.
{0}{1}{2}	지정된 위치의 인수 값으로 치환된다.
{name}{key}	kwargs 또는 format_map()에서 지정한 사전의 키에 해당하는 값으로 치환된다.

기본적인 서식 지정 코드

```
>>> '{} is better than {}'.format('Beautiful', 'ugly')
'Beautiful is better than ugly'

>>> '{1} is better than {0}'.format('implicit', 'Explicit')
'Explicit is better than implicit'

>>> 'My name is {name}'.format(name='takanori')
'My name is takanori'

>>> person = {'name': 'takanori',
... 'twitter': 'takanory',
... }
>>> 'My twitter id is {twitter}'.format_map(person)
'My twitter id is takanory'
```

또한, 인수에 list, dict 등을 지정할 때는 치환 필드를 다음과 같이 지정할 수 있습니다.

복잡한 치환 필드 지정 방법

형식	설명
{0[0]}{name[0]}	지정된 인수의 0번째 요소가 배치된다.
{1[key]}{name[key]}	지정된 인수의 지정된 키워드(여기에서는 key)의 값이 배치된다.
{0.attr}{name.attr}	지정된 인수의 지정된 속성(여기에서는 attr) 값이 배치된다.

복잡한 서식 지정 코드

```
>>> words = ['spam', 'ham', 'eggs']
>>> 'I like {0[2]}'.format(words)
'I like eggs'

>>> person = {'twitter': 'takanory', 'name': 'takanori'}
>>> 'My name is {person[name]}'.format(person=person)
'My name is takanori'

>>> from datetime import datetime
>>> now = datetime.now()
>>> 'Today is {0.year}-{0.month}-{0.day}'.format(now)
'Today is 2016-3-11'
```

포맷 지정 방법

서식을 지정할 때 문자열 변환을 위한 포맷을 함께 지정할 수 있습니다. 예를 들어, 문자열로 변환할 때 수치 자릿수를 지정하거나, 공백을 메우는 등, 레이아웃을 조정할 수 있습니다. 이러한 포맷은 콜론(:)의 뒤에 지정합니다.

포맷 지정 방법

형식	설명
:<30 :>30 :^30	지정한 폭(여기에서는 30)으로 왼쪽 맞춤, 오른쪽 맞춤, 가운데 맞춤.
:-<30 :->30 :^-30	왼쪽 맞춤, 오른쪽 맞춤, 가운데 맞춤에서 공백(스페이스)을 지정한 문자(여기에서는 -)로 메운다.
:b :o :d :x :X	2진수, 8진수, 10진수, 16진수(소문자), 16진수(대문자)로 변환한다.
:f	고정소수점 수의 문자열로 변환한다.
:%	백분율 표기로 변환한다.
:,	수치에 세 자리마다 쉼표(,)를 삽입한다.

형식	설명
:6.2f	표시할 자릿수를 지정한다. 6은 전체 자릿수, 2는 소수점 이하 자릿수를 나타낸다.
:%Y-%m-%d %H:%M:%S	날짜 형식 특유의 서식으로, 연월일 등으로 변환한다. 날짜 형식에 대한 자세한 내용은 "3.1 날짜와 시간 다루기 - datetime"을 참고한다.

포맷 지정 샘플 코드

```
>>> import math
>>> '|{:<30}|'.format('left align')
'|left align                    |'

>>> '|{:>30}|'.format('right align')
'|                   right align|'

>>> '|{:^30}|'.format('center')
'|            center            |'

>>> '{:-^30}'.format('center')
'------------center------------'

>>> '{0:b} {0:o} {0:d} {0:x} {0:X}'.format(1000)
'1111101000 1750 1000 3e8 3E8

>>> '{0} {0:f}'.format(math.pi)
'3.141592653589793 3.141593'

>>> '{:%}'.format(0.045)
'4.500000%'

>>> '{:,}'.format(10000000000000)
'10,000,000,000,000'

>>> '{:4.2f} {:2.2%}'.format(math.pi, 0.045)
```

```
'3.14 4.50%'

>>> from datetime import datetime
>>> now = datetime.now()
>>> 'Today is {:%Y-%m-%d}'.format(now)
'Today is 2015-06-11'

>>> 'Current time is {:%H:%M:%S}'.format(now)
'Current time is 18:41:33'
```

서식 지정에 대한 자세한 내용은 공식 문서의 "Format String Syntax"[1]를 참고하기 바랍니다.

기타 문자열 메서드

앞에서 설명하지는 않았지만 자주 쓰이는 문자열 메서드에 대해 살펴봅시다.

기타 문자열 메서드

메서드 이름	설명	반환값
find(sub[, start[, end]])	문자열 중에 sub이 존재하는 위치를 반환한다. 없으면 −1을 반환한다.	int
split(sep=None, maxsplit=−1)	문자열을 분할한다. 기본으로는 공백 문자로 분할한다.	list
join(iterable)	인수로 지정된 여러 문자열을 결합한다.	str
startswith(prefix[, start[, end]])	지정된 접두사를 가진 문자열을 검색한다. prefix에는 튜플로 여러 개의 후보를 지정할 수 있다. start, end는 조사할 위치 지정에 사용한다.	bool
endswith(suffix[, start[, end]])	지정된 접미사를 가진 문자열을 검색한다. suffix에는 튜플로 여러 개의 후보를 지정할 수 있다. start, end는 조사할 위치 지정에 사용한다.	bool

1 https://docs.python.org/3.4/library/string.html#format-string-syntax

메서드 이름	설명	반환값
encode(encoding="utf-8", errors="strict")	문자열을 지정한 인코딩 형식으로 변환한다. errors에는 변환 불가능한 문자열이 있을 때 대응 방법을 기술한다. strict이면 오류가 발생하며, ignore이면 해당 문자를 무시하고, replace이면 ?로 변환한다.	bytes

기타 문자열 메서드 사용 예

```
>>> 'python'.find('th')
2

>>> 'python'.find('TH')
-1

>>> words = '''Beautiful is better than ugly.
... Explicit is better than implicit.'''.split()

>>> words
['Beautiful', 'is', 'better', 'than', 'ugly.', 'Explicit', 'is',
'better', 'than', 'implicit.']

>>> '-'.join(words[:5])   리스트를 -로 연결
'Beautiful-is-better-than-ugly.'

>>> 'python'.startswith('py')
True

>>> image_suffix = ('jpg', 'png', 'gif')   이미지 파일의 확장자로 튜플을 정의
>>> 'image.png'.endswith(image_suffix)
True

>>> 'text.txt'.endswith(image_suffix)
False
```

```
>>> text = '가abcd나'
>>> text.encode('ascii')        # 한국어가 섞인 문자열을 ascii로 인코딩
Traceback (most recent call last):
  File "<stdin>", line 1, in <module>
UnicodeEncodeError: 'ascii' codec can't encode character '\uac00' in
position 0: ordinal not in range(128)

>>> text.encode('ascii', 'ignore')        # 한국어를 무시
b'abcd'

>>> text.encode('ascii', 'replace')        # 한국어를 ?로 변환
b'?abcd?'
```

문자열 상수 이용하기

string 모듈에는 몇 가지 문자열 상수가 정의되어 있습니다.

string 모듈 상수

상수 이름	설명
string.ascii_lowercase	영문 소문자(abcdefghijklmnopqrstuvwxyz)
string.ascii_uppercase	영문 대문자(ABCDEFGHIJKLMNOPQRSTUVWXYZ))
string.ascii_letters	소문자와 대문자를 합친 영문자 전체
string.digits	10진수 숫자(0123456789)
string.hexdigits	16진수 숫자(0123456789abcdefABCDEF)
string.octdigits	8진수 숫자(01234567)
string.punctuation	기호 문자열(!"#$%&'()*+,-./:;<=>?@[\]^_`{|}~)
string.whitespace	공백으로 취급되는 문자열(\t\n\r \x0b \x0c)
string.printable	ascii_letter, digits, punctuation, whitespace를 포함한 문자열

문자열 상수 이용 예

```
>>> import string
>>> 'a' in string.ascii_lowercase    소문자인지 검사
True

>>> 'a' in string.ascii_uppercase    대문자인지 검사
False
```

1.2 re

정규 표현 다루기

공식 문서	https://docs.python.org/3.4/library/re.html

정규 표현을 처리하는 모듈 re에 대해 살펴봅시다.

정규 표현이란, 문자열의 패턴을 정의하여 해당 패턴에 맞는 문자열을 찾거나 치환하는 등의 작업에 사용하는 기능입니다. 예를 들어 점(.)은 임의의 한 문자를 의미하므로 "a.c"라는 패턴이면 abc, acc, a0c 등의 문자열이 일치합니다.

이 책에서는 정규 표현 자체에 대해서는 자세히 설명하지 않습니다. 정규 표현에 대하여 더 자세히 알고 싶다면 공식 문서를 참고하기 바랍니다.

기본 함수

정규 표현을 처리하는 기본 함수에 대해 알아봅시다.

re.search() 함수

형식	re.search(pattern, string, flags=0)
설명	지정된 문자열이 정규 표현에 일치하는지 확인한다.
인수	• pattern – 정규 표현 문자열을 지정한다. • string – 정규 표현에 일치하는지 확인할 문자열을 지정한다. • flags – 정규 표현을 컴파일할 때, 동작을 변경하는 플래그를 지정한다(플래그에 대해서는 뒤에서 설명한다).
반환값	일치하면 매치 객체를 반환하고, 일치하지 않으면 None을 반환한다.

re.match() 함수

형식	re.match(pattern, string, flags=0)
설명	지정된 문자열이 정규 표현에 일치하는지 확인한다. search( )와는 다르게 문자열의 맨 앞글자부터 일치하는지 확인한다.

기본적인 정규 표현의 매치 처리

```
>>> import re
>>> re.match('a.c', 'abc')          일치하면 매치 객체를 반환한다.
<_sre.SRE_Match object; span=(0, 3), match='abc'>

>>> re.search('a.c', 'abc')         일치하면 매치 객체를 반환한다.
<_sre.SRE_Match object; span=(0, 3), match='abc'>

>>> re.match('b', 'abc')            match는 맨 앞글자를 확인하므로 일치하지 않는다.
>>> re.search('b', 'abc')           search에는 일치한다.
<_sre.SRE_Match object; span=(1, 2), match='b'>
```

re 모듈의 상수(플래그)

re 모듈에는 정규 표현을 컴파일할 때 지정하는 플래그가 상수로 준비되어 있습니다. 플래그에는 한 문자로 이루어진 것(A 등)과 플래그의 뜻을 나타내는 단어인 것(ASCII 등), 두 종류가 있습니다.

주요 플래그를 정리하면 다음과 같습니다. OR(|) 연산자를 사용해 여러 개의 플래그를 조합할 수도 있습니다.

re 모듈의 상수(플래그)

상수 이름	설명
A 또는 ASCII	\w 등의 매치 처리에서 ASCII 문자만을 사용한다.
I 또는 IGNORECASE	대소문자를 구별하지 않고 매치한다.
M 또는 MULTILINE	^와 $를 각 행의 맨 처음과 맨 끝에 매치한다.
S 또는 DOTALL	점(.)을 줄바꿈까지 포함하여 매치한다.

플래그 샘플 코드

```
>>> re.search('\w', '가나다라마ABC')
<_sre.SRE_Match object; span=(0, 1), match='가'>

>>> re.search('\w', '가나다라마ABC', flags=re.A)    ASCII 문자만 매치
<_sre.SRE_Match object; span=(5, 6), match='A'>

>>> re.search('[abc]+', 'ABC')
>>> re.search('[abc]+', 'ABC', re.I)    대소문자 무시
<_sre.SRE_Match object; span=(0, 3), match='ABC'>

>>> re.match('a.c', 'A\nC', re.I)
>>> re.match('a.c', 'A\nC', re.I | re.S)    여러 개의 플래그 지정
<_sre.SRE_Match object; span=(0, 3), match='A\nC'>
```

정규 표현 객체

정규 표현을 사용할 때 앞서 설명했던 re.search(), re.match() 이외에 정규 표현 객체를 작성하여 해당 객체에 대한 처리를 수행할 수 있습니다. 정규 표현 객체는 re.compile()로 작성합니다.

re.compile() 메서드

형식	re.compile(pattern, flags=0)
설명	지정된 정규 표현을 컴파일하여 정규 표현 객체를 반환한다.
인수	• pattern – 정규 표현 문자열을 지정한다. • flags – 정규 표현을 컴파일할 때, 동작을 변경하는 플래그를 지정한다.
반환값	정규 표현 객체

정규 표현 객체에서 사용할 수 있는 주요 메서드는 다음과 같습니다. 모든 메서드는 re.메서드_이름(pattern, 그_외_인수) 형식으로도 호출할 수 있습니다.

정규 표현 객체 메서드

메서드 이름	설명	반환값
search(string[, pos[, endpos]])	지정한 문자열이 정규 표현에 일치하는지를 반환한다. pos, endpos는 처리할 위치를 나타낸다.	매치 객체 또는 None
match(string[, pos[, endpos]])	지정한 문자열이 정규 표현에 일치하는지를 반환한다. search()와는 달리, 맨 처음부터 일치하는지 확인한다.	매치 객체 또는 None
fullmatch(string[, pos[, endpos]])	지정한 문자열 전체가 정규 표현에 일치하는지를 반환한다.	매치 객체 또는 None
split(string[, maxsplit=0)	지정한 문자열을 정규 표현 패턴에 일치하는 문자열로 분할한다. maxsplit은 분할할 최대 개수이다.	문자열의 list
sub(repl, string, count=0)	문자열 안의 정규 표현 패턴에 일치한 문자열을 repl로 치환한다. count는 변환하는 상한을 지정한다.	str
findall(string[, pos[, endpos]])	지정한 문자열 안의 정규 표현에 일치한 문자열을 리스트로 반환한다.	문자열의 list
finditer(string[, pos[, endpos]])	지정한 문자열 안의 정규 표현에 일치한 매치 객체를 반복자(iterator)로 반환한다.	매치 객체 또는 None

정규 표현 객체 메서드의 샘플 코드

```
>>> regex = re.compile('[a-n]+')          a-n 범위의 영어 소문자에 매치
>>> type(regex)
<class '_sre.SRE_Pattern'>

>>> regex.search('python')                h 문자에 일치
<_sre.SRE_Match object; span=(3, 4), match='h'>

>>> regex.match('python')                 맨 앞글자가 일치하지 않으므로 None을 반환
>>> regex.fullmatch('eggs')               문자열 전체와 일치하는지 검사
>>> regex.fullmatch('egg')
<_sre.SRE_Match object; span=(0, 3), match='egg'>

>>> regex2 = re.compile('[-+()]')         전화번호에 사용되는 기호 패턴을 정의
>>> regex2.split('080-1234-5678')
['080', '1234', '5678']

>>> regex2.split('(080)1234-5678')
['', '080', '1234', '5678']

>>> regex2.split('+81-80-1234-5678')
['', '81', '80', '1234', '5678']

>>> regex2.sub('', '+81-80-1234-5678')    기호를 삭제한다
'818012345678'

>>> regex3 = re.compile('\d+')            문자 한 개 이상으로 된 숫자의 정규 표현
>>> regex3.findall('080-1234-5678')
['080', '1234', '5678']

>>> for m in regex3.finditer('+81-80-1234-5678'):
...     m
...
<_sre.SRE_Match object; span=(1, 3), match='81'>
```

```
<_sre.SRE_Match object; span=(4, 6), match='80'>
<_sre.SRE_Match object; span=(7, 11), match='1234'>
<_sre.SRE_Match object; span=(12, 16), match='5678'>
```

매치 객체

매치 객체는 re.match()나 re.search() 등에서 정규 표현에 일치한 문자열에 관한 정보를 저장하는 객체입니다.

group() 메서드

형식	group([group1, ...])
설명	지정한 서브 그룹에 일치한 문자열을 반환한다. 여러 개의 서브 그룹을 지정할 때는 문자열을 튜플로 반환한다. 서브 그룹을 나타내는 숫자 또는 그룹 이름을 인수로 지정한다. 인수를 지정하지 않으면 0과 마찬가지로 일치한 문자열 전체를 반환한다.
인수	• group1 — 서브 그룹을 숫자 또는 서브 그룹 이름으로 지정한다.
반환값	문자열 또는 문자열의 튜플

group() 샘플 코드

```
>>> regex = re.compile('(\d+)-(\d+)-(\d+)')  ── 전화번호의 정규 표현
>>> m = regex.match('080-1234-5678')
>>> m.group()  ── 일치한 문자열 전체를 얻음
'080-1234-5678'

>>> m.group(1), m.group(2), m.group(3)  ── 각 서브 그룹의 문자열을 얻음
('080', '1234', '5678')

>>> regex2 = re.compile(r'(?P<first>\w+) (?P<last>\w+)')  ── 이름을 구하는 정규 표현

>>> m2 = regex2.match('Takanori Suzuki: PyCon JP Chair')
>>> m2.group(0)  ── 일치한 문자열 전체를 얻음
```

```
'Takanori Suzuki'

>>> m2.group('first'), m.group('last')   # 서브 그룹을 그룹 이름으로 지정
('Takanori', 'Suzuki')
```

매치 객체의 메서드

메서드 이름	설명	반환값
groups(default=None)	패턴에 일치한 서브 그룹의 문자열을 튜플로 반환한다. default에는 일치하는 문자열이 존재하지 않을 때의 반환값을 지정한다.	tuple
groupdict(default=None)	패턴에 일치한 서브 그룹을 사전 형식으로 반환한다. default에는 일치하는 문자열이 존재하지 않을 때의 반환값을 지정한다.	dict
expand(template)	template 문자열에 대하여 \1 또는 \g<name>의 형식으로 서브 그룹을 지정하면, 일치한 문자열로 치환된다.	str

매치 객체의 샘플 코드

```
>>> import re
>>> regex = re.compile(r'(?P<first>\w+) (?P<last>\w+)')
>>> m = regex.match('Takanori Suzuki: #kabepy Founder')
>>> m.groups()   # 일치한 문자열을 모두 얻음
('Takanori', 'Suzuki')

>>> m.groupdict()   # 일치한 문자열을 사전 형식으로 얻음
{'last': 'Suzuki', 'first': 'Takanori'}

>>> m.expand(r'last: \2, first: \1')   # expand를 사용하여 문자열을 반환
'last: Suzuki, first: Takanori'

>>> m.expand(r'last: \g<last>, first: \g<first>')
'last: Suzuki, first: Takanori'
```

Unicode 데이터베이스에 접근하기

공식 문서	https://docs.python.org/3.4/library/unicodedata.html

지금부터는 Unicode 데이터베이스에 접근하는 기능을 제공하는 unicodedata에 대해 살펴봅시다. 이모티콘의 이름(SNOWMAN 등)을 지정하여 이모티콘(☃)을 얻거나, 반대로 지정한 문자의 이름을 얻을 수 있습니다.

unicodedata 모듈 함수

함수 이름	설명	반환값
lookup(name)	지정된 이름에 대응하는 문자를 반환한다. 존재하지 않는 경우는 KeyError를 반환한다.	str
name(chr[, default])	문자 chr에 대응하는 이름을 반환한다. 이름이 정의되어 있지 않으면 ValueError를 반환한다. default가 지정되어 있으면 해당 값을 반환한다.	str

unicodedata 샘플 코드

```
>>> import unicodedata
>>> unicodedata.lookup('LATIN SMALL LETTER A')
'a'

>>> unicodedata.lookup('UNKNOWN CHARACTER')
Traceback (most recent call last):
  File "<stdin>", line 1, in <module>
KeyError: "undefined character name 'UNKNOWN CHARACTER'"

>>> for chr in ('A', 'Ａ', '1', '１', 'ㄱ', '가'):     ← 여러 문자의 이름을 얻음
...     unicodedata.name(chr)
...
```

```
'LATIN CAPITAL LETTER A'
'FULLWIDTH LATIN CAPITAL LETTER A'
'DIGIT ONE'
'FULLWIDTH DIGIT ONE'
'HANGUL LETTER KIYEOK'
'HANGUL SYLLABLE GA'
```

 Unicode 문자열의 정규화

unicodedata 모듈의 normalize() 메서드를 사용하면 Unicode 문자열을 정규화할 수 있습니다. 문자열의 정규화는 모양이 같아 보이거나 반각과 전각이 섞인 문자열을 통일하는 등의 용도로 사용합니다.

normalize() 메서드

형식	normalize(form, unistr)
인수	• form – 정규화 형식을 지정한다. NFC, NFKC, NFD, NFKD를 지정할 수 있다. • unistr – 정규화할 대상 문자열을 지정한다.
반환값	정규화된 문자열을 반환한다.

다음 샘플 코드에서는 문자열을 지정한 형식으로 정규화하고 있습니다. 유니코드에서 한글은 한글 음절 11,172자 완성형과 한글 자모 240자 조합형으로 표현할 수 있으며, 정규화를 사용하면 상호 간에 변환할 수 있습니다. 한국어는 NFC를 지정하면 전부 완성형으로, NFD를 지정하면 전부 조합형으로 정규화됩니다. 또한, 영어와 숫자는 NFKC를 지정하면 모두 반각으로 정규화됩니다.

Unicode 문자열의 정규화 샘플 코드

```
>>> unicodedata.normalize('NFC', '한글AＡ!！@＠')     NFC로 정규화
'한글AＡ!！@＠'

>>> unicodedata.normalize('NFKC', '한글AＡ!！@＠')    NFKC로 정규화
'한글AA!!@@'
```

수치 처리하기

Python에는 내장 함수와 표준 라이브러리에 수치 처리에 관련된 기능이 많이 준비되어 있습니다. 고도의 계산 기능을 제공하는 서드파티 패키지도 여럿 있지만, 우선은 이번 장에서 설명하는 내용에 대해 확실히 익혀두는 것이 좋습니다.

기본적인 수치 계산

공식 문서(내장 함수)	https://docs.python.org/3.4/library/functions.html
공식 문서(math)	https://docs.python.org/3.4/library/math.html

지금부터는 수치의 합을 구하는 sum() 함수, 최댓값을 구하는 max() 함수 등, 수치 처리와 관련된 내장 함수에 대해 살펴봅시다. 이와 함께 삼각함수나 지수, 로그의 계산과 같은 기능을 제공하는 math 모듈에 대해서도 설명하겠습니다.

수치 계산(내장 함수)

수치 처리와 계산에 사용하는 대표적인 내장 함수는 다음 표와 같습니다.

수치 계산 내장 함수

함수 이름	설명	반환값
abs(x)	x의 절댓값을 구한다.	int, float 등
max(arg1, arg2, *args[, key])	시퀀스 중에서 최댓값을 반환한다. 두 개 이상의 인수를 주면 그중에서 최댓값을 반환한다.	int, float 등
min(arg1, arg2, *args[, key])	시퀀스 중에서 최솟값을 반환한다. 두 개 이상의 인수를 주면 그중에서 최솟값을 반환한다.	int, float 등
sum(iterable[, start=0])	iterable에 지정되는 값의 총 합을 구한다. start에 값이 주어지면, 해당 수치도 더해진다.	int, float 등
pow(x, y[, z])	거듭제곱을 구한다. x의 y승을 구한다. z를 지정하면 거듭제곱의 결과를 z로 나눈 나머지를 구한다.	int, float 등

내장 함수를 사용한 수치 계산

```
>>> abs(-5.0)
5.0

>>> max([1, -2, 5])
5

>>> max(1, -2, 5)    여러 개의 인수도 가능
5

>>> min([1, -2, 5])    사용법은 max( ) 와 같음
-2

>>> sum([1, 2, 3])
6

>>> sum([1, 2, 3], 2)    start=2일 때
8

>>> pow(2, 3)    2**3과 같음
8

>>> pow(2, 3, 6)    pow(2, 3) % 6과 같음
2
```

앞에서 설명한 함수는 복소수형(complex)이나 "2.2 고정소수점형 계산하기 – decimal"에서 설명하는 Decimal형을 인수로 지정할 수 있습니다. 또한 max()나 min()에는 인수로 문자열을 지정할 수도 있으나, 일반적인 수치 계산과는 상관없으므로 여기에서는 설명을 생략하겠습니다.

수치 계산(math)

수치 처리와 계산에 사용하는 math 모듈의 대표적인 함수는 다음 표와 같습니다.

수치 계산 math 모듈 함수

함수 이름	설명	반환값
log(x, [base])	x의 로그를 구한다. base를 생략하면 자연로그를 구한다. base를 지정하면 밑이 base인 로그를 구한다.	float
log10(x)	밑을 10으로 하는 x의 로그를 구한다.	float
log2(x)	밑을 2로하는 x의 로그를 구한다.	float
pow(x, y)	거듭제곱을 구한다. x의 y승을 구한다.	float
sqrt(x) sin(x)	x의 제곱근(√)을 구한다. 라디안 x의 사인(Sin)을 구한다.	float float
cos(x)	라디안 x의 코사인(Cosine)을 구한다.	float
tan(x)	라디안 x의 탄젠트(Tangent)를 구한다.	float

math 모듈 대부분은 C 언어의 수학 함수 math.h의 래퍼(wrapper)입니다.

math 모듈을 사용한 수치 계산

```
>>> import math
>>> math.log(100)          두 번째 인수를 생략하면 자연로그를 구한다
4.605170185988092

>>> math.log(100, 10)      두 번째 인수를 밑으로 하는 로그를 구한다
2.0

>>> math.log10(100)
2.0

>>> math.pow(2, 3)
```

```
8.0

>>> math.sqrt(16)
4.0

>>> radian = math.radians(90)
>>> math.sin(radian)
1.0

>>> radian = math.radians(180)
>>> math.cos(radian)
-1.0
```

radians 함수로 도(60분법)를 라디안으로 변환한다

반올림과 절댓값 구하기

수치를 반올림한 값이나 절댓값을 구하는 대표적인 함수는 다음 표와 같습니다.

반올림이나 절댓값을 구하는 함수

함수 이름	설명	반환값
ceil(x)	부동소수점형의 값 x 이상의 최소 정숫값을 구한다. 함수 이름은 천장을 의미하는 ceiling에서 유래.	int
floor(x)	부동소수점형의 값 x 이하의 최대 정숫값을 구한다. 함수 이름은 바닥을 의미하는 floor에서 유래.	int
trunc(x)	부동소수점형의 값 x의 소수점 아래를 버린다.	int
fabs(x)	x의 절댓값을 구한다. 내장 함수 abs( )와는 달리, 복소수를 다룰 수 없다.	float

수치 표현

```
>>> math.ceil(3.14)
4

>>> math.floor(3.14)
3

>>> math.floor(-3.14)   음수일 때
-4

>>> math.trunc(3.14)
3

>>> math.trunc(-3.14)
-3

>>> math.fabs(-3.14)
3.14
```

수치를 더욱 자세히 다루는 기능에 대해서는 "2.2 고정소수점형 계산하기 - decimal"에서 설명하도록 하겠습니다.

원주율과 자연로그의 값 구하기

math 모듈에는 수치 계산에 사용하는 상수가 다음과 같이 정의되어 있습니다.

상수의 정의

상수	설명	반환값
pi	원주율(π)을 얻는다.	float
e	자연로그의 밑을 얻는다.	float

원주율과 자연로그 구하기

```
>>> math.pi
3.141592653589793
>>> math.e
2.718281828459045
```

math 모듈에서 얻을 수 있는 상수는 pi와 e 두 가지뿐입니다. 과학 기술 계산용 서드파티 패키지인 "SciPy"에는 중력가속도나 전자질량 등, 과학 계산에 필요한 더 많은 상수가 정의되어 있습니다. 관심이 있는 독자라면 SciPy Constants의 공식 문서[1]를 참고하기 바랍니다.

log( )와 log10( )의 차이

log10( ) 함수와 log( ) 함수의 밑을 10으로 정의했을 때의 두 함수 차이점은 계산 정밀도입니다.

log()와 log10()의 차이

```
>>> math.log(1.1, 10)
0.04139268515822507

>>> math.log10(1.1)
0.04139268515822508
```

보통 log10( ) 함수 쪽이 더 정밀도가 높습니다.

1 http://docs.scipy.org/doc/scipy/reference/constants.html

** 연산자와 pow( ) 함수의 차이

math.pow( ) 함수는 인수 x, y가 정수일 때도 float로 형변환하여 거듭제곱을 합니다. 반면 내장 함수인 pow( )는 x와 y가 정수일 때 형변환하지 않는다는 차이가 있습니다.

연산자와 내장 함수의 차이

```
>>> math.pow(2, 3)      두 개의 인수를 int형으로 해도 반환값은 float
8.0

>>> pow(2, 3)      내장 함수일 때 반환값은 int형
8

>>> 2**3      연산자일 때 반환값은 int형
8

>>> pow(2, 3.0)      내장 함수라도 int형과 float형을 주면 반환값은 float형
8.0
```

고정소수점형 계산하기

공식 문서	https://docs.python.org/3.4/library/decimal.html

여기에서는 고정소수점형(10진 부동소수점)을 다루는 decimal에 대해 설명하겠습니다. decimal 모듈은 유효 자릿수를 지정한 계산이나 반올림, 버림, 올림 등에 이용합니다. 정밀도 지정, 반올림, 버림 등 엄격한 규칙이 요구되는 금액 계산 등에 주로 이용합니다.

정밀도를 지정하여 계산하기

가장 기본적인 Decimal 클래스를 살펴봅시다.

Decimal 클래스

형식	decimal.Decimal(value="0", context=None)
설명	인수로 지정한 값을 바탕으로 Decimal 객체를 생성한다.
인수	• value — 인수 • context — 산술 context
반환값	Decimal 객체

Decimal 객체 생성

```
>>> from decimal import Decimal
>>> Decimal('1')
Decimal('1')
```

```
>>> Decimal(3.14)
Decimal('3.140000000000000124344978758017532527446746826171875')

>>> Decimal((0, (3, 1, 4), -2))
Decimal('3.14')

>>> Decimal((1, (1, 4, 1, 4), -3))
Decimal('-1.414')
```

부호(0이 +, 1이 -), 숫자 튜플, 지수

Decimal 객체는 수치형과 마찬가지로 계산할 수 있습니다.

Decimal 계산

```
>>> Decimal('1.1') - Decimal('0.1')
Decimal('1.0')

>>> x = Decimal('1.2')
>>> y = Decimal('0.25')
>>> x + y
Decimal('1.45')

>>> x + 1.0
Traceback (most recent call last):
  File "<stdin>", line 1, in <module>
TypeError: unsupported operand type(s) for +: 'decimal.Decimal' and 'float'
```

float형과의 연산에서는 Exception이 발생함

decimal에서는 산술 context 설정을 통해 계산 정밀도를 조정할 수 있습니다. 샘플 코드는 다음과 같습니다.

유효 자릿수 지정

```
>>> from decimal import getcontext
>>> x = Decimal('10')
```

```
>>> y = Decimal('3')
>>> x / y          기본은 28자리
Decimal('3.333333333333333333333333333')

>>> getcontext().prec = 8          prec을 8로 지정
>>> x / y
Decimal('3.3333333')
```

숫자 반올림 방법 지정하기(rounding)

반올림 방법은 quantize()를 사용해서 지정합니다. quantize()를 사용하면 반올림, 반내림, 사사오입 등 다양한 방법을 지정할 수 있습니다.

형식	quantize(exp[, rounding[, context[, watchexp]]])
설명	숫자 반올림 방법 지정
인수	• exp – 자릿수 • rounding – 반올림 방법
반환값	Decimal 객체

quantize()를 사용하여 반올림 방법을 지정해봅시다.

quantize()의 사용 예

```
>>> from decimal import ROUND_UP
>>> exp = Decimal((0, (1, 0), -1))          소수 첫째 자리
>>> Decimal('1.04').quantize(exp, rounding=ROUND_UP)
Decimal('1.1')
```

rounding에 지정할 수 있는 반올림 방법은 다음과 같습니다.

rounding	설명	x = 1.04	x = 1.05	x = −1.05
ROUND_UP	올림	1.1	1.1	−1.1
ROUND_DOWN	버림	1.0	1.0	−1.0
ROUND_CEILING	양의 무한대 방향으로 올림	1.1	1.1	−1.0
ROUND_FLOOR	음의 무한대 방향으로 내림	1.0	1.0	−1.1
ROUND_HALF_UP	사사오입(반올림)	1.0	1.1	−1.1
ROUND_HALF_DOWN	오사육입	1.0	1.0	−1.0
ROUND_HALF_EVEN	바로 앞 자릿수가 홀수면 사사오입, 짝수면 오사육입	1.0	1.0	−1.0
ROUND_05UP	바로 앞 한 자릿수가 0 또는 5이면 올림, 그렇지 않으면 버림	1.1	1.1	−1.1

표에 있는 ROUND_HALF_DOWN, ROUND_HALF_EVEN, ROUND_05UP의 동작은 다음 코드를 통해 정리하였습니다.

ROUND_HALF_DOWN, ROUND_HALF_EVEN, ROUND_05UP

```
>>> from decimal import *
>>> exp = Decimal((0, (1, 0), -1))  # 소수 첫째 자리
>>> Decimal('1.06').quantize(exp, ROUND_HALF_DOWN)  # 오사육입
Decimal('1.1')

>>> Decimal('1.15').quantize(exp, ROUND_HALF_EVEN)  # 앞자리가 홀수면 사사오입
Decimal('1.2')

>>> Decimal('1.25').quantize(exp, ROUND_HALF_EVEN)  # 앞자리가 짝수면 오사육입
Decimal('1.2')

>>> Decimal('1.26').quantize(exp, ROUND_HALF_EVEN)
Decimal('1.3')
```

```
>>> Decimal('1.55').quantize(exp, ROUND_05UP)    앞자리가 0 또는 5이면 ROUND_UP
Decimal('1.6')

>>> Decimal('1.75').quantize(exp, ROUND_05UP)    앞자리가 0도 5도 아니면 ROUND_DOWN
Decimal('1.7')
```

2.3 random

의사 난수 다루기

공식 문서	https://docs.python.org/3.4/library/random.html

의사 난수를 다루는 random에 대해 살펴봅시다. random 모듈은 난수를 얻는 기능과 리스트나 튜플 등의 시퀀스 요소를 무작위로 얻는 기능을 가지고 있습니다.

random의 난수 생성기는 Mersenne Twister[2] 알고리즘을 채택하고 있습니다. C 언어의 rand( ) 함수나 Visual Basic의 Rnd( ) 함수는 주기가 짧고 편차가 크거나 하는 등 문제가 있는 알고리즘을 채택하고 있는 것으로 알려졌으나, Mersenne Twister는 난수 생성기로서 높은 평가를 받는 알고리즘입니다.

난수 생성하기

난수를 생성하는 대표적인 함수는 다음 표와 같습니다.

난수 생성 함수

함수 이름	설명	반환값
random( )	0.0~1.0 사이의 float형을 얻는다.	float
randint(x, y)	x~y 사이의 수치를 얻는다. x 또는 y에 float형을 지정하면 ValueError가 된다.	int
uniform(x, y)	x~y 사이의 수치를 얻는다. x 또는 y에 int형을 지정하더라도 float형으로 취급된다.	float

2 http://www.math.sci.hiroshima-u.ac.jp/~m-mat/MT/mt.html

난수를 생성하는 예는 다음과 같습니다.

난수 생성

```
>>> import random
>>> random.random()
0.1608107946493359

>>> random.randint(1, 5)
4

>>> random.uniform(1, 5)
2.156581509442338
```

실험이나 기능 테스트를 수행할 때 수치는 난수로 취득하고 싶으나 재현성이 필요하다면, 난수 생성기의 초기화 함수 seed()를 사용해 시드를 고정하여 난수를 생성합니다.

시드 고정

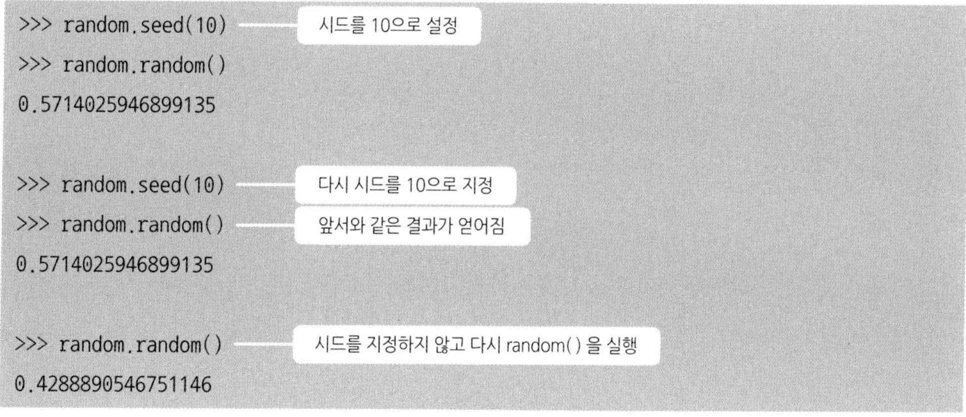
시드를 10으로 설정
다시 시드를 10으로 지정
앞서와 같은 결과가 얻어짐
시드를 지정하지 않고 다시 random( ) 을 실행

```
>>> random.seed(10)
>>> random.random()
0.5714025946899135

>>> random.seed(10)
>>> random.random()
0.5714025946899135

>>> random.random()
0.4288890546751146
```

seed()의 인수를 생략하면 시스템 시각이 사용됩니다.

특정 분포를 따르는 난수 생성하기

단순히 난수를 생성하는 것뿐만 아니라 특정 분포를 따르는 난수도 생성할 수 있습니다. 대표적인 함수는 다음과 같습니다.

특정 분포를 따르는 난수 생성 함수

함수 이름	설명	반환값
normalvariate(mu, sigma)	평균 mu, 표준편차 sigma의 정규분포를 따르는 난수를 생성한다.	float
gammavariate(k, theta)	형상모수 k, 척도모수 theta의 감마분포를 따르는 난수를 생성한다.	float

이 외에도 감마분포나 로그 정규분포 등을 지원하는 함수가 있습니다.

특정 분포를 따르는 난수 생성

```
import random

normal_variate = []
gamma = []

for i in range(10000):
    normal_variate.append(random.normalvariate(0, 1))
    gamma.append(random.gammavariate(3, 1))
```

생성된 난수 분포를 확인하고자 normalvariate( ) 함수와 gammavariate( ) 함수가 생성한 값 10,000개를 히스토그램으로 시각화한 그래프는 다음과 같습니다.

normalvariate() 함수로 생성한 히스토그램

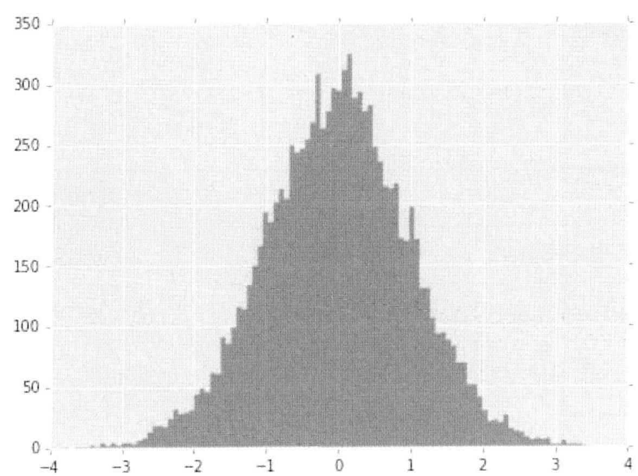

gammavariate() 함수로 생성한 히스토그램

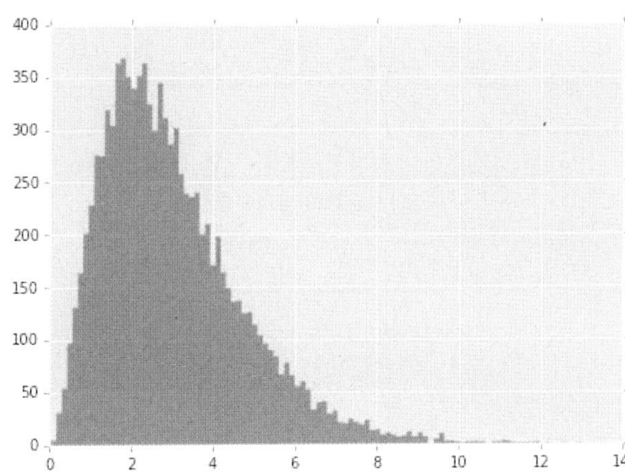

무작위로 선택하기

리스트나 집합 등의 시퀀스 내 요소를 무작위로 얻는 함수는 다음 표와 같습니다.

무작위로 선택하는 함수

함수 이름	설명	반환값
choice(seq)	시퀀스 seq의 요소를 하나 반환한다.	시퀀스 내 요소
sample(population, k)	모집단 population의 샘플 k개를 구하여 새롭게 리스트를 작성한다.	샘플링된 리스트
shuffle(seq[, random])	시퀀스 seq의 요소 순서를 shuffle한다.	없음

무작위 선택

```
>>> l = [1, 2, 3, 4, 5]
>>> random.choice(l)        시퀀스의 요소를 무작위로 하나 선택한다
2

>>> random.choice(l)
5

>>> random.sample(l, 2)     시퀀스의 요소로부터 두 번째 인수 개수로 된 리스트를 새로 생성한다
[3, 1]

>>> random.shuffle(l)       shuffle( ) 은 원래 시퀀스의 요소 순서를 변경한다
>>> l
[3, 1, 4, 5, 2]
```

sample( ) 함수는 한 번 추출한 요소는 다시 추출하지 않는 비복원 추출을 수행합니다. 어떤 시퀀스의 요소를 빠짐없이 무작위로 추출하고 싶다면 random.sample(l, len(l))과 같이 인수 k에 원래 시퀀스의 길이와 같은 수치를 작성합니다. 원본 시퀀스의 순서가 변경되어도 문제가 없다면 shuffle( ) 함수를 써도 괜찮습니다.

통계 계산

공식 문서	https://docs.python.org/3.4/library/unicodedata.html

통계 계산 기능을 제공하는 statistics에 대해 살펴봅시다. statistics는 Python 3.4부터 새롭게 추가된 모듈입니다. Python의 통계 계산이라고 하면 NumPy[3]나 SciPy[4]가 잘 알려졌지만, statistics 모듈로도 간단한 통계 계산을 할 수 있습니다.

평균값과 중앙값 구하기

평균값, 중앙값, 최빈값 등은 데이터의 개요를 파악하는 중요한 지표가 됩니다. statistics 모듈에 마련된 함수는 다음 표와 같습니다.

평균값과 중앙값을 구하는 함수

함수 이름	설명	반환값
mean(data)	데이터의 평균값을 구한다.	float
median(data)	데이터의 중앙값을 구한다.	float
mode(data)	데이터의 최빈값을 구한다.	float

3 http://www.numpy.org

4 http://www.scipy.org/scipylib/index.html

평균값과 중앙값 구하기

```
>>> import statistics
>>> data = [1, 2, 2, 3, 4, 5, 6]
>>> statistics.mean(data)
3.2857142857142856

>>> statistics.median(data)
3

>>> statistics.mode(data)
2
```

표준편차와 분산 구하기

표준편차와 분산은 데이터의 산포도를 파악하는 중요한 지표입니다. statistics 모듈에 마련된 함수는 다음 표와 같습니다.

표준편차와 분산을 구하는 함수

함수 이름	설명	반환값
pstdev(data)	데이터의 모표준편차를 구한다.	float
stdev(data)	데이터의 표본표준편차를 구한다.	float
pvariance(data)	데이터의 모분산을 구한다.	float
variance(data)	데이터의 표본분산을 구한다.	float

표준편차와 분산 구하기

```
>>> data = [1, 2, 2, 3, 4, 5, 6]
>>> statistics.pstdev(data)
1.665986255670086
```

```
>>> statistics.stdev(data)
1.799470821684875

>>> statistics.pvariance(data)
2.775510204081633

>>> statistics.variance(data)
3.2380952380952386
```

pvariance( )와 variance( )의 차이

pvariance( )와 variance( ) 함수는 모두 분산 함수입니다. pvariance의 맨 앞 p는 populaton의 앞 문자로, 통계학에서 "모집단"을 의미합니다. pvariance( )는 모분산, variance( )는 표본분산을 구하는 함수입니다. 다루는 대상이 모집단이면 모분산을, 대상이 표본(샘플)이면 표본분산을 이용합니다. 모분산과 표본분산에 대해서 더 깊이 이해하려면 통계학 영역으로 넘어가야 하므로, 여기에서는 구현상의 차이점만 확인하도록 하겠습니다.

variance( ) 함수의 구현을 확인해봅시다. statistics.py의 509행 부근이 주요 구현 부분입니다.

variance()의 구현

```
if iter(data) is data:
    data = list(data)
    n = len(data)
if n < 2:
    raise StatisticsError('variance requires at least two data points')
ss = _ss(data, xbar)
return ss/(n-1)
```

_ss(data, xbar)에서는 "편차 제곱의 합"을 구하고 있습니다. 여기서 얻은 편차 제곱의 합을 "데이터의 개수(n)-1"로 나누는 것을 알 수 있습니다.

마찬가지로 pvariance( ) 함수의 구현도 확인해봅시다. statistics.py의 557행 부근이 주요 구현 부분입니다.

pvariance()의 구현

```
if iter(data) is data:
    data = list(data)
    n = len(data)
if n < 1:
    raise StatisticsError('pvariance requires at least one data point')
ss = _ss(data, mu)
return ss/n
```

variance( )와 거의 비슷하나, 편차 제곱의 합을 데이터의 개수(n)로 나누고 있습니다. pstdev( )와 stdev( )는 pvariance( )와 variance( )의 결과에 대하여, 각각 math 모듈 함수인 sqrt( )를 이용하여 제곱근을 계산하게 되어 있습니다.

날짜와 시각 처리하기

Python에서는 날짜와 시각 데이터와 관련된 기능을 표준 라이브러리에서 제공합니다. 또한, 서드파티의 패키지를 활용하면 더욱 편리하게 날짜와 시각 데이터를 다룰 수 있습니다.

3.1 datetime

날짜와 시간 다루기

공식 문서	https://docs.python.org/3.4/library/datetime.html

지금부터는 날짜와 시간을 다루는 기능을 제공하는 datetime에 대해 살펴보겠습니다. datetime 모듈에는 용도별로 여러 가지 객체가 있습니다. 여기서 설명할 객체는 다음 표와 같습니다.

datetime 모듈의 객체

객체 이름	용도
date	날짜 다루기
time	시각 다루기
datetime	일시 다루기
timedelta	두 일시의 차 다루기

날짜 다루기 – date 객체

date 객체는 날짜(연, 월, 일)를 취급합니다. 시각에는 뒤에서 설명할 time이나 datetime 객체를 사용합니다.

date 객체의 메서드

메서드 이름	설명	반환값
date(year, month, day)	지정한 날짜의 date 객체를 생성하는 생성자.	datetime.date
today()	오늘 날짜의 date 객체를 생성하는 생성자.	datetime.date

메서드 이름	설명	반환값
weekday()	월요일을 0, 일요일을 6으로 하여 요일을 반환.	int
isoweekday()	월요일을 1, 일요일을 7로 하여 요일을 반환.	int
isoformat()	ISO 8601 형식(YYYY-MM-DD)의 날짜 문자열을 반환.	str
strftime(format)	지정한 포맷에 따라 날짜 문자열을 반환.	str
__str__()	isoformat()과 같은 결과를 반환.	str

date 객체의 각 요소를 얻을 수 있는 속성은 다음 표와 같습니다.

date 객체의 속성

속성 이름	설명	반환값
year	년 값을 반환.	int
month	월 값을 반환.	int
day	일 값을 반환.	int

date 샘플 코드

```
>>> from datetime import date
>>> newyearsday = date(2016, 1, 1)
>>> newyearsday
datetime.date(2016, 1, 1)

>>> newyearsday.year, newyearsday.month, newyearsday.day ── 연월일을 얻음
(2016, 1, 1)

>>> newyearsday.weekday() ── 2016년 1월 1일은 금요일
4

>>> newyearsday.isoformat()
```

제 3 장

```
'2016-01-01'

>>> str(newyearsday)
'2016-01-01'

>>> newyearsday.strftime('%Y/%m/%d')        날짜를 /로 나눈 문자열로 변환
'2016/01/01'

>>> newyearsday.strftime('%Y %b %d (%a)')   날짜를 월, 요일이 포함된 문자열로 변환
'2016 Jan 01 (Fri)'

>>> date.today()
datetime.date(2016, 3, 11)
```

시각 다루기 - time 객체

time 객체는 시각을 다룹니다. 여기서 말하는 시각에는 시분초뿐만 아니라, 마이크로초나 표준시간대(time zone)도 포함됩니다.

time의 생성자는 date와는 달리 특정 날짜와 관련 없는 임의의 값을 지정한다는 점에 주의하도록 합시다.

time 객체의 메서드

메서드 이름	설명	반환값
time(hour=0, minute=0, second=0, microsecond=0, tzinfo=None)	지정한 시각의 time 객체를 생성하는 생성자.	datetime.time
isoformat()	ISO 8601 형식(HH:MM:SS.mmmmmm), 또는 마이크로초가 0일 때는 HH:MM:SS의 문자열을 반환.	str
strftime(format)	지정한 포맷에 따라 시각 문자열을 반환.	str

메서드 이름	설명	반환값
__str__()	isoformat()과 같은 결과를 반환.	str
tzname()	표준시간대 이름의 문자열을 반환.	str

time 객체의 각 요소를 얻을 수 있는 속성은 다음 표와 같습니다.

time 객체의 속성

속성 이름	설명	반환값
hour	시 값을 반환.	int
minute	분 값을 반환.	int
second	초 값을 반환.	int
microsecond	마이크로초 값을 반환.	int
tzinfo	표준시간대 정보를 반환.	객체

time 샘플 코드

```
>>> from datetime import time
>>> time()
datetime.time(0, 0)

>>> time(16, 12, 25)
datetime.time(16, 12, 25)

>>> time(minute=10)
datetime.time(0, 10)

>>> time(second=10)
datetime.time(0, 0, 10)

>>> time(microsecond=10)
```

```
datetime.time(0, 0, 0, 10)

>>> now = time(16, 12, 25)
>>> now.hour, now.minute, now.second, now.microsecond
(16, 12, 25, 0)

>>> now.isoformat()
'16:12:25'

>>> now.strftime('%H:%M')
'16:12'

>>> str(now)
'16:12:25'
```

일시 다루기 – datetime 객체

datetime 객체는 날짜와 시간(일시)을 다룹니다. date와 time 객체를 합친 기능을 갖고 있습니다.

datetime 객체는 datetime 모듈과 같은 이름이므로 혼동하지 않도록 주의합시다.

datetime 객체의 메서드

메서드 이름	설명	반환값
datetime(year, month, day, hour=0, minute=0, second=0, microsecond=0, tzinfo=None)	지정한 일시의 datetime 객체를 생성하는 생성자. 연월일은 필수.	datetime.datetime
today()	기본 표준시간대의 현재 일시를 반환하는 클래스 메서드. 이름이 today이지만 시각 값도 설정한다.	datetime.datetime

메서드 이름	설명	반환값
utcnow()	UTC(협정세계시) 현재 일시를 반환하는 클래스 메서드.	datetime.datetime
date()	같은 연월일의 date 객체를 반환한다.	datetime.date
time()	같은 시분초의 time 객체를 반환한다.	datetime.time
isoformat()	ISO 8601 형식(YYYY-MM-DDTHH:MM:SS.mmmmmm), 또는 마이크로초가 0일 때는 YYYY-MM-DDTHH:MM:SS의 문자열을 반환한다.	str
strftime(format)	지정한 포맷에 따라 일시 문자열을 반환한다.	str
__str__()	isoformat()과 같은 결과를 반환한다.	str
tzname()	표준시간대 이름의 문자열을 반환한다.	str

datetime 객체의 각 요소를 얻을 수 있는 속성은 다음 표와 같습니다.

datetime 객체의 속성

속성 이름	설명	반환값
year	년 값을 반환.	int
month	월 값을 반환.	int
day	일 값을 반환.	int
hour	시 값을 반환.	int
minute	분 값을 반환.	int
second	초 값을 반환.	int
microsecond	마이크로초 값을 반환.	int
tzinfo	표준시간대 정보를 반환.	객체

datetime 샘플 코드

```
>>> from datetime import datetime
>>> today = datetime.today()      현재 일시를 얻음
>>> today.date()      date를 얻음
datetime.date(2016, 3, 11)

>>> today.time()      time을 얻음
datetime.time(19, 52, 14, 632446)

>>> today.isoformat()      ISO 8601 형식의 문자열을 얻음
'2016-03-11T19:52:14.632446'

>>> today.strftime('%Y/%m/%d')      포맷을 지정하여 문자열을 얻음
'2016/03/11'
```

일시의 차 – timedelta 객체

timedelta 객체는 지금까지 설명한 date와 time, datetime 객체의 차를 다룹니다.

timedelta 객체의 메서드

메서드 이름	설명	반환값
timedelta(days=0, seconds=0, microseconds=0, milliseconds=0, minutes=0, hours=0, weeks=0)	지정한 수치(정수, 부동소수점 수, 음수도 지정 가능)의 일시 차를 생성하는 생성자.	datetime.timedelta

timedelta 샘플 코드

```
>>> from datetime import date, datetime, time, timedelta
>>> today = date.today()      오늘 날짜를 얻음
>>> today
datetime.date(2016, 3, 11)
```

```
>>> newyearsday = date(2017, 1, 1)    # 2017년 1월 1일
>>> newyearsday - today    # 오늘부터 내년 1월 1일까지의 날짜 수
datetime.timedelta(296)

>>> week = timedelta(days = 7)    # 1주일간의 timedelta를 생성
>>> today + week    # 바로 1주일 뒤의 날짜를 얻음
datetime.date(2016, 3, 18)

>>> today + week * 2    # 2주 뒤의 날짜를 얻음
datetime.date(2016, 3, 25)

>>> today - week    # 1주일 전의 날짜를 얻음
datetime.date(2016, 3, 4)
```

제 3 장

3.2 time

시각 다루기

공식 문서	https://docs.python.org/3.4/library/time.html

시각 데이터를 다루는 기능을 제공하는 time에 대해 살펴봅시다. time 모듈은 에포크(epoch)라는 기준이 되는 시간으로부터 경과 시간을 다룹니다. 에포크는 보통 1970년 1월 1일 0시 0분 0초입니다.

Python에는 일시를 다루는 datetime 모듈이 표준으로 있습니다. datetime 모듈은 날짜나 시각을 데이터로서 취급하여 계산 등을 처리하는 데 사용합니다. datetime 모듈에 대해서는 "3.1 날짜와 시간 다루기 – datetime"을 참고하기 바랍니다.

시각 구하기

time의 주요 함수는 다음 표와 같습니다.

함수 이름	설명	반환값
gmtime([secs])	UTC(협정세계시) 현재 시각을 반환한다. secs를 지정하면 지정된 에포크로부터 경과 시간으로 표현된 시각을 반환한다.	time.struct_time
localtime([secs])	지역(local)의 현재 시각을 반환한다. secs를 지정하면 지정된 에포크로부터 경과 시간으로 표현된 시각을 반환한다.	time.struct_time
strftime(format[, t])	지정된 시각(time.struct_time)을 지정된 포맷의 문자열 형식으로 변환하여 반환한다.	str
time()	에포크로부터 경과 시간을 초 단위의 부동소수점 수로 반환한다.	float

시각은 다음과 같이 구합니다.

시각 구하기

```
>>> import time
>>> time.gmtime()
time.struct_time(tm_year=2016, tm_mon=3, tm_mday=11, tm_hour=9, tm_min=0,
tm_sec=56, tm_wday=4, tm_yday=72, tm_isdst=0)

>>> time.localtime()
time.struct_time(tm_year=2016, tm_mon=3, tm_mday=11, tm_hour=18, tm_min=1,
tm_sec=39, tm_wday=4, tm_yday=72, tm_isdst=0)

>>> time.strftime('%Y-%m-%d', time.localtime())
'2016-03-11'

>>> time.time()
1435737840.942419
```

시각 객체 - struct_time

gmtime(), localtime() 등이 반환하는 struct_time에는 time 패키지에서 다루는 일시의 값이 들어갑니다. struct_time은 이름 있는 튜플 인터페이스를 가진 객체입니다.

struct_time의 속성

함수 이름	설명	반환값
tm_year	년 값을 반환.	int
tm_mon	월 값을 반환.	int
tm_mday	일 값을 반환.	int
tm_hour	시 값을 반환.	int
tm_min	분 값을 반환.	int
tm_sec	초 값을 반환.	int

함수 이름	설명	반환값
tm_wday	요일 값을 반환. 0이 월요일.	int
tm_yday	연중 일수를 반환. 최댓값은 366.	int
tm_isdst	서머타임 적용 여부. 0이면 서머타임이 아님.	int
tm_zone	표준시간대 이름을 반환.	str
tm_gmtoff	표준시간대의 UTC(협정세계시) 오프셋 초를 반환.	int

struct_time 샘플 코드

```
>>> local = time.localtime()   ─ 지역 시각 얻기
>>> utc = time.gmtime()   ─ UTC 시각 얻기
>>> local.tm_mday   ─ 9시간 차이나는 것을 확인
5
>>> local.tm_hour
8
>>> utc.tm_mday
4
>>> utc.tm_hour
23
```

스레드의 일시 정지 - sleep( )

sleep() 메서드를 사용하면 현재 스레드를 지정한 시간 동안 일시 정지시킬 수 있습니다.

sleep()

형식	sleep(secs)
인수	• secs — 일시 정지할 초 수를 지정한다. 부동소수점 수도 지정 가능.
반환값	없음

다음 코드는 0.5초씩 정지하여 에포크로부터 경과한 초를 반환하고 있습니다. 대략 0.5씩 값이 증가하는 것을 확인할 수 있습니다.

sleep 샘플 코드

```
>>> for i in range(5):
...     time.time()
...     time.sleep(0.5)
...
1438082323.629005
1438082324.131333
1438082324.633743
1438082325.13442
1438082325.635024
```

datetime의 강력한 확장 모듈

버전	2.4.2
공식 문서	https://dateutil.readthedocs.org/
PyPI	https://pypi.python.org/pypi/python-dateutil
소스 코드	https://github.com/dateutil/dateutil/

지금부터는 표준 라이브러리의 datetime 모듈에 대한 강력한 확장 기능을 제공하는 dateutil에 대해 설명하겠습니다. 주로 다음과 같은 기능을 제공합니다.

- 다양한 문자열 형식의 날짜 구문 해석
- 상대적인 날짜의 차이 계산
- 유연한 반복 규칙

dateutil 설치

dateutil은 다음과 같이 설치합니다.

dateutil의 pip 설치

```
$ pip install python-dateutil
```

날짜 구문 해석하기 - parser

parser 모듈은 날짜를 나타내는 다양한 형식의 문자열을 적절하게 해석합니다.

parse() 메서드

형식	dateutil.parser.parse(timestr, parserinfo=None, **kwargs)
설명	날짜 문자열의 구문을 해석함.
인수	• timestr – 날짜를 나타내는 문자열 • parserinfo –날짜 해석의 동작을 변경하기 위한 객체 • **kwargs – 주로 다음과 같은 인수를 지정할 수 있음 default – 존재하지 않는 값의 datetime을 지정한다. dayfirst – True를 지정하면 날짜가 해석 대상 문자열의 맨 앞에 있는 것으로 간주하여 해석한다. yearfirst – True를 지정하면 연도가 해석 대상 문자열의 맨 앞에 있는 것으로 간주하여 해석한다.
반환값	datetime.datetime

다음과 같이 다양한 형식으로 날짜 문자열의 구문 해석을 실행할 수 있습니다.

다양한 날짜 문자열의 해석

```
>>> from dateutil.parser import parse
>>> parse('2015/06/23 12:34:56')
datetime.datetime(2015, 6, 23, 12, 34, 56)

>>> parse('2015-06-23')
datetime.datetime(2015, 6, 23, 0, 0)

>>> parse('20150623')
datetime.datetime(2015, 6, 23, 0, 0)

>>> parse('20150623123456')
datetime.datetime(2015, 6, 23, 12, 34, 56)

>>> parse('Tue, 23 Jun 2015 12:34:56 KST')
datetime.datetime(2015, 6, 23, 12, 34, 56, tzinfo=tzlocal())
  └ Windows에서는 tzinfo=tzlocal( ) 이 설정되지 않는다

>>> parse('Tue, 23 Jun 2015 12:34:56 GMT')
datetime.datetime(2015, 6, 23, 12, 34, 56, tzinfo=tzutc())
```

문자열이 지정되어 있지 않은 부분은 실행한 날짜의 0시 0분이 기본값으로 사용됩니다. default를 지정하면 해당 값을 사용할 수 있습니다.

default를 지정한 해석

```
>>> from datetime import datetime
>>> default = datetime(2015, 7, 5)          default 날짜 작성
>>> parse('Tue, 23 Jun 2015 12:34:56', default=default)
datetime.datetime(2015, 6, 23, 12, 34, 56)

>>> parse('Tue 12:34:56', default=default)   시분초와 요일을 지정
datetime.datetime(2015, 7, 7, 12, 34, 56)

>>> parse('12:34:56', default=default)       시분초를 지정
datetime.datetime(2015, 7, 5, 12, 34, 56)

>>> parse('12:34', default=default)          시, 분을 지정
datetime.datetime(2015, 7, 5, 12, 34)
```

날짜 부분이 "1/2/3"과 같이 되어 있으면, 보통은 "월이 맨 처음"인 것으로 간주하여 해석하게 됩니다. dayfirst, yearfirst를 지정하면 맨 처음 수치를 일 또는 연도로 간주하여 해석합니다. 또한 parse() 메서드는 수치를 보고(15는 월의 값이 아니라는 등의) 적절한 형식에 맞춰 해석을 시도합니다.

dayfirst, yearfirst를 지정한 해석

```
>>> parse('1/2/3')                           월/일/년으로 해석
datetime.datetime(2003, 1, 2, 0, 0)

>>> parse('1/2/3', dayfirst=True)            맨 처음을 일로 해석
datetime.datetime(2003, 2, 1, 0, 0)

>>> parse('1/2/3', yearfirst=True)           맨 처음을 연도로 해석
```

```
datetime.datetime(2001, 2, 3, 0, 0)

>>> parse('15/2/3')                          일/월/년으로 해석
datetime.datetime(2003, 2, 15, 0, 0)

>>> parse('15/2/3', yearfirst=True)          맨 처음을 연도로 해석
datetime.datetime(2015, 2, 3, 0, 0)
```

제3장

날짜의 차 계산하기 – relativedelta

relativedelta 모듈은 유연하게 여러 날짜의 차이를 계산합니다.

relativedelta() 메서드

형식	dateutil.relativedelta.relativedelta(dt1=None, dt2=None, years=0, months=0, days=0, leapdays=0, weeks=0, hours=0, minutes=0, seconds=0, microseconds=0, year=None, month=None, day=None, weekday=None, yearday=None, nlyearday=None, hour=None, minute=None, second=None, microsecond=None)
설명	날짜 차이를 계산한다.
인수	• dt1, dt2 – 두 개의 일시를 부여하면 그 차에 해당하는 relativedelta 객체를 반환. • year, month, day, hour, minute, second, microsecond – 연월일 등을 절댓값으로 지정. • years, months, weeks, days, hours, minutes, seconds, microseconds – 연월일 등을 상대적인 값으로 지정. 수치의 앞에 +, –를 붙임. • weekday – 요일을 지정. • leapdays– 윤년일 때 날짜에 지정된 일수를 추가함. • yearday, nlyearday – 그 해의 몇 번째 날인지 지정. nlyearday는 윤일은 점프한다.

다음은 relativedelta의 기본적인 날짜 계산 예입니다.

relativedelta로 다양한 날짜 계산

```
>>> from dateutil.relativedelta import relativedelta
>>> from datetime import datetime, date
>>> now = datetime.now()    현재 일시를 얻음
>>> now
datetime.datetime(2015, 6, 23, 18, 37, 21, 69263)

>>> today = date.today()    현재 날짜를 얻음
>>> today
datetime.date(2015, 6, 23)

>>> now + relativedelta(months=+1)    한 달 후
datetime.datetime(2015, 7, 23, 18, 37, 21, 69263)

>>> now + relativedelta(months=-1, weeks=+1)    한 달 전의 일주일 뒤
datetime.datetime(2015, 5, 30, 18, 37, 21, 69263)

>>> today + relativedelta(months=+1, hour=10)    한 달 후 10시
datetime.datetime(2015, 5, 30, 10, 0)
```

요일을 지정하는 예는 다음과 같습니다. 요일에 (−1), (+1)과 같이 지정할 수 있습니다.

요일 지정

```
>>> from dateutil.relativedelta import MO, TU, WE, TH, FR, SA, SU
>>> today + relativedelta(weekday=FR)    다음 금요일
datetime.date(2015, 6, 26)

>>> today + relativedelta(day=31, weekday=FR(-1))    이 달의 마지막 금요일
datetime.date(2015, 6, 26)
```

```
>>> today + relativedelta(weekday=TU(+1))    다음 화요일
datetime.date(2015, 6, 23)

>>> today + relativedelta(days=+1, weekday=TU(+1))    오늘을 제외한 다음 화요일
datetime.date(2015, 6, 30)
```

그 해 몇 번째 날인지 지정하는 방법은 다음과 같습니다.

yearday, nlyearday 지정

```
>>> date(2015, 1, 1) + relativedelta(yearday=100)    2015년의 100일째
datetime.date(2015, 4, 10)

>>> date(2015, 12, 31) + relativedelta(yearday=100)    날짜와 상관없이 그 해 맨 처음부터 셈
datetime.date(2015, 4, 10)

>>> date(2012, 1, 1) + relativedelta(yearday=100)    2012년의 100일째
datetime.date(2012, 4, 9)

>>> date(2012, 1, 1) + relativedelta(nlyearday=100)    2012년의 윤일을 제외한 100일째
datetime.date(2012, 4, 10)
```

두 개의 일시가 주어지면 그 차를 반환합니다.

relativedelta에서 두 개의 일시가 주어진 경우의 패턴

```
>>> relativedelta(date(2015, 1, 1), today)    올해부터의 차를 구함(2015년 6월 23일 기준)
relativedelta(months=-5, days=-22)

>>> relativedelta(date(2016, 1, 1), today)    내년까지의 차를 구함
relativedelta(months=+6, days=+9)
```

반복 규칙 – rrule

rrule은 달력 애플리케이션 등에서 반복을 지정하기 위해 자주 사용합니다. 반복 규칙은 iCalendar RFC[1]의 내용을 바탕으로 하고 있습니다.

rrule() 메서드

형식	dateutil.rrule.rrule(freq, dtstart=None, interval=1, wkst=None, count=None, until=None, bysetpos=None, bymonth=None, bymonthday=None, byyearday=None, byeaster=None, byweekno=None, byweekday=None, byhour=None, byminute=None, bysecond=None, cache=False)
설명	반복 규칙을 지정한다.
인수	• freq – 반복 빈도를 YEARLY, MONTHLY, WEEKLY, DAILY, HOURLY, MINUTELY, SECONDLY 중 하나로 지정한다. • cache – 캐시할지 여부를 지정한다. 같은 rrule을 계속 사용할 때에는 True를 지정한다. • dtstart – 시작 일시를 datetime으로 지정한다. 지정하지 않으면 datetime.now()의 값이 사용된다. • interval – 간격을 지정한다. 예를 들어 HOURLY에서 간격(interval)을 2로 지정하면 두 시간 간격이 된다. • wkst – 주의 맨 처음 요일을 MO, TU 등으로 지정한다. • count – 반복 횟수를 지정한다. • until – 종료 일시를 datetime으로 지정한다. • bysetpos – byXXXX로 지정한 규칙에 대하여, 몇 회째의 것을 유효한 것으로 할 것인지를 +, –의 수치로 지정한다. 예를 들어 byweekday(=MO,TU,WE,TH,FR), bysetpos=–2라고 지정하면 맨 뒤에서 두 번째의 평일을 지정한다는 의미가 된다. • bymonth, bymonthday, byyearday, byweekno, byweekday, byhour, byminute, bysecond, byeaster – 지정한 기간만을 대상으로 한다. 단일 수치 또는 튜플로 지정할 수 있다.

rrule 샘플 코드

```
>>> from dateutil.rrule import rrule
>>> from dateutil.rrule import DAILY, WEEKLY, MONTHLY
```

---

1 http://www.ietf.org/rfc/rfc2445.txt

```
>>> from dateutil.rrule import MO, TU, WE, TH, FR, SA, SU
>>> import pprint
>>> import sys
>>> sys.displayhook = pprint.pprint    표시를 보기 쉽게 만들고자 설정한다
>>> start = datetime(2015, 6, 28)
>>> list(rrule(DAILY, count=5, dtstart=start))    지정일로부터 5일간
[datetime.datetime(2015, 6, 28, 0, 0),
datetime.datetime(2015, 6, 29, 0, 0),
datetime.datetime(2015, 6, 30, 0, 0),
datetime.datetime(2015, 7, 1, 0, 0),
datetime.datetime(2015, 7, 2, 0, 0)]

>>> list(rrule(DAILY, dtstart=start, until=datetime(2015, 7, 1)))
    지정 기간 매일
[datetime.datetime(2015, 6, 28, 0, 0),
datetime.datetime(2015, 6, 29, 0, 0),
datetime.datetime(2015, 6, 30, 0, 0),
datetime.datetime(2015, 7, 1, 0, 0)]

>>> list(rrule(WEEKLY, count=8, wkst=SU, byweekday=(TU,TH), dtstart=start))
    매주 화, 목
[datetime.datetime(2015, 6, 30, 0, 0),
datetime.datetime(2015, 7, 2, 0, 0),
datetime.datetime(2015, 7, 7, 0, 0),
datetime.datetime(2015, 7, 9, 0, 0),
datetime.datetime(2015, 7, 14, 0, 0),
datetime.datetime(2015, 7, 16, 0, 0),
datetime.datetime(2015, 7, 21, 0, 0),
datetime.datetime(2015, 7, 23, 0, 0)]

>>> list(rrule(MONTHLY, count=3, byweekday=FR(-1), dtstart=start))
    매월 마지막 금요일
[datetime.datetime(2015, 7, 31, 0, 0),
datetime.datetime(2015, 8, 28, 0, 0),
datetime.datetime(2015, 9, 25, 0, 0)]
```

```
>>> list(rrule(WEEKLY, interval=2, count=3, dtstart=start))  # 격주
[datetime.datetime(2015, 6, 28, 0, 0),
datetime.datetime(2015, 7, 12, 0, 0),
datetime.datetime(2015, 7, 26, 0, 0)]
```

전 세계 표준시간대 정보 다루기

버전	2015.4
공식 문서	http://pythonhosted.org/pytz/
PyPI	https://pypi.python.org/pypi/pytz
소스 코드	https://launchpad.net/pytz

전 세계 표준시간대 정보를 모은 패키지 pytz에 대해 살펴봅시다. pytz는 Olson 표준시간대라는 정보를 Python용으로 정리한 것입니다. pytz를 이용하면 서머타임 등을 포함한 정확한 표준시간대 처리를 할 수 있습니다.

pytz 설치

pytz는 다음과 같이 설치합니다.

pytz의 pip 설치

```
$ pip install pytz
```

표준시간대 정보 다루기

pytz에서는 timezone() 함수를 사용하여 표준시간대 정보를 구합니다.

timezone() 함수

형식	pytz.timezone(zone)
설명	지정된 표준시간대 이름에 대응하는 표준시간대 정보를 반환한다.
인수	• zone – 표준시간대를 표시할 문자열을 지정한다.
반환값	pytz.tzinfo

pytz.tzinfo는 표준시간대에 관련된 정보를 기억하는 객체입니다. datetime.tzinfo를 상속한 것입니다.

tzinfo 객체의 메서드

함수 이름	설명	반환값
localize(datetime)	표준시간대가 지정된 datetime을 생성한다.	datetime.datetime
utcoffset(datetime)	UTC(협정세계시)로부터 지정된 일시의 차를 반환한다.	datetime.timedelta
dst(datetime)	서머타임의 차를 반환한다.	datetime.timedelta
tzname(datetime, is_dst=False)	표준시간대 이름을 반환한다.	str

pytz로 일시를 변환하는 샘플 코드

```
>>> import pytz
>>> from datetime import datetime
>>> fmt = '%Y-%m-%d %H:%M:%S %Z%z'
>>> seoul = pytz.timezone('Asia/Seoul')          서울의 표준시간대 정보를 구함
>>> eastern = pytz.timezone('US/Eastern')        미국 동부 시각 표준시간대 정보를 구함
>>> seoul_dt = seoul.localize(datetime(2015, 3, 1, 17, 22))
>>> seoul_dt.strftime(fmt)
'2015-03-01 17:22:00 KST+0900'
```

```
>>> eastern_dt = seoul_dt.astimezone(eastern)  ── 동부 시각으로 변경
>>> eastern_dt.strftime(fmt)  ── 동부 시각(EST)으로 변경된 것을 확인
'2015-03-01 03:22:00 EST-0500'

>>> seoul_dt = seoul.localize(datetime(2015, 6, 25, 17, 22))
>>> eastern_dt = seoul_dt.astimezone(eastern)
>>> eastern_dt.strftime(fmt)  ── 동부 시각의 서머타임으로 변경된 것을 확인
'2015-06-25 04:22:00 EDT-0400'
```

다음 샘플 코드는 1월과 6월의 날짜로 utcoffset() 등을 실행하여 서머타임 여부에 따라 결과가 바뀌는 것을 확인한 것입니다.

utcoffset() 등의 샘플 코드

```
>>> jan = datetime(2015, 1, 1)  ── 1월 날짜
>>> jun = datetime(2015, 6, 1)  ── 6월 날짜
>>> eastern.utcoffset(jan)
datetime.timedelta(-1, 68400)

>>> eastern.utcoffset(jun)
datetime.timedelta(-1, 72000)

>>> eastern.dst(jan)
datetime.timedelta(0)

>>> eastern.dst(jun)
datetime.timedelta(0, 3600)

>>> eastern.tzname(jun)
'EDT'

>>> eastern.tzname(jan)
'EST'
```

표준시간대의 리스트

pytz에는 표준시간대 이름을 반환하는 편리한 속성이 몇 가지 준비되어 있습니다.

pytz의 속성

함수 이름	설명	반환값
country_timezones	ISO 3166 국가코드에 대해 표준시간대를 반환하는 사전 데이터.	dict
country_names	ISO 3166 국가코드에 대해 영어 국가명을 반환하는 사전 데이터.	dict
all_timezones	pytz에서 사용 가능한 전체 표준시간대 이름의 리스트.	list
all_timezones_set	전체 표준시간대 이름의 집합.	set
common_timezones	일반적인 표준시간대 이름의 리스트. 사용하지 않는 표준시간대 이름은 포함되어 있지 않음.	list
common_timezones_set	일반적인 표준시간대 이름의 집합.	set

pytz의 속성을 이용한 샘플 코드

```
>>> pytz.country_timezones['nz']          지정한 국가의 표준시간대를 구함
['Pacific/Auckland', 'Pacific/Chatham']
>>> pytz.country_names['nz']          국가명을 구함
'New Zealand'

>>> len(pytz.all_timezones)
582

>>> len(pytz.common_timezones)
431

>>> 'Singapore' in pytz.all_timezones_set
True

>>> 'Singapore' in pytz.common_timezones_set
    Singapore는 일반적인 표준시간대 이름에는 존재하지 않음
```

```
False

>>> 'Asia/Singapore' in pytz.common_timezones_set
True
```

제 3 장

자료형과 알고리즘

Python에는 내장형의 리스트나 사전, 집합 등의 범용적인 자료구조가 있습니다. 또한, 그 외에도 다양한 용도로 활용할 수 있는 자료구조를 표준 라이브러리로 제공하고 있습니다.

목적에 맞는 자료구조와 알고리즘을 적절하게 선택할 수 있도록, 각각의 기능과 특징을 잘 이해해 두도록 합시다.

다양한 컨테이너형 다루기

공식 문서	https://docs.python.org/3.4/library/collections.html

지금부터 다른 객체를 등록하여 효율적으로 관리할 수 있는 컬렉션을 제공하는 collections에 대해 살펴봅시다.

데이터의 횟수 세기

입력 데이터로부터 각 값의 출현 횟수를 셀 때는 collections.Counter를 사용하면 편리합니다.

collections.Counter 샘플 코드

```
>>> import collections
>>> c = collections.Counter()
>>> c['spam'] += 1 ──── 'spam'을 카운트 업
>>> c[100] += 1 ──── 100을 카운트 업
>>> c[200] += 1 ──── 200을 카운트 업
>>> c[200] += 3 ──── 200을 카운트 업
>>> c
Counter({'spam': 1, 100: 1, 200: 4})
```

collections.Counter는 사전형에서 파생된 클래스로, 사전에 데이터의 건수를 카운트하는 기능을 추가한 것입니다.

Counter 클래스

형식	class Counter([iterable-or-mapping] [,key=value, key=value, ...])
인수	• iterable-or-mapping — Counter 객체의 초깃값을 지정하는 매핑 객체 또는 iterable 객체를 지정한다. • key — Counter 객체에 등록할 키 값을 지정한다. • value — key에 대응하는 값을 지정한다.
반환값	Counter 객체

collections.Counter에 사전 등의 매핑 객체를 지정하면 같은 키와 값을 갖는 Counter 객체를 생성합니다. 키 값을 열거하는 iterable 객체를 지정하면 각각의 키 값의 개수를 값으로 하여 Counter 객체를 생성합니다.

collections.Counter 객체 구축

```
>>> counter = collections.Counter(
...     [1, 2, 3, 1, 2, 1, 2, 1])
>>> counter
Counter({1: 4, 2: 3, 3: 1})
```

등록되어 있지 않은 키 값의 값은 0이 됩니다. 등록되어 있지 않은 키를 참조하더라도 KeyError 예외는 발생하지 않습니다.

미등록 키를 참조할 때

```
>>> counter = collections.Counter()   ← 빈 Counter
>>> counter
Counter()

>>> counter['spam']   ← 존재하지 않는 요소를 참조해도 오류는 발생하지 않는다
0
```

```
>>> counter['spam'] += 1    # 'spam'을 추가
>>> counter
Counter({'spam': 1})
```

Counter 객체는 일반 사전 객체의 메서드 외에도, 추가로 다음 표에 정리한 메서드를 제공합니다.

Counter 객체의 메서드

메서드 이름	설명	반환값
elements()	요소의 키를 값 수만큼 반복하는 반복자(iterator)를 반환한다.	키 값의 반복자
most_common([n])	값이 큰 순서대로 키와 값 한 쌍을 반환한다. n에 정숫값을 지정하면 최대 n건의 요소를 반환한다.	리스트 객체
subtract([iterable-or-mapping])	요소로부터 iterable 또는 매핑 객체의 값을 뺀다.	None

Counter 객체는 다음 세 개의 표에 나타낸 연산자를 지원합니다.

Counter 객체가 지원하는 이항 연산자

연산자	설명
+	두 개의 Counter 객체의 모든 요소로부터 Counter 객체를 생성한다. 같은 키의 요소는 값을 더한다.
−	좌변의 Counter 객체 요소에서 우변의 Counter 객체와 같은 키의 요소 값을 뺀 값으로 새롭게 Counter 객체를 생성한다. 뺄셈 결괏값이 음수가 되는 요소는 포함되지 않는다.
&	두 개의 Counter 객체 요소 중, 양쪽에 동시에 존재하는 키의 값으로부터 새롭게 Counter 객체를 생성한다. 요소의 값은 두 값 중 작은 쪽 값이 된다.
|	두 개의 Counter 객체의 모든 요소로 새롭게 Counter 객체를 생성한다. 키가 같으면 두 값 중 큰 쪽의 값이 된다.

Counter 객체가 지원하는 누계 연산자

연산자	설명
+=	좌변의 Counter 객체에 우변의 Counter 객체의 요소를 추가한다. 같은 키의 요소는 값을 더한다.
−=	좌변의 Counter 객체 요소에서 우변의 Counter 객체의 같은 키 값을 갖는 요소 값을 뺀다. 계산 결괏값이 음수가 되는 요소는 삭제된다.
&=	좌변의 Counter 객체 요소 중, 우변의 Counter 객체의 요소에 포함되어 있지 않은 키의 요소를 삭제한다. 요소의 값은 두 가지 값 중 작은 쪽의 값이 된다.
|=	두 개의 Counter 객체 전체의 요소로부터 새롭게 Counter 객체를 생성한다. 키가 같으면 두 값 중 큰 쪽의 값이 된다.

Counter 객체가 지원하는 단항 연산자

연산자	설명
+	빈 Counter 객체와 더한다.
−	빈 Counter 객체에서 뺀다.

collections.Counter의 연산자

```
>>> counter1 = collections.Counter(spam=1, ham=2)
>>> counter2 = collections.Counter(ham=3, egg=4)
>>> counter1 + counter2
Counter({'ham': 5, 'egg': 4, 'spam': 1})

>>> counter1 - counter2
Counter({'spam': 1})

>>> counter1 & counter2
Counter({'ham': 2})

>>> counter1 | counter2
```

```
Counter({'egg': 4, 'ham': 3, 'spam': 1})

>>> counter1 += counter2
>>> counter1
Counter({'ham': 5, 'egg': 4, 'spam': 1})
```

연산 결과에는 값이 0 이하인 요소는 포함되지 않습니다.

음수인 카운터 값

```
>>> counter1 = collections.Counter(spam=-1, ham=2)
>>> counter2 = collections.Counter(ham=2, egg=-3)
>>> counter1 + counter2
Counter({'ham': 4})

>>> counter1 - counter2
Counter({'egg': 3})
```

단항 연산자 +와 -는 비어 있는 Counter 객체와 덧셈, 뺄셈을 수행합니다.

collections.Counter의 단항 연산자

```
>>> counter1 = collections.Counter(spam=-1, ham=2)
>>> +counter1
Counter({'ham': 2})

>>> -counter1
Counter({'spam': 1})
```

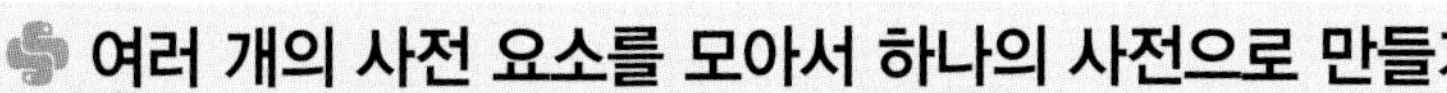

여러 개의 사전 요소를 모아서 하나의 사전으로 만들기

collections.ChainMap은 여러 개의 사전 객체를 모아서 각각의 사전 요소를 하나의 사전으로 검색할 수 있게 만듭니다.

collections.ChainMap 샘플 코드

```
>>> d1 = {'spam':1}
>>> d2 = {'ham':2}
>>> c = collections.ChainMap(d1, d2)    d1, d2를 묶음
>>> c['spam']    d1['spam']을 구함
1

>>> c['ham']    d2['ham']을 구함
2
```

collections.ChainMap에는 사전 등의 매핑 객체를 등록합니다. collections.ChainMap 객체의 요소를 구하면, 등록한 매핑 객체를 등록 차례에 따라 검색하여 발견된 요소의 값을 반환합니다.

ChainMap 클래스

형식	class ChainMap([map1, map2, ...])
인수	• map1, map2, ... – 합칠 매핑 객체를 지정한다.
반환값	ChainMap 객체

collections.ChainMap 객체의 요소를 추가 또는 삭제하게 되면, 맨 앞에 등록한 매핑 객체에 반영됩니다.

collections.ChainMap의 갱신

```
>>> d1 = {'spam':1}
>>> d2 = {'ham':2}
>>> c1 = collections.ChainMap(d1, d2)
>>> c1['bacon'] = 3      # 사전 d1에 'bacon'을 추가
>>> d1
{'spam': 1, 'bacon': 3}

>>> c1.clear()           # 사전 d1을 클리어
>>> d1
{}
```

collections.ChainMap 객체에는 다음과 같은 속성과 메서드가 있습니다.

ChainMap 객체의 속성과 메서드

속성/메서드 이름	설명	반환값
map	등록된 매핑 객체의 리스트.	
parents	맨 앞에 등록된 매핑 객체 이외의 매핑 객체를 요소로 하여 새로운 ChainMap 객체를 생성하는 속성.	ChainMap 객체
new_child(m=None)	매핑 객체 m과 등록된 모든 매핑 객체를 요소로 하여 새 ChainMap 객체를 생성한다.	ChainMap 객체

기본값이 있는 사전

보통 사전 객체는 등록되어 있지 않은 키를 참조하면 KeyError 예외가 발생합니다. 그러나 collections.defaultdict는 사전에서 파생된 클래스지만, 등록되어 있지 않은 키를 참조해도 예외가 발생하지 않고 기본값으로 지정된 값을 반환합니다.

collections.defaultdict 샘플 코드

```
>>> d = {'spam':100}  ── 일반 사전
>>> d['ham']  ── 미등록 키를 참조하면 오류 발생
Traceback (most recent call last):
  File "<input>", line 1, in <module>
KeyError: 'ham'

>>> d['spam']  ── 등록된 요소
100

>>> def value():
...   return 'default-value'
>>> d = collections.defaultdict(value, spam=100)
>>> d
defaultdict(<function value at 0x1037e1510>, {'spam': 100})

>>> d['ham']
'default-value'
```

collections.defaultdict는 미등록 키가 참조될 때, 값을 반환하는 호출 가능 객체를 지정해서 작성합니다.

defaultdic 클래스

형식	class defaultdict([default_factory, ...])
인수	• default_factory – 미등록 키 값이 참조될 때 값을 반환할 호출 가능 객체를 지정한다. 생략하면 None이 되며 미등록 키를 참조하면 일반 사전과 마찬가지로 예외가 발생한다. • ... – dict( )와 마찬가지로 사전의 초깃값을 지정한다.
반환값	defaultdict 객체

기본값으로 수치 0을 반환할 때는 인수에 int형 객체를 지정합니다. 또한, 기본값으로 빈 사전이나 리스트를 반환할 때도 각각 dict나 list형 객체를 지정합니다.

초깃값으로 형 객체 지정

```
>>> c = collections.defaultdict(int)        숫자 0을 기본값으로
>>> c['spam']
0

>>> c = collections.defaultdict(list)       새 리스트를 기본값으로
>>> c['spam'].append(100)
>>> c['spam'].append(200)
>>> c
defaultdict(<class 'list'>, {'spam': [100, 200]})
```

미등록 요소에 대하여 +=이나 -= 등의 누계 연산자도 사용할 수 있습니다.

defaultdict에 누계 연산자 사용

```
>>> c = collections.defaultdict(int)        숫자 0을 기본값으로
>>> c['spam'] += 100        c['spam'] = c['spam'] + 100과 같음
>>> c
defaultdict(<class 'int'>, {'spam': 100})
```

등록 순서를 저장하는 사전

일반 사전 객체로부터 for 문 등으로 요소 리스트를 얻을 때, 요소를 가져오는 순서는 일정하지 않습니다. 같은 처리를 두 번 반복하면 첫 번째와 두 번째에 다른 순서로 요소를 가져올 가능성이 있습니다.

collections.OrderedDict는 요소를 등록한 순서를 기록해두는 사전 객체로, 요소 리스트를 항상 등록된 순서에 따라 구합니다.

collections.OrderedDict 샘플 코드

```
>>> d = collections.OrderedDict( )  ── OrderedDict 생성
>>> d['spam'] = 100
>>> d['ham'] = 200
>>> for key in d: print(key)  ── 항상 등록 순서대로 요소를 구함
...
spam
ham
```


collections.OrderedDict는 dict형과 마찬가지로 다른 사전이나 시퀀스, 키워드 인수 등으로 초깃값을 지정해 생성할 수 있습니다. 이때 시퀀스를 지정한 경우에는 시퀀스의 요소 순으로 등록되며, 요소의 순서도 기록됩니다.

하지만 다른 사전을 초깃값으로 지정할 때, 그 사전이 collections.OrderedDict가 아니라면 사전으로부터 요소를 가져오는 순서는 정해져 있지 않습니다. 따라서 collections.OrderedDict의 요소도 어떤 순서로 등록되는지 알 수 없습니다.

또한, 키워드 인수로 초깃값을 지정한 경우에도 collections.OrderedDict의 요소 등록은 키워드 인수의 지정 순서와 일치하지 않습니다. Python에서는 collections.OrderedDict를 호출할 때, 모든 키워드 인수를 바탕으로 사전 객체를 생성하여 이를 collections.OrderedDict에 인수로 건네게 됩니다. collections.OrderedDict는 이렇게 전달받은 키워드 인수의 사전으로부터 요소를 가져와서 초깃값을 등록하는데, 이때 사전으로부터 요소를 가져오는 순서가 정해져 있지 않기 때문입니다.

collections.OrderedDict의 초깃값

```
>>> d = collections.OrderedDict([("spam", 100), ("ham", 200)])  ── 시퀀스로 초깃값 설정
>>> d  ── 요소는 지정 순서대로 기록됨
OrderedDict([('spam', 100), ('ham', 200)])

>>> d = collections.OrderedDict({"spam":100, "ham":200})  ── 사전으로 초깃값 설정
```

```
>>> d ── 요소 등록 순서는 정해져 있지 않음
OrderedDict([('ham', 200), ('spam', 100)])

>>> d = collections.OrderedDict(spam=100, ham=200) ── 키워드 인수로 초깃값 설정
>>> d ── 요소 등록 순서는 정해져 있지 않음
OrderedDict([('ham', 200), ('spam', 100)])
```

collections.OrderedDict 객체는 다음과 같은 메서드를 제공합니다.

OrderedDict 객체의 메서드

메서드 이름	설명	반환값
popitem(last=True)	last가 True인 경우, 맨 마지막에 등록한 요소를 사전에서 삭제하고 반환한다. last가 True가 아니면 맨 처음에 등록된 요소를 사전에서 삭제하고 반환한다.	삭제한 객체
move_to_end(key, last=True)	last가 True인 경우, 지정한 키를 맨 끝으로 이동한다. last가 True가 아니면 지정한 키를 맨 처음으로 이동한다.	

튜플을 구조체로 활용하기

Python에서 데이터를 그룹으로 관리할 때 튜플을 자주 사용합니다. 예를 들어 3차원 좌표는 (100, −10, 50)과 같은 튜플로 보관하는 것이 일반적입니다. collections.namedtuple은 정수 인덱스 값뿐만 아니라, 속성 이름을 지정하여 요소를 취득할 수 있는 튜플의 파생형을 제공합니다.

collections.namedtuple의 사용 예

```
>>> Coordinate = collections.namedtuple('Coordinate', 'X, Y, Z')
>>> c1 = Coordinate(100, -50, 200)
>>> c1
Coordinate(X=100, Y=-50, Z=200)
```

```
>>> c1.X
100
```

collections.namedtuple은 지정한 요소를 갖는 튜플의 파생형을 생성합니다.

namedtuple() 함수

형식	namedtuple(typename, field_names, verbose=False, rename=False)
인수	• typename – 생성할 튜플형의 형 이름을 지정한다. • field_names – 튜플 요소 이름을 지정한다. 요소 이름 시퀀스 또는 요소 이름을 공백이나 쉼표로 구분하여 문자열로 지정한다. • verbose – 클래스를 정의하는 스크립트를 출력한다. • rename – True일 때 잘못된 요소 이름을 자동으로 올바른 이름으로 변환한다.
반환값	namedtuple 객체

collections.namedtuple의 메모리 사용량은 일반 튜플과 같으며, 일반 클래스 인스턴스나 사전보다 효율적으로 데이터를 관리할 수 있습니다.

deque(양끝 리스트) 이용하기

collections.deque는 "double ended queue(양끝 큐)"라고 불리는 자료구조로, 큐의 맨 앞과 맨 끝에서 데이터 추가와 삭제를 등록된 데이터 수와 관계없이 일정한 속도로 수행합니다.

deque 클래스

형식	class deque([iterable, [maxlen]])
인수	• iterable – deque의 초깃값을 지정한다. • maxlen – deque의 최대 요소 수를 지정한다. 요소 수가 지정한 값 이상이 되면 요소를 맨 앞에 추가할 때는 끝에서부터 요소를 삭제하고, 끝에 추가할 때는 맨 앞부터 요소를 삭제한다.
반환값	deque 객체

deque는 시퀀스 객체로, 리스트 등과 마찬가지로 인덱스를 사용해 요소에 접근할 수 있습니다. 단, deq[1:2]처럼 슬라이스를 지정하여 참조할 수는 없습니다.

collections.deque에 인덱스로 접근

```
>>> deq = collections.deque('spam')
>>> deq
deque(['s', 'p', 'a', 'm'])

>>> deq[1]
'p'

>>> deq[1] = 'P'
>>> deq
deque(['s', 'P', 'a', 'm'])

>>> deq[1:-1]  ── 슬라이스 연산은 지원하지 않음
Traceback (most recent call last):
  File "<stdin>", line 1, in <module>
TypeError: sequence index must be integer, not 'slice'
```

하지만 인덱스를 사용하여 deque 객체 중간에 있는 요소에 접근하면, 요소 수에 따라 처리에 시간이 걸리게 됩니다. 이런 처리가 필요할 때는 deque 객체가 아니라 리스트 객체를 사용하는 편이 빠르게 처리할 수 있습니다.

요소의 추가나 삭제가 큐의 맨 처음과 끝에서만 이루어지는 처리일 때는 deque의 특징을 활용할 수 있습니다. deque 객체는 deque 양끝에 데이터를 추가, 삭제하는 메서드를 다음 표와 같이 제공합니다.

deque 객체의 메서드

메서드 이름	설명	반환값
append(x)	x를 deque 끝에 추가한다.	
appendleft(x)	x를 deque 맨 앞에 추가한다.	
extend(iterable)	리스트 등 iterable 객체의 요소를 deque 끝에 추가한다.	
extendleft(iterable)	리스트 등 iterable 객체의 요소를 deque 맨 앞에 추가한다. iterable 객체 요소는 맨 처음 요소부터 하나씩 deque 맨 앞에 추가되므로, iterable 객체와는 반대 순서로 deque에 저장된다.	
pop()	deque에서 맨 끝 요소를 가져와 그 값을 반환한다. deque 요소가 존재하지 않으면 IndexError 예외가 발생한다.	빼낸 객체
popleft()	deque에서 맨 앞 요소를 가져와 그 값을 반환한다. deque 요소가 존재하지 않으면 IndexError 예외가 발생한다.	빼낸 객체

다음은 deque 객체를 이용하여 최신 데이터 5건의 이동 평균을 계산하는 처리 예입니다.

이동 평균 계산

```
>>> deq = collections.deque(maxlen=5)
>>> for v in range(10):
...     deq.append(v)
...     if len(deq) >= 5:
...         print(list(deq), sum(deq)/5)
...
[0, 1, 2, 3, 4] 2.0
[1, 2, 3, 4, 5] 3.0
[2, 3, 4, 5, 6] 4.0
```

```
[3, 4, 5, 6, 7] 5.0
[4, 5, 6, 7, 8] 6.0
[5, 6, 7, 8, 9] 7.0
```

deque 객체 조작 중에 특이한 것으로 rotate(n) 메서드라는 것이 있습니다. n에 양의 정수를 지정하면 deque 객체 요소가 오른쪽으로 회전하고, 음의 정수를 지정하면 왼쪽으로 회전합니다.

deque.rotate 샘플 코드

```
>>> deq = collections.deque('12345')
>>> deq
deque(['1', '2', '3', '4', '5'])

>>> deq.rotate(3)      오른쪽으로 회전
>>> deq
deque(['3', '4', '5', '1', '2'])

>>> deq.rotate(-3)      왼쪽으로 회전
>>> deq
deque(['1', '2', '3', '4', '5'])
```

deque 객체의 맨 앞 요소와 두 번째 요소를 교환하는 처리는 rotate() 메서드를 사용하여 다음과 같이 작성할 수 있습니다.

dequte.rotate 응용 예

```
>>> deq = collections.deque('12345')
>>> first = deq.popleft()      맨 앞 요소를 빼냄
>>> first
'1'
```

```
>>> deq.rotate(-1)          왼쪽으로 회전시켜 현재 맨 앞 요소를 맨 뒤로 보냄
>>> deq.appendleft(first)   맨 앞에 원래 맨 앞에 있었던 요소를 추가함
>>> deq.rotate(1)           오른쪽으로 회전하여 다시 제자리로 되돌림
>>> deq
deque(['2', '1', '3', '4', '5'])
```

힙 큐 이용하기

공식 문서	https://docs.python.org/3.4/library/heapq.html

여기에서는 리스트 객체를 힙 큐로 이용하는 기능을 제공하는 heapq에 대해 설명하겠습니다. 힙 큐는 우선순위 큐라고도 불리며, 리스트 중의 최솟값이 항상 리스트의 맨 앞 요소가 되는 성질을 가지고 있습니다.

리스트의 요소를 작은 값부터 순서대로 가져오기

heapq를 이용하면 일련의 값으로부터 최솟값을 빠르게 구할 수 있습니다.

heapq 샘플 코드

```
>>> import heapq
>>> queue = []  ── heapq로 이용하는 리스트 객체
>>> heapq.heappush(queue, 2)
>>> heapq.heappush(queue, 1)
>>> heapq.heappush(queue, 0)
>>> heapq.heappop(queue)  ── heapq로 최소 요소를 구함
0

>>> heapq.heappop(queue)
1

>>> heapq.heappop(queue)
2

>>> heapq.heappop(queue)
```

```
Traceback (most recent call last):
  File "<stdin>", line 1, in <module>
IndexError: index out of range
```

heappush() 함수

형식	heappush(heap, item)
인수	리스트 객체 heap에 item을 추가한다.
반환값	• heap – heap로 이용할 리스트 객체를 지정한다. • item – 등록할 객체를 지정한다.

heappop() 함수

형식	heappop(heap)
설명	리스트 객체 heap에서 최솟값을 삭제하고 그 값을 반환한다. 리스트가 비었으면 IndexError가 발생한다. 최솟값을 삭제하는 것이 아니라 참조할 때는 heap[0]으로 한다.
인수	• heap – heap로 이용할 리스트 객체를 지정한다.
반환값	heap에서 삭제한 값

시퀀스에서 상위 n건의 리스트 작성하기

heapq는 일련의 데이터에서 정해진 건수의 값을 큰 순서대로 추출하는 처리를 효율적으로 실행할 수 있습니다.

heapq로 일정 건수의 데이터 구하기

```
>>> queue = [1,2,3,4,5]          heapq로 이용할 리스트 객체
>>> heapq.heapify(queue)         요소를 heapq로 정렬
>>> heapq.heappushpop(queue, 6)  값을 추가하고 최솟값을 제거함
```

```
1
>>> heapq.heappushpop(queue, 7)    값을 추가하고 최솟값을 제거함
2
>>> queue
[3, 4, 7, 6, 5]
```

heapify() 함수

형식	heapify(heap)
설명	리스트 객체 heap의 요소를 정렬하여 heapq로 삼는다.
인수	• heap – heap로 이용할 리스트 객체를 지정한다.

heappushpop() 함수

형식	heappushpop(heap, item)
설명	리스트 객체 heap에 item을 추가한 다음, 최솟값을 삭제하고 그 값을 반환한다. 리스트가 비었으면 IndexError가 발생한다.
인수	• heap – heap로 이용할 리스트 객체를 지정한다. • item – 등록할 객체를 지정한다.
반환값	heap에서 삭제한 값

heapreplace() 함수

형식	heapreplace(heap, item)
설명	리스트 객체 heap에서 최솟값을 삭제한 다음, heap에 item을 추가하고 삭제한 값을 반환한다. 리스트가 비었으면 IndexError가 발생한다.
인수	• heap – heap로 이용할 리스트 객체를 지정한다. • item – 등록할 객체를 지정한다.
반환값	heap에서 삭제한 값

heappushpop( )은 item 요소를 추가하고 나서 최솟값을 빼내지만, heapreplace( )는 최솟값을 빼내고 나서 item을 추가합니다. 따라서 item이 heapq의 최솟값일 때 heappushpop( )은 item을 반환하지만, heapreplace( )는 item을 추가하기 전에 등록되어 있던 최솟값을 반환합니다.

이진 탐색 알고리즘 이용하기

공식 문서	https://docs.python.org/3.4/library/bisect.html

지금부터 일반적으로 이진 탐색이라 불리는 알고리즘 구현을 제공하는 bisect에 대해 살펴보겠습니다. 이진 탐색은 정렬된 시퀀스(리스트, 튜플 등)에서 값을 검색하여 해당 인덱스를 반환합니다.

이진 탐색으로 리스트에서 값 검색하기

bisect 모듈에는 같은 이진 탐색이라도 다른 결과를 반환하는 두 개의 함수가 있습니다. 검색 값이 시퀀스에 존재할 때, 하나는 맨 처음 요소의 인덱스를 반환하고 다른 하나는 가장 마지막 요소의 다음 인덱스를 반환합니다.

bisect 샘플 코드

```
>>> import bisect
>>> seq = [0, 1, 2, 2, 3, 4, 5]     오름차순으로 정렬된 리스트
>>> bisect.bisect_left(seq, 2)      맨 처음 2 이상인 요소의 인덱스
2

>>> bisect.bisect_right(seq, 2)     맨 처음 2보다 큰 요소의 인덱스
4
```

bisect_left() 함수

형식	bisect_left(a, x, lo=0, hi=len(a))
설명	정렬된 시퀀스 a에 값 x를 삽입할 위치의 인덱스를 반환한다. a에 값 x가 등록되어 있을 때는 맨 처음 x의 인덱스를 반환한다.
인수	• a – 정렬된 시퀀스를 지정한다. • x – 검색할 값을 지정한다. • lo – 검색 시작 위치를 지정한다. 생략하면 맨 처음부터 검색한다. • hi – 검색 종료 위치를 지정한다. 생략하면 맨 끝까지 검색한다.
반환값	삽입 위치의 인덱스

bisect_right(), bisect() 함수

형식	bisect_right(a, x, lo=0, hi=len(a)) bisect(a, x, lo=0, hi=len(a))
설명	bisect_left( )와 마찬가지로, 정렬된 시퀀스 a에 값 x를 삽입할 위치의 인덱스를 반환한다. a에 값 x가 등록되어 있을 때는 bisect_left( ) 와는 달리, 가장 마지막 x의 다음 인덱스를 반환한다.
인수	• a – 정렬된 시퀀스를 지정한다. • x – 검색할 값을 지정한다. • lo – 검색 시작 위치를 지정한다. 생략하면 맨 처음부터 검색한다. • hi – 검색 종료 위치를 지정한다. 생략하면 맨 끝까지 검색한다.
반환값	삽입 위치의 인덱스

리스트를 항상 정렬 완료 상태로 유지하기

시퀀스를 항상 정렬 완료 상태로 유지하려면, 요소를 추가할 때마다 시퀀스 전체를 정렬하기보다는 검색한 위치에 요소를 삽입하는 편이 효율이 더 좋을 수 있습니다. bisect 모듈은 이를 위한 전용 함수를 제공합니다.

bisect.insort_left() 샘플 코드

```
>>> seq = [0, 1, 2, 3, 4, 5]
>>> bisect.insort_left(seq, 3)
>>> seq
[0, 1, 2, 3, 3, 4, 5]
```

insort_left() 함수

형식	insort_left(a, x, lo=0, hi=len(a))
인수	정렬된 시퀀스 a의 bisect_left( )로 구한 삽입 위치에 x를 삽입한다.
반환값	• a – 정렬된 시퀀스를 지정한다. • x – 검색할 값을 지정한다. • lo – 검색 시작 위치를 지정한다. 생략하면 맨 처음부터 검색한다. • hi – 검색 종료 위치를 지정한다. 생략하면 맨 끝까지 검색한다.

insort_right(), insort() 함수

형식	insort_right(a, x, lo=0, hi=len(a)) insort(a, x, lo=0, hi=len(a))
인수	insort_left( )와 마찬가지로, 정렬된 시퀀스에 요소를 삽입한다. insort_right( )는 삽입 위치를 bisect_right( )로 구한다.
반환값	• a – 정렬된 시퀀스를 지정한다. • x – 검색할 값을 지정한다. • lo – 검색 시작 위치를 지정한다. 생략하면 맨 처음부터 검색한다. • hi – 검색 종료 위치를 지정한다. 생략하면 맨 끝까지 검색한다.

수치 배열을 효율적으로 다루기

공식 문서	https://docs.python.org/3.4/library/array.html

여기서는 수치 배열을 효율적으로 다루는 기능을 제공하는 array에 대해 설명하겠습니다. array 모듈의 array.array형은 갱신 가능한 시퀀스로, 인스턴스를 생성할 때 지정한 종류의 수치 데이터만 저장합니다.

array.array는 요소를 Python 객체가 아닌 플랫폼 고유의 이진(binary) 데이터로서 저장하기 때문에, 리스트나 튜플 등과 비교할 때 메모리 효율이 뛰어납니다.

array.array에 수치 저장하기

array.array는 저장할 값의 종류를 문자로 지정하여 생성합니다.

array.array 객체 생성

```
>>> import array
>>> arr = array.array('f', [1,2,3,4])  # 단정밀도 부동소수점 array
>>> arr
array('f', [1.0, 2.0, 3.0, 4.0])
```

array 클래스

형식	class array(typecode[, initializer])
인수	• typecode — array 요소의 자료형을 자료형 지정 문자 목록에 따른 문자로 지정한다. • initializer — array의 초깃값 시퀀스 또는 반복자를 지정한다.
반환값	array 객체

자료형 지정 문자 목록

자료형 지정 문자	C 언어의 자료형 이름	Python 자료형 이름	최소 바이트 수
'b'	signed char	int	1
'B'	unsigned char	int	1
'u'[*1]	Py_UNICODE	int	2
'h'	signed short	int	2
'H'	unsigned short	int	2
'i'	signed int	int	2
'I'	unsigned int	int	2
'l'	signed long	int	4
'L'	unsigned long	int	4
'q'	signed long long	int	8
'Q'[*2]	unsigned long long	int	8
'f'[*2]	float	float	4
'd'	double	float	8

*1 Python 3.3부터 권장하지 않음.

*2 Python을 빌드한 C 컴파일러가 long long형을 지원하는 경우에만 이용할 수 있음. Windows 환경에서는 long long 대신에 __int64를 사용.

array.array 객체는 시퀀스 객체로, 리스트 객체 등과 마찬가지로 요소를 추가하거나 삭제할 수 있습니다.

array.array 객체 조작

```
>>> arr.append(100.0)    요소 추가
>>> arr[2] = 200.        요소 갱신
>>> arr
array('f', [1.0, 2.0, 200.0, 4.0, 100.0])
```

```
>>> del arr[-1]                맨 마지막 요소를 삭제
>>> arr
array('f', [1.0, 2.0, 200.0, 4.0])

>>> sum(arr)                   요소의 합을 구함
207.0
```

이진 데이터의 입출력

array.array 객체는 파일에 이진 데이터를 출력하는 tofile() 메서드를 제공합니다.

array.array 객체를 파일에 출력하기

```
>>> arr = array.array('i', (1,2,3,4,5))     int형 수치 array
>>> with open('bin-int', 'wb') as f:        모드를 'b'로 하여 파일 열기
...     arr.tofile(f)
...
```

파일로부터 이진 데이터를 읽어올 때는 fromfile() 메서드를 사용합니다.

파일에서 array.array 객체를 불러오기

```
>>> arr = array.array('i')
>>> with open('bin-int', 'rb') as f:        모드를 'b'로 하여 파일 열기
...     arr.fromfile(f, 5)
...

>>> arr
array('i', [1, 2, 3, 4, 5])
```

fromfile() 메서드

형식	array.fromfile(f, n)
인수	• f – 요소를 읽어올 파일 객체를 지정한다. • n – 읽어오는 요소 수를 지정한다.

tofile() 메서드

형식	array.tofile(f)
인수	• f – 요소를 출력할 파일 객체를 지정한다.

약한 참조를 통한 객체 관리

공식 문서	https://docs.python.org/3.4/library/weakref.html

지금부터는 객체의 약한 참조 기능을 제공하는 weakref에 대해 설명하겠습니다.

Python은 애플리케이션이 사용하는 객체의 참조 상황을 감시하고 있으며, 필요 없어진 객체를 자동으로 해제합니다. 변수나 리스트 요소로서 참조된 객체는 필요한 객체이지만, 전혀 참조를 하지 않게 되면 해당 객체는 필요 없어진 것으로 판단되어 가비지 컬렉터에 의해 삭제됩니다.

반면 외부에서 참조 중인 경우라도 참조된 객체를 필요 없는 것으로 판단하게 하여 해제할 수 있는 참조 방식도 존재합니다. 이와 같은 참조는 "약한 참조(Weak reference)"라고 합니다. 약한 참조에 의한 참조가 존재하더라도 일반 참조가 없는 객체는 가비지 컬렉터가 삭제합니다.

약한 참조로 파일 내용의 캐시 생성하기

같은 파일에서 불러온 내용을 각각 별도의 메모리에 저장하지 않고 공유하는 방법을 생각해 봅시다. 약한 참조를 사용하지 않을 때는 다음과 같이 작성합니다.

파일 내용 공유하기

```
>>> _files = {}   ← 파일 내용을 저장하는 사전
>>> def share_file(filename):
...   if filename not in _files:
...     ret = _files[filename] = open(filename)
...   else:
```

```
...     ret = _files[filename]
    return ret
```

share_file()은 지정한 파일 내용이 _files에 등록된 것이면 그 내용을 반환하고, 등록되지 않았으면 파일을 열어 _files에 등록하고 나서 그 내용을 반환합니다.

이러한 share_file()에서는 한 번 사전에 등록한 내용은 삭제되지 않습니다. 따라서 많은 파일을 불러오는 애플리케이션을 사용하면 필요 없는 데이터로 메모리를 소모하게 됩니다.

다음 예는 같은 처리에 약한 참조를 사용한 것입니다.

약한 참조를 사용하여 파일 내용 공유하기

```
>>> import weakref
>>> _files = weakref.WeakValueDictionary()  # 파일 내용을 저장하는 사전
>>> def share_file(filename):
...   if filename not in _files:
...     ret = _files[filename] = open(filename)
...   else:
...     ret = _files[filename]
    return ret
```

share_file( )의 처리 내용은 변함이 없지만, 파일을 저장하는 사전으로 weakref.WeakValueDictionary를 사용하고 있습니다.

weakref.WeakValueDictionary는 일반 사전과 마찬가지로 키와 값 한 쌍을 저장하는 매핑 객체지만, 값을 참조가 아닌 약한 참조로 저장합니다. weakref.WeakValueDictionary에 등록된 요소의 값이 일반 참조를 모두 잃어버리게 되면 가바지 컬렉션에 의해 회수되며, weakref.WeakValueDictionary는 해당하는 키와 값 항목을 삭제합니다.

이 예에서 읽어온 파일은 약한 참조를 사용한 사전에 등록되어 있습니다. 따라서 파일이 다른 처리에 사용되는 동안은 사전의 요소가 계속 저장된 채로 유지되며, 이때에 다시 한 번 같은 파일 이름이 호출되더라도 새로운 파일을 불러오지 않고 캐시한 내용을 반환합니다.

모든 처리에서 이 파일이 쓸모없어지면 그때 _files로부터 요소가 삭제되며 불필요한 메모리도 자동으로 삭제됩니다.

WeakValueDictionary 클래스

형식	class weakref.WeakValueDictionary([dict])
인수	• dict – 사전을 지정하면 그 키와 값을 초깃값으로 등록한다.
반환값	WeakValueDictionary 객체

weakref.WeakKeyDictionary는 사전 값이 아닌 키를 약한 참조로 유지합니다. 키의 객체가 삭제되면 자동으로 해당 키와 값 항목이 삭제됩니다.

WeakKeyDictionary 클래스

형식	class weakref.WeakKeyDictionary([dict])
인수	• dict – 사전을 지정하면 그 키와 값을 초깃값으로 등록한다.
반환값	WeakKeyDictionary 객체

열거형으로 상수 정의하기

공식 문서	https://docs.python.org/3.4/library/enum.html

여기에서는 열거형을 정의하는 enum에 대해 살펴보겠습니다. enum은 Python 3.4에서 새롭게 등장했습니다.

상숫값 정의하기

열거형은 상숫값의 이름을 정의할 때 사용합니다. 열거형의 값은 enum.Enum의 파생 클래스에 "이름=값"의 형식으로 정의합니다.

그 예로 삼국시대의 국가인 고구려, 백제, 신라, 가야에 각각 1, 2, 3, 4라는 값을 할당한 열거형을 만들어보겠습니다.

enum 샘플 코드

```
>>> import enum
>>> class Dynasty(enum.Enum):      열거형은 enum.Enum을 상속하여 생성
...     GOGURYEO = 1               고구려
...     BAEKJE = 2                 백제
...     SILLA = 3                  신라
...     GAYA = 4                   가야
...
>>> dynasty = Dynasty.SILLA        신라
```

열거형의 이름과 값은 각각 enum 객체의 name 속성과 value 속성으로 구할 수 있습니다.

열거형의 속성

```
>>> dynasty = Dynasty.SILLA    # 신라
>>> dynasty
<Dynasty.SILLA: 3>

>>> dynasty.name    # 열거형의 이름
'SILLA'

>>> dynasty.value    # 열거형의 값
3
```

열거형은 Enum에서 파생된 열거형의 인스턴스로, 같은 열거형의 같은 상수일 때 ==연산자로 비교하면 True가 반환됩니다.

열거형의 비교

```
>>> class Spam(enum.Enum):
...     HAM = 1
...     EGG = 2
...     BACON = 2
...
>>> isinstance(Spam.HAM, Spam)    # HAM, EGG, BACON은 Spam형 인스턴스
True

>>> Spam.HAM == Spam.HAM    # 같은 값끼리 비교
True

>>> Spam.HAM == Spam.EGG    # 다른 값끼리 비교
False

>>> Spam.EGG == Spam.BACON    # 다른 이름이라도 값이 동일하면 같다
True
```

같은 값이라도 다른 형의 값과 비교하면 False가 됩니다.

다른 형과 비교

```
>>> class Spam2(enum.Enum):
...     HAM = 1
...     EGG = 2
...     BACON = 2
...
>>> Spam.HAM == Spam2.HAM
False

>>> Spam.HAM == 1
False
```

다른 열거형의 같은 값(=1) 사이의 비교

정숫값과 비교

클래스 장식자(decorator)로서 enum.unique( )를 지정하면 같은 값의 열거형은 오류가 됩니다.

unique 장식자

```
>>> @enum.unique
... class Spam(enum.Enum):
...     HAM = 1
...     EGG = 1
...
Traceback (most recent call last):
  File "<stdin>", line 2, in <module>
  File "/Library/Frameworks/Python.framework/Versions/3.4/lib/python3.4/
  enum.py", line 524, in unique
    (enumeration, alias_details))
ValueError: duplicate values found in <enum 'Spam'>: EGG -> HAM
```

열거형은 열거값을 정의한 순서대로 얻는 반복자를 반환합니다. 이 반복자에서는 중복되는 열거값은 하나밖에 구하지 않습니다.

열거값의 반복자

```
>>> class Spam(enum.Enum):
...     HAM = 1
...     EGG = 2
...     BACON = 1    # 중복 값: 출력되지 않는다
...

>>> list(Spam)
[<Spam.HAM: 1>, <Spam.EGG: 2>]
```

데이터를 읽기 쉬운 형식으로 출력하기

공식 문서	https://docs.python.org/3.4/library/pprint.html

데이터를 읽기 쉬운 형식으로 출력하는 기능을 제공하는 pprint에 대해 살펴봅시다.

객체를 정형화하여 출력하기

개발 중에 디버깅 등을 위해 리스트나 사전 등의 객체를 출력할 때가 있는데, print() 등의 함수로 출력하면 객체의 문자열 표현이 모두 그대로 출력됩니다.

print()로 객체를 출력할 때

```
>>> prefs = {
...     '홋카이도':'삿포로', '아오모리현':'아오모리',
...     '이와테현':'모리오카', '미야기현':'센다이',
...     '아키타현':'아키타', '야마가타현':'야마가타',
...     '후쿠시마현':'후쿠시마', '이바라기현':'미토',
...     '도치기현':'우츠노미야', '군마현':'마에바시',
...     '사이타마현':'사이타마', '치바현':'치바',
... }

>>> print(prefs)
{'군마현': '마에바시', '아오모리현': '아오모리', '야마가타현': '야마가타',
'사이타마현': '사이타마', '치바현': '치바', '미야기현': '센다이', '도치기현': '우츠노미야',
'아키타현': '아키타', '이와테현': '모리오카', '이바라기현': '미토', '홋카이도': '삿포로',
'후쿠시마현': '후쿠시마'}
```

```
>>> print (list(prefs.items()))
[('군마현', '마에바시'), ('아오모리현', '아오모리'), ('야마가타현', '야마가타'), ('사이타마현', '사이타마'), ('치바현', '치바'), ('미야기현', '센다이'), ('도치기현', '우츠노미야'), ('아키타현', '아키타'), ('이와테현', '모리오카'), ('이바라기현', '미토'), ('홋카이도', '삿포로'), ('후쿠시마현', '후쿠시마')]
```

이처럼 많은 요소가 저장된 객체가 출력되면 읽기 불편합니다.

pprint.pprint()는 사전이나 리스트 등의 객체를 더 보기 쉽게 정형화하여 출력합니다.

pprint.pprint()

형식	pprint.pprint(object, stream=None, indent=1, width=80, depth=None)
인수	• object – 출력할 객체를 지정한다. • stream – 출력할 파일 객체를 지정한다. • indent – 중첩된 객체의 자식 요소를 출력할 때 들여쓰기 열 수를 지정한다. • width – 출력 폭을 지정한다. • depth – 중첩된 객체를 출력할 때 최대 단계 수를 지정한다. None이면 모든 단계를 출력한다.

pprint.pprint()로 객체 출력하기

```
>>> import pprint
>>> pprint.pprint(prefs)
{'군마현': '마에바시',
 '도치기현': '우츠노미야',
 '미야기현': '센다이',
 '사이타마현': '사이타마',
 '아오모리현': '아오모리',
 '아키타현': '아키타',
 '야마가타현': '야마가타',
 '이바라기현': '미토',
 '이와테현': '모리오카',
 '치바현': '치바',
```

```
 '홋카이도': '삿포로',
 '후쿠시마현': '후쿠시마'}

>>> pprint.pprint(list(prefs.items()))
[('군마현', '마에바시'),
 ('아오모리현', '아오모리'),
 ('야마가타현', '야마가타'),
 ('사이타마현', '사이타마'),
 ('치바현', '치바'),
 ('미야기현', '센다이'),
 ('도치기현', '우츠노미야'),
 ('아키타현', '아키타'),
 ('이와테현', '모리오카'),
 ('이바라기현', '미토'),
 ('홋카이도', '삿포로'),
 ('후쿠시마현', '후쿠시마')]
```

반복자와 조합하여 처리하기

공식 문서	https://docs.python.org/3.4/library/itertools.html

지금부터는 반복자와 조합하여 다양한 처리를 구현할 수 있도록 각종 도구를 제공하는 itertools에 대해 설명하겠습니다.

Python에서는 연속되는 일련의 데이터를 반복자를 사용하여 표현합니다. 반복자는 단순한 인터페이스 객체로, 반복자의 __next__() 메서드를 호출하면 반복자의 다음 값을 반환하고 반환할 값이 존재하지 않을 때에는 StopIteration 예외가 발생합니다. Python에서는 반복문이나 데이터 전달 등에서 반복자를 이용합니다.

반복자 값을 합치기

iterable 객체의 모든 값을 더한 결과를 구할 때 등, 모든 요소를 합쳐 결과를 구할 때는 itertools.accumulate()를 사용합니다.

accumulate() 함수

형식	itertools.accumulate(iterable, func=operator.add)
인수	• iterable —iterable 객체를 지정한다. • func — 두 개의 인수를 취하는 함수를 지정한다. 생략하면 operator.add( )가 되어, 요소를 맨 앞부터 순서대로 더한다.
반환값	accumulate 반복자

다음 예에서는 함수로 두 개 인수의 곱을 반환하는 spam()을 지정하고 있으며, 리스트의 맨 앞 요소인 1이 처음 값이 되고, 다음 값은 spam(1, 2), 마지막 값은 spam(2, 3)이 반환됩니다.

itertools.accumulate() 샘플 코드

```
>>> import itertools
>>> def spam(left, right):
...   return left * right

>>> for v in itertools.accumulate([1,2,3], spam):
...   print(v)
...
1
2
6
```

itertools.accumulate()는 지정한 iterable 객체의 처음 값을 초깃값으로 하며, 이어서 초깃값과 iterable 객체 다음 값을 인수로서 함수를 호출하여 그 결괏값을 반환합니다. 이 후의 값은 앞에서 함수를 호출한 결괏값과 iterable 객체의 다음 값을 인수로서 다시 함수를 호출한 결괏값이 됩니다.

itertools.accumulate()의 동작

```
>>> it = itertools.accumulate([1,2,3,4], spam)
>>> next(it)    ── 처음 값은 iterable 객체의 맨 앞 값
1

>>> next(it)    ── left:1 right:2 처음 값(=1) * 2 = 2
2

>>> next(it)    ── left:2 right:3 두 번째 값(=2) * 3 = 6
```

```
6

>>> next(it)          left:6 right:4 세 번째 값(=6) * 4 = 24
24

>>> next(it)          iterable 객체 종료
Traceback (most recent call last):
  File "<stdin>", line 1, in <module>
StopIteration
```

iterable 객체 연결하기

itertools.chain()은 여러 개의 iterable 객체를 연결한 반복자를 만듭니다.

chain() 함수

형식	itertools.chain(*iterable)
인수	• iterable –iterable 객체를 지정한다.
반환값	chain 반복자

itertools.chain() 샘플 코드

```
>>> it = itertools.chain([1, 2, 3], {'a', 'b', 'c'})          리스트와 집합을 연결
>>> for v in it:
...     print(v)
...
1
2
3
a
b
c
```

itertools.chain.from_iterable( )은 연결할 iterable 객체들을 하나의 iterable 객체로 지정합니다.

from_iterable() 함수

형식	classmethod itertools.chain.from_iterable(iterable)
인수	• iterable – 연결할 대상을 반환하는 iterable 객체를 지정한다.
반환값	chain 반복자

itertools.chain.from_iterable() 샘플 코드

```
>>> iters = ([1, 2, 3], {'a', 'b', 'c'})
>>> for c in itertools.chain.from_iterable(iters):
...   print(c)
...
1
2
3
a
b
c
```

값의 순열, 조합, 직적 구하기

itertools.permutations( )는 iterable 객체 값을 얻어 지정한 길이의 순열을 만드는 반복자를 생성합니다.

permutations() 함수

형식	itertools.permutations(iterable, r)
인수	• iterable – iterable 객체를 지정한다. • r – 순열의 길이를 지정한다.
반환값	permutations 반복자

itertools.permutations() 샘플 코드

```
>>> for v in itertools.permutations('ABC', 2):
...     print(v)
...
('A', 'B')
('A', 'C')
('B', 'A')
('B', 'C')
('C', 'A')
('C', 'B')
```

iterable 객체 값 조합에는 itertools.combinations()를 사용합니다.

combinations() 함수

형식	itertools.combinations(iterable, r)
인수	• iterable – iterable 객체를 지정한다. • r – 조합의 길이를 지정한다.
반환값	combinations 반복자

itertools.combinations() 샘플 코드

```
>>> for v in itertools.combinations('ABC', 2):
...     print(v)
```

```
...
('A', 'B')
('A', 'C')
('B', 'C')
```

itertools.combinations_with_replacement( )도 마찬가지로 조합을 생성하지만, 같은 값의 중복까지 포함한 조합을 반환합니다.

itertools.combinations_with_replacement() 함수

형식	itertools.combinations_with_replacement(iterable, r)
인수	• iterable – iterable 객체를 지정한다. • r – 조합의 길이를 지정한다.
반환값	combinations_with_replacement 반복자

itertools.combinations_with_replacement() 샘플 코드

```
>>> for v in itertools.combinations_with_replacement('ABC', 2):
...     print(v)
...
('A', 'A')
('A', 'B')
('A', 'C')
('B', 'B')
('B', 'C')
('C', 'C')
```

itertools.product( )는 직적(direct product, 두 집합의 원소를 하나씩 뽑아 짝짓는 것)을 구합니다. 즉, 여러 개의 iterable 객체를 지정하여 각 객체로부터 요소를 하나씩 추출한 조합을 반환합니다.

product() 함수

형식	itertools.product(*iterable, repeat=1)
인수	• iterable –iterable 객체를 지정한다. • repeat – 값을 조합할 횟수를 지정한다. repeat은 키워드 전용 인수이므로, 반드시 repeat=2와 같이 키워드 형식으로 지정한다.
반환값	product 반복자

itertools.product() 샘플 코드

```
>>> for v in itertools.product('ABC', [1,2,3]):
...     print(v)
...
('A', 1)
('A', 2)
('A', 3)
('B', 1)
('B', 2)
('B', 3)
('C', 1)
('C', 2)
('C', 3)
```

repeat는 값을 조합할 횟수를 지정합니다. repeat가 1일 때 itertools.product('ABC', [1,2,3])은 다음과 같은 처리 결과를 반환합니다.

itertools.product('ABC', [1,2,3])의 처리(repeat=1)

```
def prod():
    for p in 'ABC':
        for q in [1,2,3]:
            yield (p, q)
```

repeat=2일 때는 요소를 반복하는 횟수가 2회이므로 다음과 같은 처리 결과를 반환합니다.

itertools.product('ABC', [1,2,3])의 처리(repeat=2)

```
def prod():
    for p in 'ABC':
        for q in [1,2,3]:
            for r in 'ABC':
                for s in [1,2,3]:
                    yield (p, q, r, s)
```

iterable 객체의 필터링

iterable 객체에서 특정 조건을 만족하는 값만 추출할 때는 내장 함수 filter( )를 사용합니다.

filter() 함수

형식	filter(function, iterable)
인수	• function – None 또는 값을 검사하는 함수를 지정한다. • iterable –iterable 객체를 지정한다.
반환값	filter 반복자

filter() 샘플 코드

```
>>> def is_even(n):        n이 짝수이면 True를 반환
...     return n % 2 == 0
...

>>> for v in filter(is_even, [1, 2, 3, 4, 5, 6]):
...     print(v)
...
```

```
2
4
6
```

function에 None을 지정하면 iterable 객체에서 참인 값만을 반환합니다.

filter(None, iterable) 샘플 코드

```
>>> items = [1, 0, 'Spam', '', [], [1]]
>>> for v in filter(None, items):
...   print(v)
...
1
Spam
[1]
```

itertools.filterfalse( )는 filter( )와는 반대로, 지정한 함수가 거짓인 값만을 반환하는 반복자를 생성합니다. 함수로서 None을 지정하면 iterable 객체에서 거짓인 값만을 반환하는 반복자를 생성합니다.

fiterfalse() 함수

형식	itertools.filterfalse(function, iterable)
인수	• function — None 또는 값을 검사하는 함수를 지정한다. • iterable —iterable 객체를 지정한다.
반환값	filterfalse 반복자

itertools.filterfalse() 샘플 코드

```
>>> def is_even(n):        n이 짝수이면 True를 반환
...   return n % 2 == 0
```

```
...
>>> for v in itertools.filterfalse(is_even, [1, 2, 3, 4, 5, 6]):
...     print(v)
...
1
3
5

>>> items = [1, 0, 'Spam', '', [], [1]]
>>> for v in itertools.filterfalse(None, items):
...     print(v)
...
0

[]
```

itertools.compress( )에는 data와 selectors 두 개의 iterable 객체를 지정하며, selectors에서 얻은 값이 참이면 data에서 얻은 같은 순번의 값을 반환하는 반복자를 생성합니다.

compress() 함수

형식	itertools.compress(data, selectors)
인수	• data – iterable 객체를 지정한다. • selectors – iterable 객체를 지정하고, 얻은 값이 참이면 data에서 얻은 값을 반복자 값으로서 반환한다.
반환값	compress 반복자

itertools.compress() 샘플 코드

```
>>> for v in itertools.compress(['spam', 'ham', 'egg'], [1, 0, 1]):
...   print(v)
...
spam
egg
```

등차수열 만들기

itertools.count()는 연속한 두 값의 차가 지정한 공차(증가분) 값이 되는 등차수열의 반복자를 생성합니다.

count() 함수

형식	itertools.count(start=0, step=1)
인수	• start – 수열의 초깃값을 지정한다. • step – 값의 공차를 지정한다.
반환값	count 반복자

itertools.count() 샘플 코드

```
>>> for v in itertools.count(1, 2):
...   if v > 5: break
...   print(v)
...
1
3
5
```

반복자에서 범위를 지정하여 값 구하기

itertools.islice( )는 iterable 객체로부터 지정한 범위의 값을 얻는 반복자를 생성합니다. 리스트 등의 시퀀스 객체로부터 sequence[2:5]로 요소를 얻는 것처럼, 반복자로부터 순번을 지정하여 요소를 얻습니다.

islice() 함수

형식	itertools.islice(iterable, stop) itertools.islice(iterable, start, stop[, step])
인수	• iterable – 반복자를 지정한다. • stop – iterable로부터 값 읽어오기를 종료할 위치를 양의 정수로 지정한다. None을 지정하면 맨 마지막 요소까지 처리를 계속한다. • start – iterable로부터 얻을 처음 값 위치를 양의 정수로 지정한다. • step – iterable로부터 얻을 값 위치의 증가분을 양의 정수로 지정한다. 생략하면 1이 되며, 모든 값을 반환한다.
반환값	islice 반복자

itertools.islice() 샘플 코드

```
>>> list(itertools.islice([0,1,2,3,4,5,6,7,8,9], 5))
[0, 1, 2, 3, 4]

>>> list(itertools.islice(itertools.count(1, 1), 3, 8, 2))
[4, 6, 8]
```

itertools.dropwhile( )은 반복자로부터 얻은 값이 지정한 함수의 조건을 충족하는 동안은 값을 drop하고, 그 후에는 모든 값을 반환하는 반복자를 생성합니다.

dropwhile() 함수

형식	itertools.dropwhile(predicate, iterable)
인수	• predicate – 값을 검사하는 함수를 지정한다. • iterable – iterable 객체를 지정한다.
반환값	dropwhile 반복자

itertools.dropwhile() 샘플 코드

```
>>> def is_odd(v): return v % 2   # 홀수일 때 True를 반환한다
...

>>> list(itertools.dropwhile(is_odd, [1,1,1,2,3,4]))
[2, 3, 4]
```

반대로 itertools.takewhile()은 반복자로부터 얻은 값이 지정한 함수의 조건을 충족하는 동안에만 값을 반환하는 반복자를 생성합니다.

takewhile() 함수

형식	itertools.takewhile(predicate, iterable)
인수	• predicate – 값을 검사하는 함수를 지정한다. • iterable – iterable 객체를 지정한다.
반환값	takewhile 반복자

itertools.takewhile() 샘플 코드

```
>>> def is_odd(v): return v % 2   # 홀수일 때 True를 반환한다
...

>>> list(itertools.takewhile(is_odd, [1,1,1,2,3,4]))
[1, 1, 1]
```

같은 값을 반복하기

itertools.repeat()는 지정한 값을 반복하는 반복자를 생성합니다.

repeat() 함수

형식	itertools.repeat(object, times=None)
인수	• object — 반복할 값을 지정한다. • times — 값을 반복할 횟수를 지정한다. 생략하면 값을 무한 반복한다.
반환값	repeat 반복자

itertools.repeat() 샘플 코드

```
>>> list(itertools.repeat('a', 5))
['a', 'a', 'a', 'a', 'a']
```

itertools.cycle()은 지정한 iterable 객체의 모든 값을 반복하는 반복자를 생성합니다.

cycle() 함수

형식	itertools.cycle(iterable)
인수	• iterable — 반복할 값의 iterable 객체를 지정한다.
반환값	cycle 반복자

itertools.cycle() 샘플

```
>>> for c in itertools.islice(itertools.cycle('abc'), 1, 5):
...     print(c)
b
c
a
b
```

연속 값 구하기

itertools.groupby()는 지정한 iterable 객체로부터 값을 얻어 연속하는 같은 값을 그룹으로 취합하여 반환하는 반복자를 생성합니다.

groupby() 함수

형식	itertools.groupby(iterable, key=None)
인수	• iterable –iterable 객체를 지정한다. • key – 요소를 비교할 값으로 변환하는 함수를 지정한다. 생략하거나 None을 지정하면 요소를 그대로 비교한다.
반환값	groupby 반복자

itertools.groupby()는 길이 2인 튜플을 반환하며, 맨 앞 요소는 iterable로부터 얻은 값, 두 번째 요소는 연속한 같은 값의 객체를 반환하는 반복자입니다.

itertools.groupby() 샘플 코드

```
>>> for value, group in itertools.groupby(['a', 'b', 'b', 'c', 'c', 'c']):
...     print(value, group, tuple(group))
a <itertools._grouper object at 0x1007af9b0> ('a',)
b <itertools._grouper object at 0x1007afa58> ('b', 'b')
c <itertools._grouper object at 0x1007af9b0> ('c', 'c', 'c')
```

key를 함수로 지정하면 변환한 값으로 그룹을 생성할 수 있습니다.

key를 지정한 itertools.groupby() 샘플 코드

```
>>> def is_odd(v): return v % 2    홀수이면 1 반환
...

>>> for value, group in itertools.groupby([10, 20, 31, 11, 3, 4], is_odd):
```

```
...     print(value, tuple(group))
...
0 (10, 20)
1 (31, 11, 3)
0 (4,)
```

여러 iterable 객체의 요소로 튜플 만들기

zip()은 지정한 여러 개의 iterable 객체로부터 값을 하나씩 얻어서 이를 튜플 요소로 반환하는 반복자를 생성합니다.

zip() 함수

형식	zip(*iterables)
인수	• iterables – iterable 객체를 지정한다. zip()의 길이는 iterables 중 가장 짧은 iterable 객체와 같은 길이가 된다.
반환값	zip 반복자

zip() 샘플 코드

```
>>> for v in zip((1, 2, 3), ('a', 'b', 'c'), ('가', '나', '다')):
...     print(v)
...
(1, 'a', '가')
(2, 'b', '나')
(3, 'c', '다')
```

zip()은 행렬의 행과 열을 교환하는 함수로도 쓸 수 있습니다.

행과 열 교환하기

```
>>> matrix = [(1,2,3), (4,5,6), (7,8,9)]  ← 3×3 행렬
>>> transformed = list(zip(*matrix))  ← 행과 열을 교환
>>> transformed
[(1, 4, 7), (2, 5, 8), (3, 6, 9)]

>>> list(zip(*transformed))  ← 한 번 더 행과 열을 교환하면 원래대로 돌아감
[(1, 2, 3), (4, 5, 6), (7, 8, 9)]
```

zip()은 지정한 iterable 객체 중 어떤 하나가 모든 값을 다 반환하면, 다른 iterable 객체에 값이 남아있더라도 종료됩니다. 모든 iterable 객체의 모든 값으로부터 튜플을 생성하려면 itertools.zip_longest()를 사용합니다.

zip_longest() 함수

형식	itertools.zip_longest(*iterables, fillvalue=None)
인수	• iterables – iterable 객체를 지정한다. • fillvalue – iterable 객체가 고갈될 때 사용할 값을 지정한다.
반환값	zip_longest 반복자

itertools.zip_longest() 샘플 코드

```
>>> for v in itertools.zip_longest('abcdefg', '123', '가나다라마', fillvalue='-'):
...     print(v)
...
('a', '1', '가')
('b', '2', '나')
('c', '3', '다')
('d', '-', '라')
('e', '-', '마')
('f', '-', '-')
('g', '-', '-')
```

반복자의 값 변환하기

반복자의 값에 함수를 적용하여 다른 값으로 변환할 때는 map()을 사용합니다.

map() 함수

형식	map(func, *iterables)
인수	• func – 값을 변환할 함수를 지정한다. • iterables – iterable 객체를 지정한다. map( )의 길이는 iterables 중 가장 짧은 iterable 객체와 같은 길이가 된다.
반환값	map 반복자

map() 샘플 코드

```
>>> for v in map(chr, [0x40, 0x41, 0x42, 0x43]):
...     print(v)
...
@
A
B
C
```

여러 개의 반복자를 지정하면 각 반복자의 요소를 인수로 하여 func를 호출합니다.

map()에 여러 개의 iterable 객체 지정하기

```
>>> for v in map(min, 'spam', 'ham', 'egg'):     min(c1, c2, c3)을 호출하고 최솟값을 반환함
...     print(v)
...
e
a
a
```

Python 2까지의 map과는 달리, Python 3에서는 func에 None을 지정할 수 없습니다. 따라서 여러 개의 iterable 객체 요소로부터 튜플을 만들 때에는 zip()을 사용해야 합니다.

iterable 객체가 다른 iterable 객체에 그룹화되어 있을 때에는 itertools.starmap()도 쓸 수 있습니다.

starmap() 함수

형식	itertools.starmap(func, iterables)
인수	• func – 값을 변환할 함수를 지정한다. • iterables – iterable 객체를 반환할 iterable 객체를 지정한다.
반환값	starmap 반복자

itertools.starmap()은 인수를 iterable 객체에 저장하여 지정하는 점을 빼면 map()과 같습니다.

itertools.starmap() 샘플 코드

```
>>> iterables = ['spam', 'ham', 'egg']
>>> for v in itertools.starmap(min, iterables):    min(c1, c2, c3)을 호출하고 최솟값을 반환함
...   print(v)
...
e
a
a

>>> for v in map(min, *iterables):    starmap(min, iterables)와 map(min, *iterables)는 같다
...   print(v)
...
e
a
a
```

반복자 복제하기

itertools.tee()는 iterable 객체의 반복자가 반환하는 값을 저장하여, 같은 값을 반환하는 반복자를 여러 개 생성합니다.

tee() 함수

형식	itertools.tee(iterable, n=2)
인수	• iterables – iterable 객체를 지정한다. • n – 생성할 반복자 수를 지정한다.
반환값	복제한 반복자의 튜플

itertools.tee() 샘플 코드

```
>>> import random
>>> def values():
...     for i in range(10):
...         yield random.random()
...

>>> iter = values()  ——— 난수를 10건 생성하는 반복자를 생성
>>> a, b, c = itertools.tee(iter, 3)  ——— 반복자 복제
>>> sum(a), sum(b), sum(c)
(3.674872181300472, 3.674872181300472, 3.674872181300472)
```

Chapter 5

범용 OS/런타임 서비스

이 장에서는 운영체제가 제공하는 기능을 이용하는 것을 비롯하여 서버의 운용과 관리에 도움이 되는 표준 라이브러리를 소개하도록 하겠습니다. 이를 잘 활용하면 작업 자동화나 효율화에 크게 도움이 됩니다. 또한, Python 인터프리터와 관련된 기능을 제공하는 표준 라이브러리에 대해서도 살펴보겠습니다.

5.1 OS

운영체제의 기능 이용하기

공식 문서	https://docs.python.org/3.4/library/os.html

지금부터는 운영체제(OS)가 제공하는 다양한 기능을 이용할 수 있는 os에 대해 설명하겠습니다. os 모듈은 다음과 같은 기능을 제공합니다.

- 실행 중인 프로세스 속성 조작
- 파일 기술자 조작
- 파일과 디렉터리 조작
- 프로세스 관리
- 다양한 시스템 정보에 대한 접근
- 스케줄러 인터페이스
- 무작위 문자열 생성

이 중에서 비교적 이용 빈도가 높은 기능에 대해 살펴봅시다.

실행 중인 프로세스 속성 조작하기

os 모듈은 실행 중인 프로세스의 속성 취득이나 변경과 같은 기능을 제공합니다.

조작 가능한 프로세스 속성과 대응하는 함수의 예

속성의 종류	함수
환경변수	environ, getenv( ), putenv( ), ...
사용자 ID	getuid( ), setuid( ), geteuid( ), seteuid( ), ...

속성의 종류	함수
그룹 ID	getgid( ), setgid( ), getgroups( ), setgroups( ), ...
프로세스 ID	getpid( ), getpgid( ), getppid( ), ...
스케줄링 우선도	getpriority( ), setpriority( ), ...

이 중에서 비교적 이용 빈도가 높은 환경변수에 대해서 설명하겠습니다.

프로세스 속성에 대한 기능 대부분은 UNIX 계열 운영체제 기능에 의존하고 있기 때문에, Windows 환경에서는 이용할 수 없는 것도 많습니다. 자세한 내용은 공식 문서를 참고하세요.

os.environ은 Python 프로세스를 구동할 때 환경변수를 저장하는 맵 형식의 객체입니다. UNIX와 Windows에서 모두 이용할 수 있습니다.

환경변수에 접근하기

```
>>> import os
>>> os.environ['HOME']          사용자의 홈 디렉터리가 저장된 환경변수
'/home/example'

>>> os.environ['HAM'] = 'egg'   새로운 환경 변수 설정
```

os.environ에 저장된 것은 맨 처음 os 모듈이 import된 시점의 환경변수입니다. "맨 처음"이라는 것은 보통은 Python 구동 시에 site.py가 처리되는 도중에 이루어지는 것을 말합니다. 그 후에 변경된 환경변수는 반영되지 않으므로, os.environ을 직접 변경해야 합니다. 또한, 설정한 환경변수는 실행 중인 프로세스 상의 os.environ에만 반영되어 있으므로, 다른 프로세스 간에 값을 공유하는 용도로는 사용할 수 없습니다.

os 모듈로 조작할 수 있는 다른 프로세스 속성에 대해서도 마찬가지로 실행 중인 프로세스에만 반영됩니다.

파일과 디렉터리 조작하기

os 모듈은 낮은 레벨의 파일 조작 기능도 제공합니다. 기능 대부분은 UNIX와 Windows 양쪽에서 이용할 수 있으나, 심볼릭 링크를 이용하는 기능 중에는 Windows에서는 쓸 수 없는 기능도 있습니다.

파일 조작 관련 함수

함수 이름	설명	반환값	이용 환경
chdir(path)	현재 작업 디렉터리를 path로 설정한다.	None	UNIX, Windows
chmod(path, mode, *, dir_fd=None, follow_symlinks=True)	path로 지정한 파일 또는 디렉터리의 모드를 변경한다.	None	UNIX
chown(path, uid, gid, *, dir_fd=None, follow_symlinks=True)	path로 지정한 파일 또는 디렉터리의 소유자와 그룹을 변경한다.	None	UNIX
getcwd( )	현재 작업 디렉터리를 반환한다.	Str	UNIX, Windows
listdir(path='.')	path로 지정한 디렉터리 안의 파일과 디렉터리를 반환한다.	list	UNIX, Windows
mkdir(path, mode=0o777, *, dir_fd=None)	path로 지정한 디렉터리를 생성한다.	None	UNIX, Windows
makedirs(name, mode=0o777, exist_ok=False)	name으로 지정한 디렉터리를 재귀적으로 생성한다. 말단 디렉터리뿐만 아니라 중간 디렉터리도 생성한다.	None	UNIX, Windows
remove(path, *, dir_fd=None)	path로 지정한 파일을 삭제한다. 디렉터리일 때는 OSError가 발생한다.	None	UNIX, Windows
removedirs(name)	name으로 지정한 디렉터리를 경로 말단부터 재귀적으로 삭제한다.	None	UNIX, Windows
rename(src, dst, *, src_dir_fd=None, dst_dir_fd=None)	파일 또는 디렉터리의 경로를 src에서 dst로 변경한다.	None	UNIX, Windows

함수 이름	설명	반환값	이용 환경
renames(old, new)	파일 또는 디렉터리의 경로를 old에서 new로 변경한다. new로 지정한 경로에 makedirs( )와 같이 중간 디렉터리를 생성하고, old로 지정한 경로는 removedirs( )와 같이 말단 디렉터리부터 재귀적으로 삭제한다.	None	UNIX, Windows
rmdir(path)	path로 지정된 디렉터리를 삭제한다. 디렉터리가 비어있지 않은 경우에는 OSError가 발생한다.	None	UNIX, Windows
symlink(source, link_name, target_is_directory=False, *, dir_fd=None)	source를 가리키는 심볼릭 링크를 link_name으로 지정한 파일 이름으로 생성한다. Windows에서는 Vista 이후부터 이용할 수 있다.	None	UNIX, Windows

다음은 파일과 디렉터리 조작과 관련된 대표적인 함수의 사용 예입니다.

기본적인 파일 조작

```
>>> import os
>>> os.getcwd()            현재 작업 디렉터리를 구함
'/home/example'

>>> os.chdir('/tmp')       /tmp 디렉터리로 이동
>>> os.mkdir('test')       test 디렉터리 생성
>>> os.listdir('.')        현재 디렉터리 안의 파일과 디렉터리의 리스트를 생성
['test']

>>> os.rmdir('test')       test 디렉터리 삭제
```

파일 복사나 재귀적인 파일 조작 등, 더 높은 수준의 파일 조작은 "6.5 고급 파일 조작 – shutil"에서 설명하도록 하겠습니다. os 모듈과 함께 기능을 파악해 두면 편리합니다.

 다양한 시스템 정보에 대해 접근하기

os 모듈은 운영체제의 시스템 정보에 접근하는 기능을 제공합니다.

시스템 정보 관련 함수와 상수

함수 이름	설명	반환값	이용 환경
confstr(name)	시스템 설정 값을 문자열로 반환한다.	str	UNIX
confstr_names	confstr( )에 전달할 수 있는 값을 정의한 사전	dict	UNIX
sysconf(name)	시스템 설정 값을 정수로 반환한다.	int	UNIX
sysconf_names	sysconf( )에 전달할 수 있는 값을 정의한 사전	dict	UNIX
cpu_count( )	CPU 수를 가져온다. 가져올 수 없으면 None을 반환한다.	int	UNIX
getloadavg( )	지난 1분, 5분, 15분간 평균 부하를 튜플로 반환한다.	(float, float, float)	UNIX

os.cpu_count( )와 multiprocessing.cpu_count( )

os.cpu_count( )는 문자 그대로 실행한 기계의 CPU 수를 반환합니다. 다른 모듈에 구현된 같은 함수로 multiprocessing.cpu_count( )라는 것이 있으나, 이 둘의 다른 점은 Python이 CPU 수를 구하지 못했을 때의 동작입니다.

os.cpu_count( )는 None을 반환하고, multiprocessing.cpu_count( )는 NotImplementedError 예외가 발생합니다. CPU 수를 구하지 못했을 때 정상적으로 동작하지 않는 프로그램이라면 후자를 사용하여 오류 처리를 하면 좋습니다.

os.cpu_count( )는 버전 3.4에서 추가되었습니다.

또한, os 모듈에는 파일 경로와 관련된 상수가 있습니다. 다음은 그중 일부를 나타낸 것입니다.

파일 경로 관련 상수

함수 이름	설명	반환값	이용 환경
curdir	현재 디렉터리를 나타내는 문자열 상수	str	UNIX, Windows
pardir	부모 디렉터리를 나타내는 문자열 상수	str	UNIX, Windows
sep	경로 이름의 구분을 나타내는 문자열	str	UNIX, Windows
extsep	파일 이름과 확장자를 나누는 문자	str	UNIX, Windows
linesep	행의 마지막을 나타내는 문자	str	UNIX, Windows

"6.1 파일 경로 조작하기 – os.path"나 "6.2 직관적으로 파일 경로 조작하기 – pathlib"에서는 파일 경로에 자주 사용하는 기능을 제공하는 모듈을 소개하고 있습니다. 실제로는 앞선 상수를 사용하여 처리해야 하는 경우는 많지 않습니다.

무작위 문자열 생성하기

os.urandom()은 운영체제가 제공하는 난수 생성기를 사용하여 무작위 문자열을 반환합니다. UNIX 및 Windows에서 이용할 수 있습니다.

os.urandom()을 사용한 무작위 문자열 생성

```
>>> os.urandom(10)    # 10바이트의 무작위 문자열을 생성
b'\xcd\xb6\xbd\xef=H?\xf28\t'
```

"2.3 의사 난수 다루기 – random"에서 설명한 random 모듈이 생성하는 난수는 의사 난수입니다. 따라서 보안상의 용도로는 적합하지 않습니다. 보안이 필요할 때는 os.urandom()을 사용하거나 내부에서 os.urandom()을 사용하여 난수를 생성하는 random.SystemRandom 클래스를 이용할 것을 추천합니다.

스트림 다루기

공식 문서	https://docs.python.org/3.4/library/io.html

지금부터는 I/O를 다루는 다양한 스트림 객체를 제공하는 io에 대해 살펴봅시다. 스트림 객체 또는 file-like 객체라고 불리는 것들, 문자열, 바이트열 등의 객체를 파일과 같이 취급할 수 있습니다. 이 모듈이 제공하는 클래스는 다음과 같습니다.

- 문자열을 파일과 같은 인터페이스로 다루는 StringIO 클래스
- 바이트열을 파일과 같은 인터페이스로 다루는 BytesIO 클래스
- 기타, 스트림 객체의 추상 기반 클래스군

내장 함수 open()에 의해 생성되는 파일 객체도 데이터 조작 대상이 파일인 스트림 객체입니다. io 모듈은 파일 객체의 클래스나 이들의 기반 클래스도 제공하기 때문에, 평소에 의식하지는 못했지만 이 모듈의 덕을 본 경우가 많습니다.

인메모리 텍스트 스트림 다루기 - StringIO

io.StrongIO 클래스로부터 생성되는 인스턴스는 문자열을 파일처럼 취급할 수 있습니다. 이는 파일 객체와는 달리 데이터를 메모리상에서 취급합니다.

StringIO 클래스

형식	class StringIO([initial_value=''] [, newline='\n'])
설명	문자열을 파일처럼 취급한다.
인수	• initial_value – 초깃값이 되는 문자열을 지정한다. • newline – 개행 문자를 지정한다.

io.StrongIO 클래스의 메서드

함수 이름	설명	반환값
read(size)	스트림의 현재 오프셋으로부터 지정 크기까지의 문자열을 반환한다.	str
write(s)	스트림에 문자열을 쓴다.	int
tell()	현재 오프셋을 반환한다.	int
seek(offset, whence=SEEK_SET)	오프셋을 지정 위치로 이동한다. offset은 whence로 지정한 위치에 대한 상대 위치가 된다. whence에 지정할 수 있는 값은 다음과 같다. • SEEK_SET – 스트림의 맨 앞을 가리킨다. 오프셋에는 0 또는 양수 값을 지정할 수 있다. • SEEK_CUR – 현재의 스트림 위치를 가리킨다. 오프셋에는 양수나 음수 값을 지정할 수 있다. • SEEK_END – 스트림의 맨 끝을 가리킨다. 오프셋에는 0 또는 음수 값을 지정할 수 있다.	int
getvalue()	스트림이 가진 모든 내용을 문자열로 반환한다.	str
close()	스트림을 닫는다. 닫은 뒤에 스트림을 조작하면 예외가 발생한다.	None

StringIO의 기본적인 사용법

```
>>> import io
>>> stream = io.StringIO("this is test\n")    초깃값을 줄 수 있다
>>> stream.read(10)    스트림으로부터 지정한 크기만큼 읽어온다
'this is te'

>>> stream.tell()    현재 오프셋을 반환한다
10

>>> stream.seek(0, io.SEEK_END)    오프셋을 스트림 맨 끝으로 변경한다
13

>>> stream.write('test')    스트림에 문자열을 쓴다
4
```

```
>>> print(stream.getvalue())    # 스트림이 가진 모든 내용을 반환한다
this is test
test

>>> stream.close()    # 스트림을 닫는다
>>> stream.write('test')    # 닫은 뒤에 쓰려고 하면 예외가 발생한다
Traceback (most recent call last):
  File "<stdin>", line 1, in <module>
ValueError: I/O operation on closed file
```

Python 2에서 변경된 내용

Python 2.x에서는 스트림을 다루는 독립된 모듈로 StringIO(Pure Python 구현)와 cStringIO(C 언어 구현)가 있어서 주로 빠른 속도 처리가 요구되면 cStringIO를, 그렇지 않거나 cStringIO가 존재하지 않으면 StringIO를 사용했습니다.

Python 3.x부터는 StringIO와 cStringIO 모듈은 삭제되었으며 대신 io 모듈이 추가되었습니다. io 모듈은 C 언어를 기반으로 구현되었기 때문에 구현의 차이를 일부러 구분해서 쓸 필요는 없습니다. 또한, io 모듈은 Python 2.6 이후 버전에는 백포트되어 있습니다.

단위 테스트 활용 예

io 모듈을 활용한 예로, 단위 테스트 활용 예를 살펴봅시다. 스트림 객체는 다음과 같은 용도로 이용할 수 있습니다.

- 파일 객체 대신 사용
- 표준 출력 등을 캡처할 때

여기에서는 표준 출력을 캡처하여 그 값을 테스트하는 예를 살펴보겠습니다.

StringIO를 이용한 표준 출력 캡처

```
>>> import io
>>> from unittest.mock import patch

>>> def print_hoge():
...     print('hoge')
>>> @patch('sys.stdout', new_callable=io.StringIO)
... def test_print_hoge(mocked_object):
...     print_hoge()
...     assert mocked_object.getvalue() == 'hoge\n'
...
>>> test_print_hoge()
```

print() 는 sys.stdout.write() 와 같음
표준 출력을 StringIO로 대체
mocked_object가 대체한 후의 스트림
스트림에 쓰인 내용을 검증함

표준 출력을 표시하는 파일 객체 sys.stdout과 file-like 객체인 io.StringIO는 거의 같은 인터페이스를 가지고 있기 때문에 대체할 수 있습니다.

mock을 이용한 단위 테스트에 대한 자세한 내용은 "11.4 mock을 이용한 단위 테스트 – unittest.mock"에서 설명하겠습니다.

인터프리터 관련 정보를 얻고 조작하기

공식 문서	https://docs.python.org/3.4/library/sys.html

지금부터는 Python 인터프리터에서 사용하는 변수와 Python 인터프리터의 동작에 관련된 함수를 제공하는 sys 모듈에 대해 설명하겠습니다.

명령줄의 인수 얻기 - sys.argv

sys.argv는 Python 스크립트를 실행할 때 주어지는 인수가 저장되는 리스트입니다. sys.argv[0]은 실행된 스크립트 자신의 파일 이름입니다.

hoge.py 파일

```
import sys
print(sys.argv)
```

이 스크립트를 인수를 붙여 실행하면 다음과 같습니다.

hoge.py의 실행 결과

```
$ python hoge.py -a abc
['hoge.py', '-a', 'abc']
```

물론 sys.argv를 그대로 사용하여 명령줄(command line) 인수를 처리하는 데는 문제가 없습니다. 하지만 올바른 인수가 주어지지 않거나 인수를 순서 없이 부여하고 싶을 때, UNIX 명령어와 같은 방법으로 인수를 다루려고 하면 잘되지 않습니다.

복잡한 명령줄 인수를 처리해야 할 때에는 "5.4 명령줄 옵션과 인수 다루기 -argparse"에서 설명하는 argparse 모듈을 사용하면 적은 명령어로 유연하게 인수 처리를 구현할 수 있습니다.

라이브러리의 import path 조작하기 - sys.path

sys.path는 import 대상 모듈이나 패키지를 탐색하는 위치가 되는 여러 개의 파일 경로를 저장한 리스트입니다. sys.path에 파일 경로를 추가하면 해당 파일 경로에 있는 Python 패키지나 모듈을 import 문으로 import할 수 있습니다.

sys.path는 다음과 같은 요소로 초기화됩니다.

- 실행된 Python 스크립트가 있는 경로 또는 대화 모드인 경우에는 빈 문자열(시작할 때 현재 디렉터리에서 탐색)
- 환경변수 PYTHONPATH로 설정된 경로
- Python의 설치 위치

다음과 같이 Python 스크립트가 위치한 디렉터리를 환경변수 PYTHONPATH로 지정하여 대화 모드를 시작합니다.

PYTHONPATH를 지정하여 대화 모드를 시작하는 예

```
$ ls /home/my/scripts
myscript.py

$ PYTHONPATH=/home/my/scripts python
```

PYTHONPATH가 지정된 상태에서 sys.path의 값 확인

```
>>> import sys
>>> import pprint
>>> pprint.pprint(sys.path)
['',   ── 대화 모드로 시작된 빈 문자열이 리스트 맨 앞에 지정됨
'/home/my/scripts',   ── 환경변수로 지정한 경로
'/usr/lib/python3.4',   ── 이후는 Python 설치 위치로부터 설정되어 있음
'/usr/lib/python3.4/plat-x86_64-linux-gnu',
'/usr/lib/python3.4/lib-dynload',
'/usr/local/lib/python3.4/dist-packages',
'/usr/lib/python3/dist-packages']

>>> import myscript   ── PYTHONPATH로 설정한 디렉터리 안의 모듈을 import 가능
```

모듈은 리스트의 맨 앞 경로부터 순서대로 검색되어, 맨 처음 발견된 것이 import됩니다. 따라서 표준 라이브러리와 같은 이름의 모듈을 생성하는 것은 피하거나 주의할 필요가 있습니다.

실행할 때 임의의 파일 경로를 추가하려면 다음과 같이 합니다.

실행할 때 sys.path에 경로 추가

```
>>> import sys
>>> sys.path.append('/home/my/scripts')
>>> import myscript
```

프로그램 종료하기 – sys.exit

sys.exit( )는 호출한 시점에 Python 스크립트 실행을 종료시킵니다. 또한 대화 모드에서 호출한 경우에는 대화 모드를 종료시킵니다.

sys.exit() 함수

형식	exit([arg])
설명	Python을 종료한다.
인수	• arg – 수치 또는 임의의 객체를 지정한다.

sys.exit( )는 SystemExit 예외를 발생시키도록 구현되어 있으므로, 이 예외를 잡으면(catch) 종료 처리를 중단할 수도 있습니다.

인수 arg에는 종료 상태(status)를 지정할 수 있습니다. 수치 이외의 객체를 주면, 주어진 객체를 문자열로 sys.stderr에 출력하고 호출한 원래 위치에 종료 코드 1을 반환하고 종료합니다. 또한, 인수를 생략하면 종료 코드 0으로 종료합니다.

sys.exit()에 인수를 지정하여 종료하는 예

```
import sys
sys.exit('프로그램을 종료합니다.')
```

많은 셸에서는 $?라는 변수에 직전에 실행한 명령어의 종료 코드가 대입됩니다. 앞의 코드가 기술된 exit.py라는 파일을 셸로부터 호출해봅시다.

sys.exit()로 종료한 스크립트의 종료 코드 얻기

```
$ python exit.py
프로그램을 종료합니다.

$ echo $?    직전에 실행한 명령어의 종료 코드를 출력
1
```

코드에서 sys.exit()의 인수로 수치 이외의 값을 주었기 때문에, 종료 코드가 1이 되어 있는 것을 알 수 있습니다.

단순히 Python 스크립트의 실행을 중지하고 싶은 경우라면, 인수 없이 sys.exit()를 호출하기만 하면 됩니다. 만약 Python 스크립트의 실행을 중지하는 이유가 여러 개이고 이를 호출한 원 위치(셸 등)에 전달해야 할 필요가 있다면, sys.exit()를 호출할 때 인수에 각각 다른 수치를 넘기면 됩니다.

콘솔 입출력 – sys.stdin, stdout, stderr

sys 모듈에는 인터프리터가 사용하는 콘솔의 입출력용 객체가 있어, 표준 출력이나 표준 오류 출력, 표준 입력을 다룰 수 있습니다.

다음 세 개의 객체는 모두 파일 객체입니다. 보통의 파일과 마찬가지로 write()나 read() 메서드로 읽고 쓰기가 가능하지만, 각각 쓰기 전용이나 읽기 전용의 성질을 갖고 있습니다.

입출력 객체의 종류

객체	설명	타입
sys.stdin	표준 입력 객체	읽기 전용
sys.stdout	표준 출력 객체	쓰기 전용
sys.stderr	표준 오류 출력 객체	쓰기 전용

입출력 객체의 사용 예는 다음과 같습니다.

입출력 객체의 사용 예

```
>>> sys.stdout.write('standard output message\n')
standard output message    ← 표준 출력된 메시지
24    ← write() 메서드의 반환값

>>> sys.stderr.write('standard error message\n')
standard error message    ← 표준 오류 출력된 메시지
```

```
23 ─── write() 메서드의 반환값

>>> sys.stdin.write('standard input message?\n')
Traceback (most recent call last): ─── 표준 입력 객체는 읽기 전용이므로, 쓰기는 실패함
  File "<stdin>", line 1, in <module>
io.UnsupportedOperation: not writable

>>> sys.stdin.read()
standard input message ─── 콘솔에 임의의 문자열을 입력하고 줄바꿈
'standard output message\n' ─── Ctrl + D(EOF)가 입력되면, read() 메서드로 받은 입력을 반환함
```

명령줄 옵션과 인수 다루기

공식 문서	https://docs.python.org/3.4/library/argparse.html

지금부터는 UNIX 계열 운영체제의 관례에 따라 명령줄 옵션을 해석(parse)하는 기능을 제공하는 argparse에 대해 설명하겠습니다. argparse에는 인수를 정의하여 명령의 도움말(help) 표시를 자동으로 생성하는 기능이 있으며, 최소한의 코드로도 사용자가 쉽게 명령줄 도구를 작성할 수 있습니다.

argparse 모듈과 마찬가지로 명령줄 옵션의 해석을 목적으로 하는 모듈로는 getopt와 optparse 모듈이 있습니다.

getopt는 C 언어의 getopt( ) 함수에 익숙한 이용자를 위해 디자인된 API를 가지고 있습니다. getopt 모듈과 비교해보면 argparse 모듈은 더 적은 코드로 명령줄 옵션을 해석할 수 있습니다.

optparse는 이미 폐지가 결정되었으므로 더는 개발이 이루어지지 않습니다. 따라서 argparse 모듈을 사용하는 것이 바람직합니다.

명령줄 옵션 다루기

지금부터 두 개의 명령줄 인수를 갖는 스크립트를 예로 argparse 모듈의 사용법을 설명하겠습니다. 인수 하나는 문자열, 나머지 하나는 정수를 받으며 지정된 수만큼 반복하여 문자열을 표시하기만 하는 단순한 스크립트입니다.

다음 코드는 argparse 모듈을 사용하여 명령줄 옵션을 정의하고, 주어진 인수를 해석하여 해석된 값을 가지고 간단한 처리를 실행하는 예입니다.

parser의 작성과 옵션 정의

```
import argparse

# parser의 인스턴스 작성
parser = argparse.ArgumentParser(description='Example command')
# 문자열을 받는 -s 옵션을 정의
parser.add_argument('-s', '--string', type=str, help='string to display', required=True)
# 수치를 받는 -n 옵션을 정의
parser.add_argument('-n', '--num', type=int, help='number of times repeatedly
display the string', default=2)
# 인수를 해석(parse)하여 얻어진 값을 변수에 저장
args = parser.parse_args()

# 해석으로 얻은 값 다루기
print(args.string * args.num)
```

샘플 코드에서는 parser를 작성하여 문자열을 취하는 -s와 수치를 취하는 -n이라는 두 개의 인수를 정의했습니다. 취한 인수는 parser.parse_args()가 실행된 시점에 해석되며, 정상적으로 해석되면 그 결과를 반환합니다. 샘플 코드의 인수 정의를 해석하면 --string이나 --num과 같은 긴 옵션과 같은 이름으로 값이 저장되므로, args.string이나 args.num으로 값에 접근할 수 있습니다.

전체 동작은 parser를 초기화할 때 인수로 지정할 수 있습니다. ArgumentParser에 지정할 수 있는 인수는 다음과 같습니다.

ArgumentParser의 초기화 인수

인수 이름	설명	기본값
prog	프로그램 이름을 지정한다.	sys.args[0]
usage	프로그램의 이용 방법을 문자열로 지정한다.	parser에 주어진 인수로부터 생성

인수 이름	설명	기본값
description	인수의 help 앞에 표시되는 문자열을 지정한다.	None
epilog	인수의 help 뒤에 표시되는 문자열을 지정한다.	None
parents	ArgumentParser 객체의 리스트를 지정한다. 이 리스트에 포함된 객체의 인수가 추가된다.	[]
formatter_class	help로 표시되는 포맷을 커스터마이징하기 위한 클래스를 제공한다.	argparse.HelpFormatter
prefix_chars	인수의 맨 앞 문자를 지정한다. 보통 -o이나, 예를 들어 +를 지정하면 +o와 같이 지정된다.	'-'
fromfile_prefix_chars	파일에 기술된 인수를 읽어올 때 맨 앞글자를 지정한다. 예를 들어 @를 지정하면 @file.txt와 같이 파일을 지정할 수 있다.	None
argument_default	parser 전체에 적용되는 인수의 기본값을 지정한다.	None
conflict_handler	1회 명령을 호출하여 어떤 옵션이 여럿 지정되었을 때의 동작을 지정한다. 기본값은 오류가 된다.	'error'
add_help	-h 옵션을 parser에 추가할지 여부를 지정한다.	True

앞선 샘플 코드 "parser의 작성과 옵션 정의"를 repeat.py로 저장하여, 어떻게 동작하는지 셸에서 실행시켜 확인해봅시다.

인수가 부족할 때

```
인수 없이 실행함
-s는 필수 옵션이므로 실행 오류가 됨
$ python repeat.py
usage: repeat.py [-h] -s STRING [-n NUM]
repeat.py: error: the following arguments are required: -s/--string
```

인수 -s가 필요하다는 오류가 표시되었습니다. 이것은 parser.add_argument( )로 인수를 정의할 때 -s가 필수(required=True)라고 지정했기 때문입니다.

-h를 지정할 때

```
인수 -h를 붙여서 실행
샘플 코드에서 명시적으로 정의하지 않았으나, 도움말이 표시됨
$ python repeat.py -h
usage: repeat.py [-h] -s STRING [-n NUM]

Example command

optional arguments:
  -h, --help            show this help message and exit
  -s STRING, --string STRING
                        string to display
  -n NUM, --num NUM     number of times repeatedly display the string
```

-h를 지정하여 스크립트를 실행하면 자세한 명령어 사용법이 표시됩니다. 샘플 코드에는 인수 -h가 지정되어 있지 않으나, ArgumentParser는 기본 동작으로서 인수 정의로 도움말을 표시하는 인수 -h를 자동으로 생성합니다.

다음으로, 샘플 코드에서 정의한 옵션에 값을 지정해 보겠습니다.

필요한 옵션을 지정할 때

```
샘플 코드에서 정의한 -s와 -n에 적절한 값을 주고 실행함
정상적으로 해석되어, 얻은 값을 사용해 처리가 진행됨
$ python repeat.py -s hoge -n 10
hogehogehogehogehogehogehogehogehogehoge
```

해석(parse)은 정상적으로 종료되고 코드의 끝에 기술된 디버그용 print가 동작하고 있습니다. 이처럼 argparse를 최소한만 작성해도 충분히 실용적으로 명령줄 옵션을 처리할 수 있습니다.

샘플 코드에서 소개한 것 외에도 add_argument()에는 명령줄 옵션을 유연하게 다룰 수 있는 기능이 준비되어 있습니다. 다음은 add_argument()에 지정할 수 있는 대표적인 인수입니다.

ArgumentParser.add_argument()의 인수

인수 이름	설명	기본값
name of flags	옵션의 이름 또는 옵션 문자열 리스트를 지정한다.	없음
action	인수에 값이 주어질 때의 액션을 지정한다. 기본값은 단순히 값을 저장하는 'store'이다.	'store'
default	값이 주어지지 않을 때의 기본값을 지정한다.	None
type	주어진 값을 지정한 형으로 변환한다.	'str'
choices	인수로 허용되는 값을 저장한 컨테이너형(list, dict 등)의 값을 지정한다.	None
required	인수의 필수 여부를 지정한다.	False
help	인수를 설명하는 문자열을 지정한다.	None

사실 정확하게 말하자면 add_argument()에는 함수 정의로서의 인수 기본값은 지정되어 있지 않지만, 표에서는 값을 주지 않을 때 처리 중에 사용되는 값을 기본값으로 기재하였습니다.

실제 add_argument() 함수의 정의

```
def add_argument(self, *args, **kwargs):
```

모두 가변 인수로 받아 다루고 있다

각각의 인수에 지정할 수 있는 값 등의 자세한 내용과 표에서 소개하지 않은 인수에 대해서는 Python 공식 문서를 참고하기 바랍니다.

파일과 디렉터리 접근하기

만약 눈앞에 정리되어 있지 않은 대량의 파일이나 디렉터리가 있다면 Python이야말로 가장 든든한 해결책이 될 수 있습니다.

이번 장에서는 파일 경로 조작을 비롯하여 원하는 파일을 찾거나, 파일을 정리하는 기능을 제공하는 다양한 표준 라이브러리를 소개하겠습니다. 같은 명령어를 수작업으로 반복 실행하거나 복잡한 셸 스크립트를 기술할 필요가 없어질 것입니다.

6.1 os.path

파일 경로 조작하기

공식 문서	https://docs.python.org/3.4/library/os.path.html

여기에서는 파일 경로와 관련된 기능을 제공하는 os.path에 대해 살펴봅시다. os.path 모듈은 다음 기능을 제공합니다.

- 파일 경로 조작하기
- 지정한 파일 경로의 정보 얻기

하지만 다음 기능은 제공되지 않습니다.

- 파일 읽고 쓰기
- 파일 시스템에 대해 접근하기(파일, 디렉터리 생성과 삭제 등)

os.path와 같은 파일 경로 조작을 객체지향 스타일로 제공하는 표준 라이브러리에 대해서는 "6.2 직관적으로 파일 경로 조작하기 – pathlib"에서 설명하겠습니다.

os.path 모듈의 대표적인 함수

함수 이름	설명	반환값
abspath(path)	파일 경로 path의 절대 경로를 반환한다.	str/bytes
basename(path)	파일 경로 path의 맨 끝 파일 이름을 반환한다.	str/bytes
dirname(path)	파일 경로 path의 파일 이름을 제외한 디렉터리 부분을 반환한다.	str/bytes
exists(path)	파일 경로 path가 존재하면 True를, 존재하지 않으면 False를 반환한다.	bool
join(path, *paths)	인수로 지정한 여러 개의 파일 경로를 결합한다.	str/bytes
split(path)	파일 경로를 디렉터리 부분(dirname( )과 같음)과 파일 이름 부분(basename( )과 같음)으로 분해한 두 요소의 튜플을 반환한다.	tuple

os.path 모듈의 함수는 인수 path에 문자열과 바이트열 중 하나를 지정할 수 있으며, 반환값은 인수와 같은 형으로 반환됩니다.

os.path의 사용 예

```
>>> import os.path
>>> os.path.abspath('.')
'/home/testuser'

>>> os.path.join('hoge', 'fuga', 'piyo')
'hoge/fuga/piyo'

>>> path = _
>>> os.path.basename(path)
'piyo'

>>> os.path.dirname(path.encode())  ── 인수로 바이트열을 주면 반환값도 바이트열이 된다
b'hoge/fuga'

>>> os.path.exists(path)
False

>>> os.path.join('hoge', 'fuga', b'piyo')  ── 문자열과 바이트열을 동시에 지정할 수는 없다
Traceback (most recent call last):
  File "<stdin>", line 1, in <module>
  File "/usr/lib/python3.4/posixpath.py", line 92, in join
    "components.") from None
TypeError: Can't mix strings and bytes in path components.

>>> os.path.split(path)
('hoge/fuga', 'piyo')
```

제 6 장

앞의 코드는 파일 경로를 구분하는 문자로 UNIX 환경에서 사용하는 슬래시를 사용하고 있습니다. 같은 코드를 Windows 환경에서 실행할 때도 슬래시는 경로를 구분하는 문자로 인식하므로 정상 동작합니다.

이식 가능한 코드 작성하기

파일 경로를 구성하는 요소 중, 디렉터리를 구분하는 문자열은 운영체제에 따라 다릅니다. 예를 들어, Windows에서는 통화 표시(₩) 또는 역슬래시(\)지만, UNIX 계열 운영체제의 경우는 슬래시(/)가 사용됩니다.

파일 경로를 지정하여 파일을 읽어오는 다음 코드는 Windows에서는 정상 동작할지 모르지만, UNIX 계열 운영체제에서는 정상 동작하지 않습니다. 즉, 이식성이 없는 코드라고 할 수 있습니다.

이식성이 없는 코드 예

```
path = ".\\hoge\\hoge"
f = open(path, 'r')
```

os.path 모듈을 사용하면 경로 문자열 작성 부분을 Windows와 UNIX 계열 운영체제에서 동작하도록 다시 작성할 수 있습니다.

이식성이 있는 코드 예

```
path = os.path.join(".", "hoge", "hoge")
f = open(path, 'r')  # UNIX 계열 운영체제 => "./hoge/hoge", Windows => ".\\hoge\\hoge"
```

파일 시스템 이외에도 플랫폼에 따라 달라지는 기능을 이용하면 코드는 이식성을 갖지 못하게 됩니다. 여러 플랫폼에서 실행할 코드를 작성할 때는 플랫폼에 따라 달라지지 않는 기능을 이용하도록 주의합시다.

운영체제의 기능에 따라 달라지는 기능을 제공하는 대표적인 표준 라이브러리는 "5.1 운영체제의 기능 이용하기 - os"에서 설명하였습니다.

직관적으로 파일 경로 조작하기

공식 문서	https://docs.python.org/3.4/library/pathlib.html

지금부터는 파일 경로 조작이나 파일 자체의 조작을 객체지향 스타일의 직관적인 인터페이스로 제공하는 pathlib에 대해 설명하겠습니다.

pathlib 모듈이 제공하는 클래스는 I/O를 수반하지 않는 기능을 제공하는 "순수 경로(pure path)"와 I/O를 수반하는 기능을 제공하는 "구상 경로(concrete path)"를 나타내는 것, 이렇게 두 가지로 나눌 수 있습니다.

클래스 구성

pathlib 모듈이 제공하는 클래스는 다음 표와 같습니다.

pathlib이 제공하는 클래스

클래스 이름	설명	기반 클래스
pathlib.PurePath	순수 경로 클래스의 기반 클래스	없음
pathlib.PurePosixPath	Windows 이외 용도의 순수 경로 클래스	PurePath
pathlib.PureWindowsPath	Windows용 순수 경로 클래스	PurePath
pathlib.Path	구상 경로 클래스의 기반 클래스	PurePath
pathlib.PosixPath	Windows 이외 용도의 구상 경로 클래스	PurePosixPath, Path
pathlib.WindowsPath	Windows용 구상 경로 클래스	PureWindowsPath, Path

PurePath, Path는 인스턴스화하면 플랫폼에 따라 적절한 서브클래스를 반환하므로, 명시적으로 서브클래스를 이용하는 경우는 많지 않습니다.

UNIX 계열 운영체제일 때

```
>>> from pathlib import Path
>>> Path('.')          기반 클래스를 인스턴스화
PosixPath('.')         모듈쪽에서 플랫폼을 인식하여 PosixPath의 인스턴스를 반환하고 있다
```

어떤 클래스를 선택해야 할지 모를 때는 대부분 Path를 사용하면 문제가 없습니다. 구상 경로 클래스인 Path는 순수 경로 클래스인 PurePath의 서브클래스이므로, 순수 경로 클래스와 구상 경로 클래스 양쪽의 기능을 모두 사용할 수 있습니다.

연산자로 경로 결합하기

PurePath와 Path 및 그 서브클래스에서는 나눗셈 연산자로 경로를 결합할 수 있습니다.

연산자를 사용해 경로 결합하기

```
>>> from pathlib import PurePath
>>> p = PurePath('/hoge/fuga/')
>>> p / 'piyo'
PurePosixPath('/hoge/fuga/piyo')
```

순수 경로 다루기 – PurePath

PurePath는 순수 경로의 기반 클래스입니다. 인스턴스화하면 Windows일 때는 PureWindowsPath 클래스, Windows가 아닐 때는 PurePosixPath 클래스의 인스턴스 객체가 됩니다. 순수 경로의 기능은 파일 시스템에 접근하지 않기 때문에, 운영체제 상에 존

재하지 않는 파일 경로를 다룰 수도 있습니다.

PurePath 클래스의 속성

속성 이름	설명	반환값
PurePath.drive	WindowsPath일 때는 드라이브 문자, PosixPath일 때 빈 문자를 반환한다.	str
PurePath.root	루트를 나타내는 문자를 반환한다.	str
PurePath.anchor	드라이브와 루트를 결합한 문자열을 반환한다.	str
PurePath.parents	경로의 상위 경로에 접근할 수 있는 시퀀스이다.	경로 객체를 요소로 하는 시퀀스
PurePath.parent	경로의 바로 위 경로이다.	경로 객체
PurePath.name	경로 요소의 맨 끝을 나타내는 문자열을 반환한다.	str
PurePath.suffix	경로 요소의 맨 끝에 확장자가 있으면 해당 확장자를 반환한다.	str
PurePath.suffixes	경로 요소의 맨 끝 확장자를 리스트로 반환한다.	list
PurePath.stem	경로 요소의 맨 끝에서 확장자를 빼고 반환한다.	str

PurePath 클래스의 메서드

함수 이름	설명	반환값
PurePath.is_absolute()	경로가 절대 경로이면 True를 반환한다.	bool
PurePath.joinpath(*other)	경로에 인수 other로 지정한 모든 경로를 연결한다.	경로 객체
PurePath.match(pattern)	glob 형식의 인수 pattern과 일치하면 True를 반환한다.	bool

PurePath 클래스를 사용한 샘플 코드

```
>>> from pathlib import PurePath
>>> p = PurePath('/hoge/fuga/piyo.txt')
>>> p.drive
```

```
''

>>> p.root
'/'

>>> p.anchor
'/'

>>> list(p.parents)
[PurePosixPath('/hoge/fuga'), PurePosixPath('/hoge'), PurePosixPath('/')]

>>> p.parent
PurePosixPath('/hoge/fuga')

>>> p.name
'piyo.txt'

>>> p.suffix
'.txt'

>>> p.stem
'piyo'

>>> p.is_absolute()
True

>>> p.joinpath('foo', 'bar', 'baz')
PurePosixPath('/hoge/fuga/piyo.txt/foo/bar/baz')

>>> p.match('piyo.*')
True
```

구상 경로 다루기 - Path

Path는 구상 경로의 기반 클래스입니다. 인스턴스화하면 Windows일 때는 WindowsPath 클래스, Windows가 아닐 때는 PosixPath 클래스의 인스턴스 객체가 됩니다. 구상 경로의 기능은 파일 시스템에 접근하기 때문에, 기본적으로 운영체제 상에 조작 대상 파일 경로가 존재해야 합니다.

Path 클래스의 메서드

함수 이름	설명	반환값
Path.cwd()	현재 디렉터리를 나타내는 경로 객체를 반환한다. 클래스 메서드이다.	경로 객체
Path.chmod(mode)	경로의 권한(permission)을 변경힌디.	None
Path.exists()	경로가 존재하면 True를 반환한다.	bool
Path.glob(pattern)	경로가 가리키는 디렉터리 아래의 pattern에 일치하는 파일을 경로 객체로서 반환하는 발생자(generator)를 반환한다.	발생자
Path.is_dir()	경로가 디렉터리면 True를 반환한다.	bool
Path.is_file()	경로가 파일이면 True를 반환한다.	bool
Path.iterdir()	경로 아래에 존재하는 파일이나 디렉터리를 경로 객체로서 반환하는 발생자를 반환한다.	발생자
Path.mkdir(mode=0o777, parents=False)	경로를 새로운 디렉터리로 생성한다.	None
Path.rename(target)	경로의 이름을 변경한다. 인수 target에는 문자열이나 경로 객체를 지정한다.	None
Path.resolve()	경로를 절대 경로로 하고, 심볼릭 링크를 해제한다.	경로 객체
Path.rmdir()	경로가 가리키는 디렉터리를 삭제한다.	None

Path 클래스를 사용한 샘플 코드

```
>>> from pathlib import Path
>>> p = Path.cwd() / 'newfile.txt'
```

```
>>> p.exists()
False

>>> f = p.open('w+')
>>> p.exists()
True

>>> p.resolve()
PosixPath('/home/testuser/newfile.txt')
```

경로가 가리키는 디렉터리 안의 파일이나 디렉터리를 탐색할 때는 Path.glob()이나 Path.iterdir()이 편리합니다.

디렉터리 구조 예

```
./a.py
./b.py
./datas
./datas/c.txt
./datas/d.txt
./readme.txt
```

다음은 앞선 디렉터리 구조 안을 탐색하는 예입니다.

디렉터리 내부 탐색

```
>>> from pathlib import Path
>>> p = Path('.')  ── 디렉터리 안의 파일과 디렉터리를 스캔
>>> p.iterdir()
<generator object iterdir at 0xb715e784>

>>> sorted(p.iterdir())
[PosixPath('a.py'), PosixPath('b.py'), PosixPath('datas'),
```

```
PosixPath('readme.txt')]

>>> p.glob('**/*.txt')  ← 디렉터리 아래의 확장자가 txt인 파일을 재귀적으로 스캔
<generator object glob at 0xb716bf54>

>>> sorted(p.glob('**/*.txt'))
[PosixPath('datas/c.txt'), PosixPath('datas/d.txt'),
PosixPath('readme.txt')]
```

반환값은 스캔한 결과로 발견된 파일이나 디렉터리를 반환하는 발생자이기 때문에, for ... in p.iterdir(): 처럼 반복문으로 처리할 수 있습니다.

Path.glob()에 **/로 시작하는 패턴을 지정하면, 이 디렉터리와 모든 서브 디렉터리를 재귀적으로 스캔합니다. 탐색할 디렉터리 아래에 방대한 수의 파일이나 디렉터리가 있을 때는 상당한 시간이 걸리게 되므로 주의하도록 합시다.

제6장

잠정 패키지(Provisional Package) 다루기

pathlib 모듈은 Python 3.4부터 표준 라이브러리에 추가되었습니다. 이 모듈은 처음에는 잠정 패키지(Provisional Package)로 지정되어 있었습니다(지금은 아닙니다). 잠정 패키지라고 공식 문서에 기재되어 있으면, 해당 모듈이나 API는 별도의 비 권장 기간 없이 변경 또는 삭제될 수 있다는 것을 의미합니다.

현재 Python 3.4의 잠정 패키지로는 asyncio 모듈이 있습니다. 이외에도 모듈 내 API 단위에서 잠정으로 취급되는 것이 몇 가지 있습니다. 잠정 패키지를 이용하는 환경에서 Python의 버전을 업그레이드할 때는 미리 API 변경이나 삭제 여부를 확인하는 것이 좋습니다.

6.3 tempfile

임시 파일과 디렉터리 만들기

공식 문서	https://docs.python.org/3.4/library/tempfile.html

여기에서는 임시 파일과 디렉터리를 생성하는 기능을 제공하는 tempfile에 대해 살펴보겠습니다. tempfile은 사용자만 읽고 쓸 수 있도록 권한이 설정되고, 생성할 때 경합하지 않는 등, 가능한 한 안전한 방법으로 구현되어 있습니다.

다음 표에서 소개하는 것은 언뜻 클래스처럼 보이지만 실은 함수입니다. 이들 함수는 각각 적절한 클래스의 인스턴스를 생성하여 반환하므로, 인스턴스형은 각 함수의 이름과는 다릅니다.

tempfile 모듈이 제공하는 함수

함수 이름	설명
TemporaryFile()	파일 이름이 없는 임시 파일을 생성한다.
NamedTemporaryFile()	파일 이름이 있는 임시 파일을 생성한다.
SpooledTemporaryFile()	일정 크기의 데이터까지는 메모리에 쓰고, 이를 넘어서면 디스크에 쓰는 임시 파일을 생성한다.
TemporaryDirectory()	임시 디렉터리를 생성한다.

다음은 임시 파일을 다루는 세 가지 함수의 동작을 임시 파일에 데이터를 쓸 때, 데이터를 쓰는 위치와 임시 파일이 파일 시스템상에 이름을 가진 파일로 생성되는지 여부에 따라 정리한 표입니다.

임시 파일을 다루는 세 가지 함수의 특징

함수 이름	데이터를 쓰는 위치	파일 이름
TemporaryFile()	디스크	없음
NamedTemporaryFile()	디스크	있음
SpooledTemporaryFile()	메모리 → 디스크	없음

TemporaryFile()로 생성한 임시 파일은 파일 시스템상에 이름을 가진 파일로 생성된다는 보장이 없습니다. 또한, 데이터는 디스크에 쓰이기 때문에 많은 데이터를 다룰 때에도 메모리에 부담을 주지 않습니다.

NamedTemporaryFile()로 생성된 파일은 파일 시스템상에 이름을 가진 파일로 생성되므로, 다른 프로그램에서도 파일의 존재를 인식하거나 파일 안을 참조할 수 있습니다. 그 외 동작은 TemporaryFile()과 같습니다.

SpooledTemporaryFile()은 데이터를 기본적으로 메모리에 쓰지만, 인수로 지정한 크기를 넘어서면 메모리에서 디스크로 쓰는 위치가 바뀌기 때문에, 메모리 소모량이 지나치게 커지는 것을 막을 수 있습니다. 디스크에 쓴 뒤의 동작은 TemporaryFile()과 같습니다.

임시 파일 생성하기

임시 파일을 생성하는 표준 함수인 TemporaryFile()에 대해 살펴봅시다.

TemporaryFile() 함수

형식	TemporaryFile(mode='w+b', buffering=None, encoding=None, newline=None, suffix='', prefix='tmp', dir=None)
설명	임시 파일을 생성한다.
인수	• mode – 임시 파일을 열 때 모드를 지정한다. • buffering – 내장 함수 open()의 같은 이름을 지닌 인수와 마찬가지로 취급된다. • encoding – 내장 함수 open()의 같은 이름을 지닌 인수와 마찬가지로 취급된다. • newline – 내장 함수 open()의 같은 이름을 지닌 인수와 마찬가지로 취급된다. • suffix – 지정된 문자열이 임시 파일 이름의 맨 끝에 부여된다. • prefix – 지정된 문자열이 임시 파일 이름의 맨 앞에 부여된다. • dir – 임시 파일을 생성할 디렉터리를 지정한다.

TemporaryFile()은 컨텍스트 매니저로서 기능하며, with 블록을 빠져나오면 암묵적으로 .close()가 호출됩니다. .close()는 임시 파일을 닫음과 동시에 삭제합니다.

임시 파일 사용 예

```
>>> import tempfile
>>> with tempfile.TemporaryFile() as tmp:
...     tmp.write(b'test test test\n')
...     tmp.seek(0)
...     tmp.read()
...
15 ——— tmp.write() 의 반환값
0 ——— tmp.seek() 의 반환값
b'test test test\n' ——— tmp.read() 의 반환값

>>> tmp.write(b'write again\n') ——— 파일이 닫힌 뒤이기 때문에 쓰기에 실패
Traceback (most recent call last):
  File "<stdin>", line 1, in <module>
ValueError: write to closed file
```

컨텍스트 매니저로서 사용하지 않고 명시적으로 파일을 삭제하려면, 임시 파일 객체로부터 .close()를 호출합니다.

명시적으로 임시 파일 삭제

```
tmp = tempfile.TemporaryFile()
tmp.close()
```

또한 TemporaryFile( )로 생성된 임시 파일은 파일 시스템상에 이름을 가진 파일로서 생성된다는 보장이 없습니다. UNIX 환경에서 실행하면, 생성된 파일을 파일 시스템상에서 발견할 수 없습니다. 파일 시스템상에 임시 파일이 생성된 것을 확인하려면 NamedTemporaryFile()을 사용해야 합니다.

이름을 가진 임시 파일 생성

```
>>> import tempfile, os
>>> tmp = tempfile.NamedTemporaryFile()
>>> tmp.name
'/tmp/tmpqiys1tqx'

>>> os.path.exists(tmp.name)
True
```

NamedTemporaryFile( )로 생성한 임시 파일의 속성 name의 값은 생성된 임시 파일의 경로이며, os.path.exists()로 파일이 존재하는 것을 확인하였습니다.

TemporaryFile( )과 SpooledTemporaryFile( )로 생성한 임시 파일은 파일 경로를 값으로 하는 속성을 가지지 않기 때문에, 파일 시스템상에서 파일이 존재하는 것을 확인할 수는 없습니다.

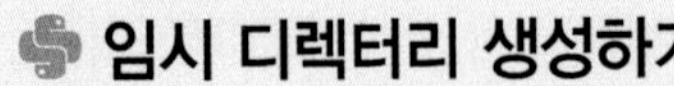

임시 디렉터리 생성하기

TemporaryDirectory() 함수는 임시 디렉터리를 생성합니다.

TemporaryDirectory() 함수

형식	TemporaryDirectory(suffix='', prefix='tmp', dir=None)
설명	임시 디렉터리를 생성한다.
인수	• suffix – 지정된 문자열이 임시 파일 이름의 맨 끝에 부여된다. • prefix – 지정된 문자열이 임시 파일 이름의 맨 앞에 부여된다. • dir – 임시 파일을 생성할 부모 디렉터리를 지정한다.

TemporaryDirectory도 TemporaryFile과 마찬가지로 컨텍스트 매니저로서 기능하며, 블록을 빠져나옴과 동시에 디렉터리가 삭제됩니다. as 구문으로 선언한 변수에 대입되는 것은 생성된 디렉터리를 나타내는 파일 경로입니다.

임시 디렉터리 사용 예

```
with tempfile.TemporaryDirectory() as dir_path:
    with tempfile.TemporaryFile(dir=dir_path) as tmp:
        ...
```

임시 파일을 사용한 어떤 처리를 수행

컨텍스트 매니저로서 사용하지 않고 명시적으로 디렉터리를 삭제하려면, 임시 디렉터리 객체로부터 .cleanup() 메서드를 호출합니다.

명시적으로 임시 디렉터리 삭제

```
tmpdir = tempfile.TemporaryDirectory()
tmpdir.cleanup()
```

파일 이름 매치와 경로 패턴 풀기

공식 문서(fnmatch)	https://docs.python.org/3.4/library/fnmatch.html
공식 문서(glob)	https://docs.python.org/3.4/library/glob.html

지금부터는 파일 이름의 패턴 매치 기능을 제공하는 fnmatch 모듈과 파일 경로의 패턴 풀기 기능을 제공하는 glob에 대해 설명하겠습니다.

fnmatch 모듈은 UNIX의 셸 형식으로 파일 이름 패턴 매치 기능을 제공합니다. glob 모듈은 내부에서 fnmatch를 이용하고 있습니다.

fnmatch와 glob을 Windows에서 이용할 때도 매치에 사용할 수 있는 패턴은 UNIX 셸 형식입니다.

파일 이름 매치하기

fnmatch 모듈은 UNIX 셸 형식의 패턴을 사용하여 파일 이름 매치를 실행합니다.

fnmatch 모듈의 메서드

함수 이름	설명	반환값
fnmatch(filename, pattern)	filename이 pattern과 일치하면 True를, 그렇지 않으면 False를 반환한다. 운영체제가 대문자와 소문자를 구분하지 않으면 그에 따른다.	bool
fnmatchcase(filename, pattern)	대문자와 소문자를 구분하여 매치한다.	bool
filter(names, pattern)	파일 이름의 리스트로부터 패턴과 일치하는 요소만을 반환한다.	list
translate(pattern)	패턴을 정규 표현 형식으로 변환한다.	str

같은 패턴으로 여러 번 매치할 때는 리스트를 생성해서 filter()를 적용하거나 translate()의 결과를 re 모듈로 컴파일하여 반복 사용하면 효율적으로 처리할 수 있습니다. 왜냐하면 fnmatch()가 호출될 때마다 내부에서 패턴 문자열을 셸 형식에서 정규 표현 형식으로 변환하여 매치하기 때문입니다.

fnmatch 모듈의 샘플 코드

```
>>> import fnmatch, re
>>> pattern = 'hoge??.py'  ── ??는 임의의 두 문자와 매치
>>> fnmatch.fnmatch('Hoge01.py', pattern)  ── 숫자는 ??에 일치
True

>>> fnmatch.fnmatchcase('Hoge01.py', pattern)  ── 대소문자가 구분되어 일치하지 않음
False

>>> fnmatch.filter(['hoge.py', 'hoge00.py', 'hoge01.py', 'fuga01.py'], pattern)
['hoge00.py', 'hoge01.py']

>>> fnmatch.translate(pattern)  ── 정규 표현 형식으로 변환
'hoge..\\.py\\Z(?ms)'

>>> re_pattern = re.compile(_)  ── 패턴을 컴파일해서 재사용하는 예
>>> re_pattern.match('hogege.py')
<_sre.SRE_Match object; span=(0, 9), match='hogege.py'>
```

파일 경로의 패턴 풀기

glob 모듈은 UNIX의 셸 형식의 패턴으로 파일 경로를 매치하여, 일치한 모든 파일과 디렉터리의 경로를 반환합니다.

glob 모듈의 메서드

함수 이름	설명	반환값
glob(pathname)	pathname에 주어진 패턴과 일치하는 파일이나 디렉터리 리스트를 반환한다.	list
iglob(pathname)	glob( )과 같은 내용을 리스트가 아닌 발생자로 반환한다.	발생자
escape(pathname)	?, [, * 등의 특수 문자를 이스케이프한다.	str

풀린 요소에 차례로 접근할 때는 발생자를 반환하는 iglob( )을, 차례와 관계없이 접근할 때는 glob( )을 사용하는 것이 좋습니다.

지정하는 경로 이름에 ?나 *등의 특수 문자가 포함되면, 문자가 그대로 풀려버립니다. 문자열을 escape( ) 메서드를 사용하여 이스케이프하면 풀리지 않고 경로 이름으로서 처리됩니다.

glob 모듈의 샘플 코드

```
>>> import glob
>>> glob.glob('filesystem/*.rst')
['filesystem/tempfile.rst', 'filesystem/fnmatch-glob.rst', 'filesystem/
os-path.rst', 'filesystem/pathlib.rst', 'filesystem/index.rst']

>>> glob.iglob('filesystem/*.rst')
<generator object iglob at 0x7f3cef2c5dc8>

>>> glob.escape('example?.txt')
'example[?].txt'
```

고급 파일 조작

공식 문서	https://docs.python.org/3.4/library/shutil.html

여기에서는 디렉터리 파일과 압축 파일에 대한 고도의 조작 기능을 제공하는 shutil에 대해 살펴보겠습니다.

파일 복사하기

shutil에는 파일 자체를 복사하는 메서드나 파일의 속성을 복사하는 메서드가 있습니다.

파일 복사 계열 함수

함수 이름	설명	반환값
copymode(src, dst, *, follow_symlinks=True)	권한을 src에서 dst로 복사한다.	None
copystat(src, dst, *, follow_symlinks=True)	권한, 최종 접근 시간, 최종 변경 시간 및 기타 파일 정보를 src에서 dst로 복사한다.	None
copy(src, dst, *, follow_symlinks=True)	파일 src를 파일 또는 디렉터리를 가리키는 dst로 복사한다.	str
copy2(src, dst, *, follow_symlinks=True)	copy( )와 같은 기능에 추가로 모든 메타 데이터를 복사한다.	str

copy( )는 파일의 데이터와 권한을 복사하지만, 파일 생성 시간이나 변경 시간은 복사하지 않습니다. 메타 데이터를 복사하려면 copy2( )를 사용합시다.

재귀적으로 디렉터리와 파일 조작하기

shutil을 사용하면 지정한 디렉터리의 재귀적인 복사나 삭제, 이동이 가능합니다. 이들 기능에는 os 모듈의 파일 조작 기능이나 shutil 모듈 자신의 파일 복사 계열 기능을 이용할 수 있습니다.

재귀적인 조작 실행 함수

함수 이름	설명	반환값
ignore_patterns(*patterns)	patterns에 glob 형식의 문자열을 여러 개 지정할 수 있다.	호출 가능 객체
rmtree(path, ignore_errors=False, onerror=None)	지정한 디렉터리를 삭제한다.	None
move(src, dst)	지정한 디렉터리로 이동한다.	str

특정 디렉터리의 내용 복사하기

디렉터리를 통째로 복사할 때는 copytree()를 사용합니다.

copytree() 함수

형식	copytree(src, dst, symlinks=False, ignore=None, copy_function=copy2, ignore_dangling_symlinks=False)
설명	특정 디렉터리 아래 구조를 그대로 다른 위치로 복사한다.
인수	• src – 복사 대상 디렉터리 경로를 지정한다. • dst – 복사 후의 디렉터리 경로를 지정한다. 이미 존재할 때는 예외가 발생한다. • symlinks – 참이면 심볼릭 링크는 복사 후에도 심볼릭 링크가 되나, 거짓이면 링크 위치의 파일 자체가 복사된다. • ignore – 제외할 파일을 결정하는 호출 가능 객체를 지정한다. • copy_function – 복사에 사용할 호출 가능 객체를 지정한다. • ignore_dangling_symlinks – 참이면 인수 symlinks가 거짓일 때, 링크 참조 위치가 존재하지 않더라도 오류로 취급하지 않는다.
반환값	복사한 디렉터리 이름

제 6 장

다음 예에서는 ignore_patterns( )를 사용하여 특정 파일만 복사 대상에서 제외하고 있습니다.

지정한 디렉터리를 복사하는 샘플 코드

```
>>> import shutil
>>> ignore = shutil.ignore_patterns('*.pyc', '*.swp')
    확장자가 .pyc, .swp인 파일을 제외한다
>>> ignore ── ignore(path, names)라는 호출이 가능한 객체
<function ignore_patterns.<locals>._ignore_patterns at 0x7f110082cb70>

>>> shutil.copytree('./from', './to', ignore=ignore)
    from 디렉터리가 to 디렉터리로 새롭게 생성된다
Traceback (most recent call last):
    예외가 발생하나, 오류가 발생한 파일을 제외하고는 정상 복사된다
  File "<stdin>", line 1, in <module>
  File "/home/ubuntu/.virtualenvs/pylib/lib/python3.4/shutil.py",
line 342, in copytree
    raise Error(errors)
shutil.Error: [('from/a.txt', 'to/a.txt', "[Errno 13] Permission denied:
'from/a.txt'")] ── 복사 중에 발생한 모든 오류가 리스트로 반환된다
```

glob 형식의 지정으로는 부족하거나 복사 대상 파일 이름을 이용하여 임의의 처리를 실행하고자 할 때는 직접 함수를 정의하여 인수 ignore에 지정하도록 합니다. 참고로, 공식 문서에 복사 대상 디렉터리 이름을 로깅하는 샘플 코드가 기재되어 있습니다.

압축 파일의 생성과 압축 해제

shutil 모듈은 압축 파일의 생성과 압축 해제 기능도 제공합니다. 압축 파일 관련 기능은 zipfile 모듈과 tarfile 모듈에 따라 다릅니다. 각각 "7.5 zip 파일 다루기 – zipfile"과 "7.6 tar 파일 다루기 – tarfile"에서 설명하고 있습니다.

또한, 표준으로 지원되지 않는 형식의 아카이브를 등록할 수도 있습니다.

make_archive() 함수

형식	make_archive(base_name, format[, root_dir[, base_dir[, verbose[, dry_run[, owner[, group[, logger]]]]]]])
설명	압축 파일을 생성한다.
인수	• base_name – 지정한 문자열에 확장자가 추가된 압축 파일이 생성된다. • format – 압축 포맷을 지정한다. • root_dir – 압축 파일의 루트 디렉터리를 지정한다. 기본값은 현재 디렉터리이다. • base_dir – 압축을 시작할 디렉터리를 지정한다. 기본값은 현재 디렉터리이다. • verbose – 현재는 사용하지 않는다. • dry_run – 압축 파일을 생성하지 않고 로그 출력만 실행한다. • owner – 생성된 압축 파일의 소유자를 지정한다. • group – 생성된 압축 파일의 그룹을 지정한다. • logger – 로그 출력에 사용할 로거를 지정한다.
반환값	생성한 압축 파일 이름

unpack_archive() 함수

형식	unpack_archive(filename[, extract_dir[, format]])
설명	압축 파일을 해제한다.
인수	• filename – 해제할 대상 압축 파일의 경로를 지정한다. • extract_dir – 압축을 풀 위치가 될 디렉터리를 지정한다. • format – 해제에 이용할 압축 포맷을 지정한다.

사용 예로 다음 디렉터리 구조로부터 example 디렉터리 이하를 압축해봅시다.

archive 대상 디렉터리 구조

```
/tmp/
 └example/
    ├fuga.txt
    ├hoge.txt
    └piyo.txt
```

archive 파일 생성과 해제 샘플 코드

```
>>> shutil.make_archive(base_name='example', format='gztar', root_dir='/tmp',
base_dir='example')
'/tmp/example.tar.gz'

>>> shutil.unpack_archive(filename='example.tar.gz', extract_dir='/home/testuser')
```

앞의 코드에서는 make_archive( )의 결과 /tmp/example.tar.gz가 생성되었으며, unpack_archive()의 결과로 /home/testuser/example 디렉터리와 그 아래 세 개의 텍스트 파일이 해제되었습니다.

follow_symlinks 무효화에 따른 동작 변화

파일을 조작하는 함수 대부분은 follow_symlinks가 인수로 정의되어 있습니다. 이 인수의 기본값은 True이며, 대상이 심볼릭 링크일 때 링크된 원본에 처리가 적용됩니다. 이 인수에 False를 넘기면 함수에 의해 각각 다른 동작을 실행하게 되므로 주의합시다.

다음에 copyfile( )의 예를 들었습니다. 우선 기본 동작인 경우입니다.

실행 전의 초기 파일 구성

```
% ls -l
total 8
-rw-rw-r-- 1 ubuntu ubuntu 131  6월  5 06:25 _a.txt
lrwxrwxrwx 1 ubuntu ubuntu   6  6월  5 06:29 a.txt -> _a.txt
```

이처럼 _a.txt를 링크하는 심볼릭 링크 a.txt가 있습니다. a.txt를 copyfile( )로 복사합니다.

인수 follow_symlinks를 지정하지 않을 때

```
>>> shutil.copyfile('a.txt', 'b.txt')
'b.txt'
```

이 예에서 copyfile은 a.txt의 링크 원본을 따라가 _a.txt의 내용으로 b.txt를 생성합니다. 다음은 실행 결과입니다. 복사 후 b.txt는 _a.txt와 같은 크기로 생성된 것을 알 수 있습니다.

실행 결과

```
% ls -l
total 8
-rw-rw-r-- 1 ubuntu ubuntu 131  6월  5 06:25 _a.txt
lrwxrwxrwx 1 ubuntu ubuntu   6  6월  5 06:29 a.txt -> _a.txt
-rw-rw-r-- 1 ubuntu ubuntu 131  6월  5 06:31 b.txt
```

다음으로, 초기 파일 구성에서 인수 follow_symlinks가 False로 지정된 경우를 살펴봅시다. 인수 follow_symlinks는 잘못된 값이 주어지는 것을 막고자 반드시 이름이 있는(named) 인수를 지정하도록 정의하고 있습니다.

인수 follow_symlinks에 False를 지정할 때

```
>>> shutil.copyfile('a.txt', 'b.txt', follow_symlinks=False)
'b.txt'
```

이 예에서 b.txt는 a.txt와 같은 링크 원본을 가리키는 심볼릭 링크로 생성되었습니다. 처음 예와는 달리, 복사 후의 b.txt는 a.txt와 마찬가지로 _a.txt의 심볼릭 링크로 생성된 것을 알 수 있습니다.

실행 결과

```
% ls -l
total 4.0K
-rw-rw-r-- 1 ubuntu ubuntu 131  6월  5 06:25 _a.txt
lrwxrwxrwx 1 ubuntu ubuntu   6  6월  5 06:29 a.txt -> _a.txt
lrwxrwxrwx 1 ubuntu ubuntu   6  6월  5 06:29 b.txt -> _a.txt
```

데이터 압축과 아카이브

Python에서는 각종 알고리즘에 따른 데이터의 압축과 해제를 기본으로 지원합니다. 또한, ZIP과 tar 형식의 압축 파일을 조작하기 위한 기능도 기본으로 제공하고 있습니다. 이번 장의 내용을 이해하면 Python에서 각종 압축 파일을 다룰 수 있습니다.

zlib 라이브러리로 데이터 압축하기

공식 문서	https://docs.python.org/3.4/library/zlib.html

지금부터는 zlib 라이브러리를 사용하여 데이터 압축과 해제를 실행하는 zlib 모듈에 대해 살펴보겠습니다. zlib 라이브러리에는 gzip 파일 등에서 이용하는 압축 알고리즘이 제공됩니다. gzip 파일의 압축, 해제에는 gzip 모듈("7.2 gzip 압축 파일 다루기 - gzip" 참고)이 사용됩니다.

zlib 모듈의 메서드

함수 이름	설명	반환값
compress(data[, level])	지정한 데이터(bytes 형식)의 압축 결과를 반환한다. level에는 0부터 9까지 지정 가능하며, 9가 가장 압축률이 높지만 시간이 오래 걸린다.	bytes
decompress(data[, wbits[, bufsize]])	지정된 압축 데이터(bytes 형식)의 압축 해제 결과를 반환한다.	bytes

다음은 zlib 모듈을 사용한 데이터의 압축과 해제 예입니다. 압축 대상 데이터가 작을 때에는 압축 후의 데이터가 더 커지는 일도 있습니다.

zlib 모듈 샘플 코드

```
>>> import zlib
>>> text = '한국어 텍스트'
>>> b = text.encode('utf-8')
>>> compressed_data = zlib.compress(b)
>>> len(b)
19
```

```
>>> len(compressed_data)
28

>>> long_text = b'A' * 10000        긴 데이터를 압축
>>> compressed_data = zlib.compress(long_text)
>>> len(long_text), len(compressed_data)
(10000, 34)

>>> decompressed_data = zlib.decompress(compressed_data)
>>> len(decompressed_data)
10000

>>> long_text == decompressed_data        압축 해제하여 원래대로 돌아간 것을 확인
True
```

제 7 장

gzip 압축 파일 다루기

공식 문서	https://docs.python.org/3.4/library/gzip.html

gzip 형식 파일의 압축과 해제를 실행하는 gzip 모듈에 대해 살펴봅시다. 이 모듈을 사용하면 gzip, gunzip 명령어 등을 사용하지 않고 Python 코드에서 gzip 파일을 다룰 수 있습니다.

gzip 모듈 메서드

함수 이름	설명	반환값
open(filename, mode='rb', compresslevel=9, encoding=None, errors=None, newline=None)	gzip으로 압축된 파일을 열어 파일 객체를 반환한다. compresslevel에는 0부터 9까지 지정 가능하며, 9가 가장 압축률이 높지만 시간이 오래 걸린다.	gzip.GzipFile
compress(data, compresslevel=9)	지정된 데이터를 gzip으로 압축한다. 데이터는 bytes 형이어야 한다.	bytes
decompress(data)	지정된 gzip 데이터를 해제한다.	bytes

다음은 gzip 모듈을 이용하여 gzip 파일을 생성하고 문자열 압축을 실행하는 모습입니다. f.write()를 실행하면 쓰인 문자열 길이가 반환되나, 특별히 압축과 상관은 없습니다.

gzip 모듈 샘플 코드

```
>>> import gzip
>>> with gzip.open('sample.gz', 'wt') as f:
...     f.write('한국어 텍스트를 gzip 압축 파일로 쓰기')
...
23
```

```
>>> with gzip.open('sample.gz', 'rt') as f:
...     content = f.read()
...

>>> content
'한국어 텍스트를 gzip 압축 파일로 쓰기'

>>> text = '한국어 텍스트'
>>> b = text.encode('utf-8')
>>> gzipped_data = gzip.compress(b)
>>> len(b)  ───── 짧은 문자열은 압축해도 효과가 없다
19

>>> len(gzipped_data)
40

>>> long_text = b'A' * 10000  ───── 긴 데이터를 압축
>>> gzipped_data = gzip.compress(long_text)
>>> len(long_text), len(gzipped_data)
(100000, 46)

>>> gunzipped_data = gzip.decompress(gzipped_data)
>>> len(gunzipped_data)
100000

>>> long_text == gunzipped_data  ───── 압축 해제하여 원래대로 돌아간 것을 확인
True
```

제 7 장

bzip2 압축 파일 다루기

공식 문서	https://docs.python.org/3.4/library/bz2.html

지금부터는 bzip2 형식의 파일 압축과 해제를 실행하는 bz2 모듈에 대해 살펴봅시다. 이 모듈을 사용하면 bzip2 명령어 등을 사용하지 않고도 bzip2 파일을 Python 코드로 다룰 수 있습니다.

기본적인 이용 방법은 "7.2 gzip 압축 파일 다루기 – gzip"에서 소개한 gzip과 같습니다.

bz2 모듈 함수

함수 이름	설명	반환값
open(filename, mode='r', compresslevel=9, encoding=None, errors=None, newline=None)	bz2로 압축된 파일을 열어 파일 객체를 반환한다. compresslevel에는 0부터 9까지 지정 가능하며, 9가 가장 압축률이 높지만 시간이 오래 걸린다.	bz2.BZ2File
compress(data, compresslevel=9)	지정된 데이터를 bz2로 압축한다. 데이터는 bytes형이어야 한다.	bytes
decompress(data)	지정된 bz2 데이터를 해제한다.	bytes

다음은 bz2 모듈을 사용하여 bzip2 파일을 생성하고 문자열을 압축하는 모습입니다. f.write()를 실행하면 쓰인 문자열 길이가 반환되나, 특별히 압축과 상관은 없습니다.

bz2 모듈 샘플 코드

```
>>> import bz2
>>> with bz2.open('sample.bz2', 'wt') as f:
...     f.write('한국어 텍스트를 bz2 압축 파일로 쓰기')
...
```

```
22

>>> with bz2.open('sample.bz2', 'rt') as f:
...     content = f.read()
...

>>> content
'한국어 텍스트를 bz2 압축 파일로 쓰기'

>>> text = '한국어 텍스트'
>>> b = text.encode('utf-8')
>>> bz2_data = bz2.compress(b)
>>> len(b)    ── 짧은 문자열은 압축해도 효과가 없다
19

>>> len(bz2_data)
62

>>> long_text = b'A' * 10000    ── 긴 데이터를 압축
>>> bz2_data = bz2.compress(long_text)
>>> len(long_text), len(bz2_data)
(100000, 47)

>>> bz2_decompress_data = bz2.decompress(bz2_data)
>>> len(bz2_decompress_data)
100000

>>> long_text == bz2_decompress_data    ── 압축 해제하여 원래대로 돌아간 것을 확인
True
```

lzma 압축 파일 다루기

공식 문서	https://docs.python.org/3.4/library/lzma.html

여기에서는 lzma 형식 파일(xz 파일)의 압축과 해제를 실행하는 lzma 모듈에 대해 설명하겠습니다. 이 모듈을 사용하면 lzma 명령어 등을 사용하지 않고도 lzma 파일을 Python 코드로 다룰 수 있습니다.

기본적인 이용 방법은 "7.2 gzip 압축 파일 다루기 – gzip"에서 소개한 gzip과 같습니다.

lzma 모듈 함수

함수 이름	설명	반환값
open(filename, mode="rb", *, format=None, check=-1, preset=None, filters=None, encoding=None, errors=None, newline=None)	lzma로 압축된 파일을 열어 파일 객체를 반환한다.	lzma.LZMAFile
compress(data)	지정된 데이터를 lzma로 압축한다. 데이터는 bytes형이어야 한다.	bytes
decompress(data)	지정된 lzma 데이터를 해제한다.	bytes

다음은 lzma 모듈을 사용하여 lzma 파일을 생성하고 문자열을 압축하는 모습입니다. f.write()를 실행하면 쓰인 문자열 길이가 반환되나, 특별히 압축과 상관은 없습니다.

lzma 모듈 샘플 코드

```
>>> import lzma
>>> with lzma.open('sample.xz', 'wt') as f:
...     f.write('한국어 텍스트를 lzma 압축 파일로 쓰기')
...
```

```
23

>>> with lzma.open('sample.xz', 'rt') as f:
...     content = f.read()
...

>>> content
'한국어 텍스트를 lzma 압축 파일로 쓰기'

>>> text = '한국어 텍스트'
>>> b = text.encode('utf-8')
>>> lzma_data = lzma.compress(b)
>>> len(b)    짧은 문자열은 압축해도 효과가 없다
19

>>> len(lzma_data)
76

>>> long_text = b'A' * 10000    긴 데이터를 압축
>>> lzma_data = lzma.compress(long_text)
>>> len(long_text), len(lzma_data)
(100000, 108)

>>> lzma_decompress_data = lzma.decompress(lzma_data)
>>> len(lzma_decompress_data)
100000

>>> long_text == lzma_decompress_data    압축 해제하여 원래대로 돌아간 것을 확인
True
```

제 7 장

7.5 zipfile

zip 파일 다루기

공식 문서	https://docs.python.org/3.4/library/zipfile.html

여기에서는 zip 형식으로 압축된 파일(ZIP 파일)을 다루는 zipfile 모듈에 대해 설명하겠습니다. 이 모듈을 사용하면 zip 명령어 등을 사용하지 않고도 zip 파일을 Python 코드로 다룰 수 있습니다.

zipfile 모듈의 함수와 메서드

함수 이름 / 메서드 이름	설명	반환값
ZipFile(file, mode='r', compression=ZIP_STORED, allowZip64=True)	ZIP 파일을 읽고 쓰기 위한 객체를 생성하는 생성자이다	zipfile.ZipFile
is_zipfile(filename)	지정된 파일이 ZIP 파일인지 여부를 반환하는 클래스 메서드이다.	True/False
infolist()	ZipInfo(ZIP 파일 중 한 파일에 대한 정보를 정리한 객체) 리스트를 반환한다.	list
namelist()	ZIP 파일 내에 압축된 파일 이름 리스트를 반환한다.	list
getinfo(name)	지정된 파일의 ZipInfo 객체를 구한다.	zipfile.ZipInfo
open(name, mode='r', pwd=None)	ZIP 파일 안의 지정된 파일을 연다.	zipfile.ZipExtFile
extract(member, path=None, pwd=None)	지정된 ZIP 파일 안의 파일을 지정한 경로에 압축 해제한다. member에는 파일 이름 또는 ZipInfo를 지정한다. 해제한 파일의 경로를 반환한다.	str
extractall(path=None, members=None, pwd=None)	ZIP 파일 안의 모든 파일을 지정한 경로에 압축 해제한다.	없음
write(filename, arcname=None, compress_type=None)	지정한 파일을 ZIP 파일로 쓴다. arcname을 지정하면 해당 이름으로 압축된다.	없음

함수 이름 / 메서드 이름	설명	반환값
writestr(zinfo_or_arcname, bytes[, compress_type])	지정한 bytes 데이터를 ZIP 파일로 쓴다. 파일 이름은 ZipInfo 또는 파일 이름으로 지정한다.	없음
close()	ZipFile을 닫는다.	없음

ZipInfo 객체의 주요 속성은 다음과 같습니다.

ZipInfo 객체의 주요 속성

속성 이름	설명	반환값
filename	파일 이름	str
date_time	파일의 최종 갱신 일시를 튜플로 반환한다.	tuple
compress_size	압축 후 파일 크기	int
file_size	압축 전 파일 크기	int

다음 샘플 코드는 공식 문서 "Download – Python 3.4.4 documentation" 페이지[1]에 있는 Plain Text 형식의 문서를 zip과 tar.bz2 형식으로 압축한 파일을 샘플 데이터로 내려받아 사용하는 모습입니다.

파일 형식을 검사하여 ZIP 파일 안을 읽어오기

```
>>> import zipfile
>>> zipfile.is_zipfile('python-3.4.4-docs-text.zip')    ZIP 파일인지 검사
True

>>> zipfile.is_zipfile('python-3.4.4-docs-text.tar.bz2')
False
```

1 https://docs.python.org/3.4/download.html

```
>>> zip = zipfile.ZipFile('python-3.4.4-docs-text.zip')  ← ZIP 파일을 연다
>>> len(zip.namelist())  ← 파일 수 확인
473

>>> zip.namelist()[:2]  ← 맨 처음 두 건의 파일 이름을 구한다
['python-3.4.4-docs-text/', 'python-3.4.4-docs-text/contents.txt']

>>> f = zip.open('python-3.4.4-docs-text/contents.txt')  ← 파일을 연다
>>> contents = f.read()
>>> contents[:60]  ← 맨 처음부터 60문자까지 구한다
b'\nPython Documentation contents\n******************************'
```

다음 샘플 코드에서는 ZIP 파일 안의 파일을 압축 해제하고 있습니다. 또한, ZipInfo 객체도 구하고 있습니다.

ZIP 파일 안의 파일을 압축 해제하기

```
>>> for name in zip.namelist():  ← zipfile 매뉴얼 찾기
...   if 'zipfile' in name:
...     zipfile_doc = name
...
>>> zipfile_doc
'python-3.4.4-docs-text/library/zipfile.txt'

>>> zipinfo = zip.getinfo(zipfile_doc)  ← ZipInfo 취득
>>> zipinfo.filename, zipinfo.date_time
('python-3.4.4-docs-text/library/zipfile.txt', (2015, 4, 15, 0, 7, 16))

>>> zip.extract(zipinfo)  ← zipfile 매뉴얼 압축 해제
'/Users/takanori/python-3.4.4-docs-text/library/zipfile.txt'

>>> zip.extractall()  ← 모든 파일의 압축 풀기
>>> zip.close()
```

```
>>> import os
>>> os.listdir('python-3.4.4-docs-text')      파일 압축이 풀린 것을 확인
['about.txt', 'bugs.txt', 'c-api', 'contents.txt', 'copyright.txt',
'distributing', 'distutils', 'extending', 'faq', 'glossary.txt',
'howto', 'install', 'installing', 'library', 'license.txt', 'reference',
'tutorial', 'using', 'whatsnew']
```

다음 샘플 코드는 조금 전에 압축 해제한 파일을 사용하여 새롭게 ZIP 파일을 생성하는 모습입니다.

ZIP 파일 생성하기

```
>>> wzip = zipfile.ZipFile('example.zip', mode='w')
>>> wzip.write('python-3.4.4-docs-text/library/zipfile.txt', 'zipfile.txt')
>>> wzip.namelist()
['zipfile.txt']

>>> wzip.writestr('test.txt', b'test text')
>>> wzip.namelist()
['zipfile.txt', 'test.txt']

>>> wzip.close()
>>> zipfile.is_zipfile('example.zip')
True
```

tar 파일 다루기

공식 문서	https://docs.python.org/3.4/library/tarfile.html

여기에서는 tar 형식으로 압축된 파일을 다루기 위한 tarfile 모듈에 대해 살펴봅시다. gzip, bz2, lzma 형식으로 압축된 파일을 다룰 수 있습니다. 이 모듈을 사용하면 tar 명령어를 사용하지 않고도 .tar.gz, .tar.bz2 등의 파일을 Python 코드에서 직접 조작할 수 있습니다.

open() 메서드

형식	open(name=None, mode='r', fileobj=None, bufsize=10240, **kwargs)
설명	파일 이름(name), 또는 파일 객체(fileobj)로 지정된 tar 파일을 연다. mode에서는 "r:gz"처럼 압축 형식을 지정할 수 있으나, "r"이라고 지정하면 자동으로 판별하므로 기본값이라도 상관없다. 쓸 때에는 압축 형식을 지정해야 한다.
인수	• name — tar 파일의 파일 이름을 지정한다. • fileobj — tar 파일의 파일 객체를 지정한다. • mode — tar 파일을 열 때의 모드를 지정한다. 기본값은 "읽기 모드"이다. 파일 이름으로 판별하기 때문에 압축 형식을 지정할 필요는 없다. 쓸 때에는 "w:gz"처럼 압축 형식을 지정해야 한다. • bufsize — 블록 크기를 지정한다. 기본값이라도 문제없다.
반환값	tarfile.TarFile

add() 메서드

형식	add(name, arcname=None, recursive=True, exclude=None, *, filter=None)
설명	지정된 파일을 tar 파일 압축에 추가한다.
인수	• name – 파일 이름, 디렉터리 이름 등을 지정한다. • arcname – 압축 안에서 다른 파일 이름을 사용하려면 지정한다. • recursive – True를 지정하면 디렉터리를 지정할 때 재귀적으로 디렉터리 안의 파일을 압축에 추가한다. • exclude – 파일 이름을 인수로 취하며 True/False를 반환하는 함수를 지정한다. False를 반환하는 해당 파일은 압축에 추가되지 않는다. 폐지 예정인 인수이므로 대신 filter를 사용하는 것이 좋다. • filter – TarInfo를 인수로 취하며 TarInfo를 반환하는 함수를 지정한다. None을 반환하는 해당 파일은 압축에 추가되지 않는다.

다음은 TarFile 객체의 다른 주요 메서드입니다.

TarFile 객체의 메서드

메서드 이름	설명	반환값
is_tarfile(filename)	지정된 파일이 tar 파일인지 여부를 반환하는 클래스 메서드이다.	True/False
getnames()	tar 파일 내에 압축된 파일 이름 리스트를 반환한다.	list
getmember(name)	지정한 파일 이름의 TarInfo 객체를 얻는다.	tarfile.TarInfo
extractfile(member)	지정된 파일의 파일 객체를 반환한다. member에는 파일 이름 또는 TarInfo를 지정한다.	tarfile.ExFileObject
extract(member, path="", set_attrs=True)	압축 안의 지정된 파일을 지정된 경로에 압축 해제한다. member에는 파일 이름 또는 TarInfo를 지정한다. 해제한 파일 경로를 반환한다.	없음
extractall(path=".", members=None)	압축 안의 모든 파일을 지정된 경로에 압축 해제한다.	없음
close()	TarFile을 닫는다.	없음

TarInfo 객체의 주요 속성은 다음과 같습니다.

TarInfo 객체의 속성

속성 이름	설명	반환값
name	파일 이름	str
size	파일 크기	int
mtime	최종 갱신 시각	int
mode	허가 비트	int

다음의 샘플 코드에서는 공식 문서의 "Download – Python 3.4.4 documentation" 페이지[2]의 Plain Text 형식의 문서를 zip과 tar.bz2 형식으로 압축한 파일을 내려받아 사용하고 있습니다.

파일 형식을 검사하여 tar 파일 안을 읽어오기

```
>>> import tarfile
>>> tarfile.is_tarfile('python-3.4.4-docs-text.zip')   # tar 파일인지 검사
False

>>> tarfile.is_tarfile('python-3.4.4-docs-text.tar.bz2')
True

>>> tar = tarfile.open('python-3.4.4-docs-text.tar.bz2')   # tar 파일을 연다
>>> len(tar.getnames())   # 파일 수 확인
473

>>> tar.getnames()[:2]   # 맨 처음 두 건의 파일 이름을 구한다
['python-3.4.4-docs-text', 'python-3.4.4-docs-text/contents.txt']
```

2 https://docs.python.org/3.4/download.html

```
>>> f = tar.extractfile('python-3.4.4-docs-text/contents.txt')  파일을 연다
>>> contents = f.read()
>>> contents[:60]  맨 처음부터 60문자까지 구한다
b'\nPython Documentation contents\n******************************'
```

다음 샘플 코드에서는 tar 파일 안의 파일에 대해 압축을 해제하고 있습니다. 또한, TarInfo 객체도 구하고 있습니다.

tar 파일 압축 해제하기

```
>>> for name in tar.getnames():  tarfile 매뉴얼 찾기
...   if 'tarfile' in name:
...     tarfile_doc = name
...
>>> tarfile_doc
'python-3.4.4-docs-text/library/tarfile.txt'

>>> tarinfo = tar.getmember(tarfile_doc)  TarInfo 취득
>>> tarinfo.name, tarinfo.size, tarinfo.mtime, tarinfo.mode
('python-3.4.4-docs-text/library/tarfile.txt', 26327, 1429488433, 436)

>>> tar.extract(tarinfo)  tarfile 매뉴얼 압축 해제
>>> tar.extractall()  전체 파일 압축 해제
>>> tar.close()
>>> import os
>>> os.listdir('python-3.4.4-docs-text')
['about.txt', 'bugs.txt', 'c-api', 'contents.txt', 'copyright.txt',
'distributing', 'distutils', 'extending', 'faq', 'glossary.txt',
'howto', 'install', 'installing', 'library', 'license.txt', 'reference',
'tutorial', 'using', 'whatsnew']
```

다음 샘플 코드는 앞에서 압축 해제한 파일을 사용하여 새롭게 .tar.gz 파일을 생성하는 모습입니다.

tar 파일 생성하기

```
>>> wtar = tarfile.open('example.tar.gz', mode='w:gz')
>>> wtar.add('python-3.4.4-docs-text/library/tarfile.txt', 'tarfile.txt')
>>> wtar.getnames()
['tarfile.txt']

>>> wtar.close()
>>> tarfile.is_tarfile('example.tar.gz')
True
```

특정 데이터 포맷 다루기

소프트웨어 개발에서는 CSV 파일이나 TSV 파일 등, 특정 포맷을 따르는 데이터를 다루는 경우가 있습니다. 이번 장에서는 CSV 외에도 YAML이나 JSON 등 일반적으로 널리 사용하는 포맷을 Python에서 다루는 방법에 대해 설명하겠습니다. 또한, Excel 파일이나 JPEG, PNG 등의 이미지 데이터를 다루는 패키지도 설명합니다. 이번 장을 이해하고 나면, 다양한 데이터 포맷을 다룰 수 있게 됩니다.

CSV 파일 다루기

공식 문서	https://docs.python.org/3.4/library/csv.html

여기에서는 CSV나 TSV 포맷의 파일을 다루는 기능을 제공하는 csv에 대해 살펴보겠습니다. csv 모듈을 이용하면 파일을 쉽게 읽고 쓸 수 있습니다.

CSV 파일의 읽기와 쓰기

다음 CSV 파일 sample.csv를 읽기 대상 파일로 하겠습니다.

sample.csv

```
"id","도도부현","인구(명)","면적(km2)"
"1","도쿄도","13000000","2103.97"
"2","가나가와현","9000000","2416.05"
"3","치바현","6200000","5081.93"
"4","사이타마현","7200000","3767.92"
```

sample.csv를 불러와 내용을 print합니다.

CSV 파일 읽어오기

```
import csv

with open('sample.csv', mode='r', encoding='utf-8') as f:
    reader = csv.reader(f)
    for row in reader:
        print(row)
```

reader( ) 함수는 반복 가능한(iterable) reader 객체를 반환합니다. for 문으로 한 행씩 처리합니다.

앞선 코드의 실행 결과, 다음과 같이 출력되었습니다.

"CSV 파일 읽어오기" 실행 결과

```
['id', '도도부현', '인구(명)', '면적(km2)']
['1', '도쿄도', '13000000', '2103.97']
['2', '가나가와현', '9000000', '2416.05']
['3', '치바현', '6200000', '5081.93']
['4', '사이타마현', '7200000', '3767.92']
```

CSV 파일의 한 행이 하나의 리스트형으로, 각 데이터가 리스트 요소로 취급됩니다.

csv.reader() 함수

형식	csv.reader(csvfile, dialect='excel', **fmtparams)
설명	CSV 파일 각 행의 데이터를 반복 처리하는 reader 객체를 반환한다.
인수	• csvfile – 반복자 프로토콜을 지원하는 객체를 지정한다. • dialect – 서식화 매개변수의 집합 이름
반환값	reader 객체

csvfile에는 샘플 코드 "CSV 파일 읽어오기"에 나와있는 것과 같이, 파일 객체를 지정할 수 있습니다.

dialect는 자주 사용하는 서식화 매개변수의 집합을 지정할 수 있습니다. 서식화 매개변수란, 구분 문자나 종단 기호를 가리킵니다. dialect는 excel(Excel로 출력되는 CSV 파일), excel-tab(Excel로 출력되는 TSV 파일), unix(종단 기호를 '\n'으로 하는 파일) 중에서 선택합니다.

서식화 매개변수는 dialect를 지정하는 것 외에 개별적으로 지정할 수도 있습니다. 특히 자주 쓰는 것은 delimiter와 quotechar입니다. delimiter는 구분 문자를 지정합니다. 기본값은 쉼표(,)입니다. 쉼표 대신 탭이나 파이프를 지정하면 쉼표 이외의 다른 구분 문자를 사용하는 포맷을 지원할 수 있습니다. quotechar는 인용 부호를 지정합니다. 기본값은 큰따옴표(")입니다.

그러면 구분 문자와 인용 부호를 지정해보도록 합시다.

구분 문자와 인용 부호 지정

```
# TSV 파일 읽어오기
reader1 = csv.reader('sample.tsv', delimiter='\t')

# 인용 부호를 "#"으로 지정하여 읽어오기
reader2 = csv.reader('sample.tsv', delimiter='\t', quotechar='#')
```

다음은 CSV 파일을 읽어와서 간단히 가공하여 별도의 TSV 파일을 출력합니다.

파일 읽기와 가공, 출력

```
import csv

with open('sample.csv', mode='r', encoding='utf-8') as read_file:
    reader = csv.reader(read_file)
    # 헤더 행을 날림
    next(reader)

    with open('result.tsv', mode='w', encoding='utf-8') as write_file:
        writer = csv.writer(write_file, delimiter='\t')
        # 헤더 행 쓰기
        writer.writerow(['도도부현', '인구 밀도(명/km2)'])

        for row in reader:
```

```
        # 인구와 면적 값을 이용하여 인구 밀도를 계산
        population_density = float(row[2]) / float(row[3])

        # 파일 쓰기
        writer.writerow([row[1], int(population_density)])
```

앞선 코드 "파일 읽기와 가공, 출력"의 실행 결과, 다음 파일 result.tsv가 출력되었습니다.

result.tsv

```
도도부현	인구 밀도(명/km2)
도쿄도	6178
가나가와현	3725
치바현	1220
사이타마현	1910
```

csv.writer() 함수

형식	csv.writer(file, dialect='excel', **fmtparams)
설명	CSV 파일의 데이터를 구분 문자로 구분된 문자열로 변환하여 출력하기 위한 writer 객체를 반환한다.
인수	• file — 쓰기 대상 파일 객체 • dialect — 서식화 매개변수의 집합 이름
반환값	writer 객체

dialect는 csv.reader() 함수에서 설명한 것과 같습니다. 서식화 매개변수도 delimiter와 quotechar를 지정할 수 있습니다.

csv.writer.writerow() 함수

형식	csv.writer.writerow(row)
설명	데이터를 서식화하여 writer 파일 객체에 쓴다.
인수	• row – 문자열 또는 수치 시퀀스

CSV 파일(또는 지정한 delimiter에 의한 구분 파일)을 출력하려면 csv.writer.writerow() 메서드를 사용합니다. 샘플 코드 "파일 읽기와 가공, 출력"에 나와있듯이, for 문 안에서 요소의 수치나 문자열을 가공하여 파일로 출력할 수 있습니다.

CSV 파일 헤더를 이용한 편리한 읽어오기

csv.reader()를 이용한 파일 읽어오기에서 각 행의 데이터는 리스트 객체로 취급됩니다. 파일 열(column) 수가 많으면 리스트 요소 수도 커지기 때문에, 코드 상에서 어떤 열을 다루고 있는지 판별하기 어려워집니다. 취급할 열만을 알기 쉽게 이름을 붙인 변수로 저장하는 방법도 있지만, 열 수가 많으면 이 역시 힘듭니다.

DictReader()는 헤더 행을 사전의 키로, 각 행의 값을 사전의 값으로 취급할 수 있는 편리한 클래스입니다.

DictReader()를 이용한 읽어오기

```
import csv

with open('sample.csv', mode='r', encoding='utf-8') as f:
    for row in csv.DictReader(f):
        print(row)
```

앞선 코드를 실행하면 다음과 같이 출력됩니다.

"DictReader()를 이용한 읽어오기"의 출력 결과

```
{'인구(명)': '13000000', '면적(km2)': '2103.97', 'id': '1', '도도부현': '도쿄도'}
{'인구(명)': '9000000', '면적(km2)': '2416.05', 'id': '2', '도도부현': '가나가와현'}
{'인구(명)': '6200000', '면적(km2)': '5081.93', 'id': '3', '도도부현': '치바현'}
{'인구(명)': '7200000', '면적(km2)': '3767.92', 'id': '4', ' 도도부현': '사이타마현'}
```

읽어온 파일의 각 행이 사전형으로 출력됩니다.

DictReader()를 사용해 "파일 읽기와 가공, 출력"의 코드 중 변수 population_density를 생성하는 코드를 변경해봅시다.

DictReader()를 사용할 때의 열 선택

```
# 원래 코드
# population_density = float(row[2]) / float(row[3])

# DictReader()를 사용할 때
population_density = float(row['인구(명)']) / float(row['면적(km2)'])
```

이렇게 하면 헤더 행 문자열을 이용할 수 있어 처리 내용이 더 명확하게 보입니다.

csv.DictReader() 클래스

형식	class csv.DictReader(csvfile, fieldnames=None, restkey=None, restval=None, dialect='excel', *args, **kwds)
설명	데이터를 사전 형식으로 읽어온다.
인수	• csvfile — 반복자 프로토콜을 지원하는 객체를 지정한다. • fieldnames — 사전의 키를 헤더 행으로부터 얻는 것이 아니라, 시퀀스로 지정한다. • restkey — fieldnames로 지정한 키의 숫자와 실제 읽어온 열 수가 일치하지 않을 때 사전의 키를 보간하기 위한 문자열을 지정한다. • restval — restkey와 마찬가지로 열 수가 일치하지 않을 때 사전의 값을 보간하기 위한 문자열을 지정한다. • dialect — 서식화 매개변수의 집합 이름
반환값	reader 객체(키 포함)

INI 파일 다루기

공식 문서	https://docs.python.org/3.4/library/configparser.html

여기에서는 INI 파일을 다루는 기능을 제공하는 configparser에 대해 살펴보겠습니다. INI 파일이란, Windows 운영체제에서 설정 파일로 자주 사용하는 파일입니다. 단순한 텍스트로 표현할 수 있기 때문에 Windows 이외의 플랫폼에서도 사용하고 있습니다. Python 도구 설정 파일이 이 포맷을 채택한 것도 어쩌면 당연한 일입니다. 대표적으로는 분산형 버전 관리 도구인 Mercurial[1]을 들 수 있습니다.

또한, configparser는 Python 2.7까지는 ConfigParser라는 이름의 모듈이었습니다. import 문 작성이 다르므로 주의해야 합니다.

INI 파일 읽어오기

configparser로 INI 파일을 읽어옵시다. 다음 INI 파일 config.ini를 사용합니다.

config.ini

```
[DEFAULT]
home_dir = /home/guest
group = viewer
limit = 200

[USER_A]
home_dir = /home/user_a
group = Developer
```

1 https://mercurial.selenic.com

INI 파일은 [ ]로 감싼 "섹션" 다음에, "옵션 이름과 해당 값"을 한 쌍으로 기술합니다. 옵션 이름과 값은 등호(=)로 구분하며 콜론(:)도 사용할 수 있습니다.

INI 파일을 읽어오는 샘플 코드는 다음과 같습니다.

INI 파일 읽어오기

```
>>> from configparser import ConfigParser
>>> config = ConfigParser()
>>> config.read('config.ini')        INI 읽어오기
['config.ini']

>>> config.sections()        섹션 리스트 얻기
>>> ['USER_A']
>>> config.options('USER_A')        옵션 이름 리스트 얻기
['home_dir', 'group', 'limit']

>>> 'USER_B' in config        섹션 존재 확인
False

>>> config.get('USER_A', 'group')        옵션 값 얻기
'developer'

>>> config.get('USER_A', 'limit')        DEFAULT 값 얻기
'200'
```

ConfigParser.read() 메서드

형식	ConfigParser.read(file_path)
설명	INI 파일을 읽어온다.
인수	• file_path – INI 파일의 경로
반환값	해석한 파일 이름의 리스트

file_path에는 여러 개의 INI 파일을 리스트로 지정할 수도 있습니다.

ConfigParser.sections() 메서드

형식	ConfigParser.sections()
설명	읽어온 INI 파일 안에 존재하는 섹션 이름을 리스트로 반환한다.
반환값	섹션의 리스트

반환값인 리스트 안에 DEFAULT 섹션은 포함되지 않습니다. DEFAULT라는 섹션 이름은 특별한 역할을 하며, 지정한 옵션은 기타 모든 섹션의 기본값으로 채택됩니다.

섹션 이름은 대문자와 소문자를 구별합니다.

ConfigParser.options() 메서드

형식	ConfigParser.options(section)
설명	지정한 섹션 안에 존재하는 옵션 이름을 리스트로 반환한다.
인수	• section – 섹션 이름
반환값	옵션 이름 리스트

섹션 이름과는 달리, 옵션 이름은 대소문자를 구분하지 않습니다.

ConfigParser.get() 메서드

형식	ConfigParser.get(section, option)
설명	지정한 옵션 이름의 값을 구한다.
인수	• section – 섹션 이름 • option – 옵션 이름
반환값	옵션 이름에 대응하는 값

option에 지정하는 옵션 이름이 INI 파일 중에서 유일한 값이라 하더라도 section 지정은 필수입니다.

지정한 section 내에 옵션 이름 option이 존재하지 않으면, DEFAULT 섹션에 옵션 이름이 있는지를 탐색하여 발견되면 해당 값을 사용합니다. 조금 전 "config.ini"의 코드 예에서 USER_A의 섹션에 limit라는 옵션 이름은 존재하지 않았습니다. 그러나 DEFAULT 섹션에 limit의 값이 "200"으로 설정되어 있기 때문에, 결과적으로 "200"이 선택되었습니다. 이 동작을 잘 기억해두고 직접 조건 분기를 구현하지는 않도록 합시다.

INI 파일의 추가 활용법

INI 파일은 단순한 구성으로 가독성도 뛰어나기 때문에 다루기 쉬운 포맷이지만, 반복해서 같은 문자열을 적다 보면 복잡해지기 쉽습니다. 이 같은 경우에는 값 삽입(interpolation) 기능을 이용합시다.

다음 INI 파일 config_interp.ini를 이용합니다.

config_interp.ini

```
[USER_A]
home_dir = /home/user_a
mail_dir = %(home_dir)s/mail
group = Developer
```

값의 삽입 기능을 이용하는 예는 다음과 같습니다.

BasicInterpolation 이용하기

```
>>> config = ConfigParser()
>>> config.read('config_interp.ini')
```

```
>>> config.get('USER_A', 'mail_dir')
'/home/user_a/mail'
```

앞선 "BasicInterpolation 이용하기"에 나와있듯이, ConfigParser 클래스의 인스턴스를 생성할 때 아무것도 지정하지 않을 때에는 기본으로 값 삽입 기능을 이용할 수 있습니다.

옵션 이름 mail_dir의 값에 %(home_dir)s라고 INI 파일에 기술하면, 같은 섹션 내(또는 DEFAULT 섹션 내)의 옵션 이름 home_dir의 값인 /home/user_a로 치환됩니다. 그 결과, home/user_a/mail이 얻어집니다.

ConfigParser 클래스의 인스턴스를 생성할 때 ExtendedInterpolation 클래스를 지정하면, 더 고도의 값을 삽입할 수 있게 됩니다. ExtendedInterpolation을 이용할 때의 동작 예는 다음과 같습니다.

다음 INI 파일 config_exinterp.ini를 이용합니다.

config_exinterp.ini

```
[USER_A]
home_dir = /home/user_a
mail_dir = ${home_dir}/mail
group = Developer

[USER_B]
group = ${USER_A:group}
```

ExtendedInterpolation을 이용한 샘플 코드는 다음과 같습니다.

ExtendedInterpolation 이용하기

```
>>> from configparser import ConfigParser, ExtendedInterpolation
>>> config = ConfigParser(interpolation=ExtendedInterpolation())
```

```
>>> config.read('config_exinterp.ini')
>>> config.get('USER_B', 'group')
'Developer'
```

섹션 [USER_B]의 옵션 group 값에 ${USER_A:group}이라고 기술하였습니다. 이는 ${섹션:옵션 이름} 구조이며, 다른 섹션의 임의의 옵션 이름 값을 삽입한 것입니다. 같은 섹션 내의 다른 옵션 값을 삽입할 때는 ${옵션 이름} 형식으로 기술하면 됩니다.

configparser와 자료형

configparser로 읽어온 데이터는 모두 문자열이 됩니다. 수치형으로 취급하고 싶다면 ConfigParser.getint( )를 이용하는 방법이 있으나, int( )를 이용해서 형변환해도 문제없습니다.

configparser와 자료형

```
>>> from configparser import ConfigParser
>>> config = ConfigParser()
>>> config.read('config.ini')
['config.ini']

>>> config.getint('USER_A', 'limit')
200

>>> int(config.get('USER_A', 'limit'))
200
```

8.3 PyYAML

YAML 다루기

버전	3.11
공식 문서	http://pyyaml.org/wiki/PyYAMLDocumentation
PyPI	https://pypi.python.org/pypi/PyYAML
소스 코드	https://github.com/yaml/pyyaml

여기에서는 YAML 포맷의 데이터를 다루는 기능을 제공하는 PyYAML 패키지에 대해 설명하겠습니다. YAML 포맷은 자료구조를 간소한 기술로 표현할 수 있어 일반적으로 많이 사용하고 있습니다. Python 제품에서는 프로비저닝 도구인 Ansible이 YAML 포맷 기술을 채택하고 있습니다. Ansible[2]은 YAML을 다룰 때 PyYAML을 사용합니다.

PyYAML을 사용하면 애플리케이션의 설정 파일을 YAML 포맷으로 작성하여 이용할 수 있습니다.

PyYAML 설치

PyYAML은 다음과 같이 설치합니다.

PyYAML의 pip 설치

```
$ pip install PyYAML
```

2 http://www.ansible.com

YAML 파일 읽어오기

YAML 포맷으로 작성된 파일을 읽어옵시다. 다음의 YAML 파일 sample1.yml을 대상으로 합시다.

sample1.yml


```
---
database:
    host: localhost
    port: 3306
    db: test
    user: test
smtp_host: localhost
```


sample1.yml을 읽어옵니다.

YAML 파일 읽어오기

```
>>> import yaml
>>> file = open('sample1.yml', 'r')
>>> conf = yaml.load(file)
>>> conf
{'database': {'port': 3306, 'db': 'test', 'user': 'test', 'host': 'localhost'},
 'smtp_host': 'localhost'}

>>> conf['database']['port']
3306

>>> file.close()
```

패키지 명칭은 PyYAML이지만, import할 때는 "yaml"이라고 작성하는 점에 주의합시다.

해시로 표현되는 데이터를 읽어오면 Python의 사전형으로 취급할 수 있습니다. 중첩도 유지됩니다. 해시 이외에 배열로 자료구조를 표현할 수도 있습니다. 이때는 Python의 리스트형으로 취급됩니다.

yaml.load()

형식	yaml.load(stream, Loader=<class 'yaml.loader.Loader'>)
설명	YAML 포맷으로 작성된 파일을 읽어온다.
인수	• stream – YAML 파일을 읽어올 텍스트 스트림을 지정한다.
반환값	YAML을 해석한 결과의 Python 객체

yaml.load()와 비슷한 기능을 가진 yaml.load_all()도 있습니다. yaml.load_all()은 다음 sample2.yml과 같이 "---"로 구분된 YAML 파일을 읽어오기 위해 사용합니다.

sample2.yml

```
---
order: 1
menu: ham
---
order: 2
menu: egg
```

load_all()을 사용해 YAML 파일 읽어오기

```
>>> with open('sample2.yml', 'r') as f:
...     for data in yaml.load_all(f):
...         print(data)
...
{'order': 1, 'menu': 'ham'}
{'order': 2, 'menu': 'egg'}
```

YAML 파일 쓰기

YAML 포맷으로 작성된 파일을 출력합니다.

YAML 파일 쓰기

```
>>> hosts = {'web_server': ['192.168.0.2', '192.168.0.3'], 'db_server':
 ['192.168.10.7']}
>>> with open('dump.yml', 'w') as f:
...   f.write(yaml.dump(hosts, default_flow_style=False))
...
66
```

앞선 코드의 실행 결과, 다음 YAML 파일 dump.yml이 출력됩니다.

dump.yml

```
db_server:
- 192.168.10.7
web_server:
- 192.168.0.2
- 192.168.0.3
```

yaml.dump()

형식	yaml.dump(data, stream=None, Dumper=Dumper, **kwds)
설명	YAML 포맷으로 작성된 파일을 출력한다.
인수	• data – 출력 대상 데이터 • stream – 출력할 파일 객체를 지정한다.
반환값	stream이 None이면 문자열을 반환한다.

dump()에는 YAML 포맷과 관련된 인수를 지정할 수 있습니다. 대표적인 인수는 다음과 같습니다.

YAML 포맷 관련 인수

인수	설명
indent	리스트가 중첩되는 경우 등에 indent 스페이스 수를 수치로 지정한다.
explicit_start	True를 지정하면 맨 앞에 "---"가 포함된다. 기본값은 False.
default_flow_style	기본값 True에서는 YAML의 flow 스타일이 채택된다. False를 지정하면 블록 스타일이 된다.

제 8 장

JSON 다루기

공식 문서	https://docs.python.org/3.4/library/json.html

지금부터는 JSON 포맷 데이터를 다루는 기능을 제공하는 json에 대해 설명하겠습니다. JSON은 JavaScript Object Notation이라는 이름대로, JavaScript로 구조화된 데이터를 표현하기 위한 포맷입니다. 지금은 Web API의 입출력 포맷으로 널리 이용되고 있습니다. Twitter나 GitHub의 API도 JSON을 채택하고 있습니다.

또한, Web 애플리케이션의 입출력뿐만 아니라, 데이터베이스 상에 JSON 포맷으로 자료구조를 저장하는 방법으로도 이용하고 있습니다. PostgreSQL[3]은 버전 9.2부터 자료형에 JSON형이 추가되었습니다. MongoDB[4]처럼 JSON으로 자료구조를 표현하는 데이터 저장소도 있습니다.

JSON 인코딩과 디코딩

다음과 같이 JSON 인코드(encode)를 실시합니다.

JSON 인코딩

```
>>> import json
>>> data = [{'id': 123, 'entities': {'url': 'python.org', 'hashtags':
 ['#python', '#pythonkor']}}]
>>> print(json.dumps(data, indent=2))
```

3 http://www.postgresql.org

4 https://www.mongodb.org

```
[
  {
    "entities": {
      "url": "www.python.org",
      "hashtags": [
        "#python",
        "#pythonkor"
      ]
    },
    "id": 123
  }
]
```

json.dumps()

형식	json.dumps(obj, skipkeys=False, ensure_ascii=True, check_circular=True, allow_nan=True, cls=None, indent=None, separators=None, default=None, sort_keys=False, **kw)
설명	데이터를 JSON 포맷으로 인코딩한다.
인수	• obj – 인코딩 대상 객체 • indent – indent를 위한 스페이스 수를 지정한다. • sort_keys – True로 지정하면 키 값으로 정렬된다.
반환값	JSON 형식의 str 객체

다음과 같이 JSON 디코드(decode)를 실시합니다.

JSON 디코딩

```
>>> from decimal import Decimal
>>> json_str = '["ham", 1.0, {"a":false, "b" :null}]'
>>> json.loads(json_str)
['ham', 1.0, {'a': False, 'b': None}]
```

```
>>> json.loads(json_str, parse_float=Decimal)
['ham', Decimal('1.0'), {'a': False, 'b': None}]
```
부동소수점 수의 취급 지정

json.loads()

형식	json.loads(s, encoding=None, cls=None, object_hook=None, parse_float=None, parse_int=None, parse_constant=None, object_pairs_hook=None, **kw)
설명	데이터를 JSON 포맷에서 디코딩한다.
인수	• s – 디코딩 대상 객체 • parse_float – JSON에 포함된 부동소수점 수의 취급을 지정한다. • parse_int – JSON에 포함된 정수의 취급을 지정한다.
반환값	Python 객체

인코딩과 디코딩은 다음 변환표를 기반으로 이루어집니다.

인코딩과 디코딩 변환표

JSON	Python
객체	사전
배열	리스트
문자열	문자열
수치	수치
true	True
false	False
null	None

인코딩할 때 튜플은 리스트와 같게 취급됩니다.

`json.load()`

형식	json.load(fp, cls=None, object_hook=None, parse_float=None, parse_int=None, parse_constant=None, object_pairs_hook=None, **kw)
설명	파일 객체 중 JSON 데이터를 디코딩한다.
인수	• fp – 파일 객체를 지정한다. • parse_float – JSON에 포함된 부동소수점 수의 취급을 지정한다. • parse_int – JSON에 포함된 정수의 취급을 지정한다.
반환값	Python 객체

역시 인수 fp 이외의 사용법은 loads()와 같습니다.

Excel 다루기

버전	2.3.4
공식 문서	https://openpyxl.readthedocs.org/en/latest/
PyPI	https://pypi.python.org/pypi/openpyxl/
소스 코드	https://bitbucket.org/openpyxl/openpyxl/src

Python에서 Microsoft Excel 파일의 읽기나 쓰기 등을 실행하는 기능을 제공하는 openpyxl 패키지에 대해 살펴봅시다. openpyxl은 Microsoft Office 2007 이후의 xlsx/xlsm/xltx/xltm 포맷을 지원합니다. openpyxl을 사용하면 셀 값 읽어오기, 셀 병합, 차트 삽입 등 Excel의 일반적인 조작을 Python 코드로 처리할 수 있습니다.

openpyxl 설치

openpyxl은 다음과 같이 설치합니다.

openpyxl의 pip 설치

```
$ pip install openpyxl
```

엑셀 파일 읽어오기

openpyxl을 이용하여 엑셀 파일을 읽어옵시다. 다음 데이터가 기재된 엑셀 파일 sample.xlsx를 사용하겠습니다.

sample.xlsx

품목	재고
사과	2
귤	5
딸기	1
합계	=SUM(표1[재고])

sample.xlsx를 읽어와 셀 값을 취득합니다.

엑셀 파일 읽어오기와 셀 값 얻기

```
>>> import openpyxl
>>> wb = openpyxl.load_workbook('sample.xlsx')
>>> wb.get_sheet_names()  ← 시트 목록 얻기
['Sheet1', 'Sheet2']
>>> ws = wb.get_sheet_by_name('Sheet1')
>>> ws.max_column
2

>>> ws.max_row
5

>>> ws['A4'].value  ← 사전형처럼 접근 가능
'딸기'

>>> a2 = ws.cell('A2')  ← 셀 이름으로 셀을 지정
>>> a2.value
'사과'

>>> a3 = ws.cell(row=3, column=1)  ← row와 column으로 셀을 지정
>>> a3.value
'귤'
```

```
>>> b5 = ws.cell('B5')
>>> b5.value
'=SUM(표1[재고])'
```

openpyxl.load_workbook()

형식	openpyxl.load_workbook(filename, read_only=False, use_iterators=False, keep_vba=False, guess_types=False, data_only=False)
설명	엑셀 파일을 읽어온다.
인수	• filename – 읽어올 대상 엑셀 파일의 경로를 지정한다. • read_only – True를 지정하면 읽기 전용으로 읽어온다. 편집은 불가능하다. • data_only – True를 지정하면, 셀 값이 식일 때 계산 결과를 얻는다.
반환값	Workbook 객체

앞선 "엑셀 파일 읽어오기와 셀 값 얻기"에서는 load_workbook( ) 메서드의 data_only를 기본값 False로 실행했기 때문에, SUM 함수를 사용한 식 "=SUM(표1[재고])"를 얻었습니다. data_only를 True로 지정해 실행하면 SUM 함수의 계산 결과인 8이 값으로 얻어집니다.

get_sheet_names()

형식	get_sheet_names( )
설명	읽어온 엑셀 파일 안의 시트 이름 리스트를 얻는다.
반환값	시트 이름 리스트

get_sheet_by_name()

형식	get_sheet_by_name(name)
설명	엑셀 시트를 이름으로 지정하여 얻는다.
인수	• name – 시트를 지정한다.
반환값	Worksheet 객체

cell()

형식	cell(coordinate=None, row=None, column=None, value=None)
설명	셀 값을 얻는다.
인수	• coordinate – 셀을 A1, B2 등의 A1 참조 형식으로 지정한다. • row – 셀의 행 수를 지정한다. column과 함께 사용한다. 1행이 row=1. • column – 셀의 열 수를 지정한다. row와 함께 사용한다. 1열이 column=1.

cell() 메서드는 셀 값을 얻고자 사용합니다. coordinate 또는 row와 column 한 쌍을 지정하여 셀을 지정합니다. coordinate에 'A2'를 지정할 때와 row=2, column=1을 지정한 결과는 같습니다. row와 column을 사용할 때는 각각 맨 처음 행과 열이 0이 아닌 1이라는 것에 주의합시다.

셀 값을 순서대로 얻기

```
import openpyxl

wb = openpyxl.load_workbook('sample.xlsx', data_only=True)
ws = wb.get_active_sheet()

print('A1 -> A2 -> ... B1 -> B2의 순서로 값을 얻습니다.\n--------')
for row in ws.rows:
    for cell in row:
        print(cell.value)
```

```
print('\nA1 -> B1 -> A2 -> 의 순서로 값을 얻습니다.\n---------')
for column in ws.columns:
    for cell in column:
        print(cell.value)
```

앞선 코드 실행 결과는 다음과 같습니다.

"셀 값을 순서대로 얻기"의 실행 결과

```
A1 -> A2 -> ... B1 -> B2의 순서로 값을 얻습니다.
--------
품목
재고
사과
2
귤
5
딸기
1
합계
8

A1 -> B1 -> A2 -> 의 순서로 값을 얻습니다.
---------
품목
사과
귤
딸기
합계
재고
2
5
1
8
```

 엑셀 파일 쓰기

openpyxl을 이용하여 엑셀 파일 쓰기를 실행해봅시다.

엑셀 파일 쓰기

```
import openpyxl

wb = openpyxl.Workbook()

ws = wb.create_sheet(index=0, title='New Sheet')
ws['A1'] = 100

wb.save(filename='new_book.xlsx')
```

앞선 코드를 실행하면 현재 디렉터리에 new_book.xlsx가 저장됩니다.

new_book.xlsx의 시트 "New Sheet"의 셀 "A1"에 값 100이 입력되어 있습니다.

create_sheet()

형식	create_sheet(index=None, title=None)
설명	엑셀 파일 시트를 삽입한다.
인수	• index – 시트를 삽입할 위치를 지정한다. 0을 지정하면 가장 왼쪽에 삽입된다. • title – 시트 이름을 지정한다.
반환값	Worksheet 객체

save()

형식	save(filename)
설명	엑셀 파일을 저장한다.
인수	• filename – 저장하는 엑셀 파일 경로를 지정한다.
반환값	없음

시트에 차트를 삽입해 봅시다.

차트 삽입하기

```
import openpyxl
import random
from openpyxl.charts import Reference, Series, LineChart

wb = openpyxl.Workbook()
ws = wb.active

for i in range(10):
    ws.append([random.randint(1, 10)])

values = Reference(ws, min_row=1, min_col=1, max_row=10, max_col=1)
series = Series(values, title="Sample Chart")
chart = LineChart()
chart.append(series)
ws.add_chart(chart)

wb.save("sample_chart.xlsx")
```

앞선 코드를 실행하면, sample_chart.xlsx가 출력되며 시트 "Sheet"에 다음과 같은 꺾은 선 차트가 삽입됩니다.

차트

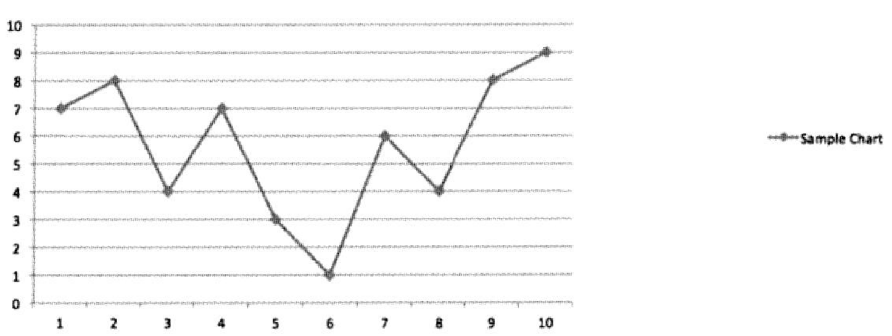

Python과 Excel

엑셀 데이터를 파이썬에서 다루는 패키지는 openpyxl 이외에도 여러 가지가 있습니다. Microsoft Office 2007보다 오래된 .xls 포맷을 지원하는 xlrd와 xlwt는 예전에 많이 사용했습니다. 데이터 분석용 패키지 pandas[5]에도 엑셀 데이터를 읽어오는 기능이 탑재되어 있습니다. 그 외에 엑셀 데이터 쓰기에 특화된 xlsxwriter, VBA를 대체하기 위한 강력한 기능의 xlwings[6] 등도 있습니다.

엑셀 조작 자동화나 효율화에 종종 VBA를 사용하는데, VBA는 용도가 한정되어 있습니다. 특히 엑셀의 처리만으로는 부족한 공정 자동화에 범용 프로그래밍 언어인 파이썬을 도입하는 것은 바람직한 시도라고 할 수 있겠습니다.

5 http://pandas.pydata.org

6 http://xlwings.org

8.6 Pillow

이미지 다루기

버전	2.9.0
공식 문서	http://pillow.readthedocs.org
PyPI	https://pypi.python.org/pypi/Pillow/
소스 코드	https://github.com/python-pillow/Pillow

여기에서는 이미지 데이터(JPEG나 PNG 등)를 다루는 기능을 제공하는 Pillow에 대해 설명하겠습니다. Pillow를 이용하면 이미지 축소와 확대, 색조 변경 등 다양한 이미지 편집이 가능합니다.

Python에서 이미지를 다루는 데는 PIL(Python Imaging Library)[7]이라는 패키지를 빼놓을 수 없습니다. 그러나 PIL은 2009년 기준으로 개발이 중단된 상태였습니다. 따라서 뜻이 있는 개발자들이 PIL을 Fork하여 Pillow라는 패키지 이름으로 배포하게 되었습니다. Pillow는 2013년부터 Python 3 계열도 지원하고 있으며, 이후로도 활발히 개발이 계속되고 있습니다.

Pillow 설치

Pillow는 다음과 같이 설치합니다.

Pillow의 pip 설치

```
$ pip install pillow
```

7 http://www.pythonware.com/products/pil/

Pillow를 import할 때에는 "import PIL"이라고 합니다. 처음에 설명했듯이 Pillow는 PIL의 Fork 프로젝트이므로, 소스 코드의 호환성 유지를 위하여 이 이름을 채택했습니다.

또한, Pillow는 libjpeg나 zlib 등의 라이브러리에 따라 다릅니다. 필요한 라이브러리가 설치되어 있지 않으면, 예를 들어 JPEG 이미지를 다룰 때 "OSError: encoder jpeg not available"이라는 오류가 발생할 수 있습니다. 라이브러리 인식 상태는 pip 설치 맨 마지막에 표시됩니다.

지원 상태 목록

```
*** TKINTER support not available
*** JPEG support not available
*** OPENJPEG (JPEG2000) support not available
--- ZLIB (PNG/ZIP) support available
*** LIBTIFF support not available
*** FREETYPE2 support not available
*** LITTLECMS2 support not available
*** WEBP support not available
*** WEBPMUX support not available
```

제 8 장

Ubuntu 14.10에서 이러한 라이브러리를 가져오는 예는 다음과 같습니다.

Pillow 라이브러리 설치 예

```
sudo apt-get install libz-dev libjpeg-dev libfreetype6-dev
```

 이미지 크기 변경 및 회전

다음과 같은 화면 이미지를 변경하고 회전해봅시다.

편집 전 이미지

가로 400px × 세로 400px, 약 27KB의 JPEG 형식의 이미지 "sample1.jpg"를 편집합니다.

이미지 크기 변경 및 회전

```
from PIL import Image

# 이미지 불러오기
img = Image.open('sample1.jpg')

# 200px × 200px로 크기 변경
resized_img = img.resize((200, 200))

# 시계방향으로 90도 회전
rotated_img = resized_img.rotate(90)

rotated_img.save('processed_sample1.jpg', quality=100)
```

앞선 코드로 출력한 이미지(가로 200px × 세로 200px, 약 10KB)는 다음과 같습니다.

편집 후 이미지

또한, 다음과 같이 JPEG가 아닌 형식으로 저장할 수 있습니다.

다양한 이미지 형식으로 저장하기

```
resize_img.save('processed_sample1.png', format='PNG', compress_level=1)

# 인수 format을 생략하면 파일 이름 확장자로 자동 판별한다
resize_img.save('processed_sample1.png', compress_level=1)
resize_img.save('processed_sample1.gif')
resize_img.save('processed_sample1.bmp')
```

Image.open()

형식	Image.open(file_path, mode='r')
설명	이미지 파일을 연다.
인수	• file_path – 이미지 파일 경로를 지정한다. • mode – 모드를 지정하는 인수지만, 'r' 이외는 사용할 수 없다.
반환값	이미지 객체

Image 모듈에는 신규 이미지를 생성하는 new()도 있습니다. 그러나 실제로는 기존 이미지를 여는 open() 메서드를 사용하는 경우가 많습니다.

Image.resize()

형식	Image.resize(size, resample=0)
설명	이미지 크기를 변경한다.
인수	• size – 변경 후 크기(픽셀)를 (width, height) 튜플로 지정한다. • resample – 리샘플링 필터를 지정한다.
반환값	이미지 객체

resample에 지정할 수 있는 리샘플링 필터로는 PIL.Image.NEAREST(최근접법), PIL.Image.BILINEAR(바이리니어법), PIL.Image.BICUBIC(바이큐빅법), PIL.Image.LANCZOS(란초스법)가 있습니다. 일반적으로 란초스 또는 바이큐빅 리샘플링이 완성도가 좋은 것으로 알려졌습니다. 처리 속도가 요구될 때는 비용 대비 효과가 좋은 바이리니어법도 좋습니다.

Image.rotate()

형식	Image.rotate(angle, resample=0, expand=0)
설명	이미지를 회전한다.
인수	• angle – 시계방향으로 회전할 각도를 지정한다.
반환값	이미지 객체

resample의 사용법은 resize() 메서드와 같습니다.

Image.save()

형식	Image.save(file_path, format=None, **params)
설명	이미지를 저장한다.
인수	• file_path – 이미지를 저장할 파일 경로를 지정한다. • format – 저장할 이미지 포맷을 지정한다. 생략하면 file_path 확장자로부터 자동으로 판별한다. • **params – 이미지 포맷별로 다른 옵션을 지정하는 인수.

format에는 JPEG, JPEG200, PNG, BMP 등을 지정할 수 있습니다. 이미지 포맷에 따라 **params로 지정할 수 있는 옵션이 결정됩니다. JPEG의 경우 quality 값을 100보다 작게 하면 이미지 품질이 떨어지는 대신 압축률이 높아져 이미지의 크기를 줄일 수 있습니다. 프로그레시브 JPEG를 생성하는 옵션 progressive도 있습니다. PNG의 경우, 압축 레벨을 0~9 사이로 지정하는 compress_level과 투명도를 지정하는 transparency 등이 있습니다. 이미지 포맷별로 많은 옵션이 있으므로, 자세한 내용은 공식 문서 "Image file formats" 페이지[8]를 참고하기 바랍니다.

텍스트 넣기

이미지에 텍스트를 넣어봅시다.

텍스트 넣기

```
from PIL import Image, ImageDraw, ImageFont

img = Image.open('processed_sample1.jpg')
draw = ImageDraw.Draw(img)

# 폰트 종류와 크기를 지정
font = ImageFont.truetype('~/Library/Fonts/gulim.ttc', 22)

# 텍스트 넣기
draw.text((63, 7), 'Python!', font=font, fill='#000')

img.save('drew_text.png', format='PNG')
```

앞선 코드를 실행하면 다음 이미지가 출력됩니다.

8 http://pillow.readthedocs.org/handbook/image-file-formats.html

텍스트를 넣은 이미지

이미지 위에 텍스트 "Python!"이 삽입되었습니다.

`ImageFont.truetype()`

형식	ImageFont.truetype(font=None, size=10, index=0, encoding='', filename=None)
설명	TrueType 형식의 폰트를 읽어와 폰트 객체를 생성한다.
인수	• font – 폰트 파일을 지정한다. • size – 폰트 크기를 지정한다. • index – 지정한 폰트 파일에 여러 개의 폰트가 포함된 경우, ttc 번호를 지정한다. • filename – 사용하지 않음.
반환값	폰트 객체

truetype() 메서드는 TrueType 형식 폰트를 읽어와 폰트 객체를 생성합니다. 인수 index에는 ttc 번호를 지정합니다. 예를 들어, msgothic.ttc에는 "MS 고딕"과 그 professional 폰트 "MS P 고딕"이 포함되어 있으며 ttc 번호는 각각 0, 1입니다.

ImageFont 모듈에는 비트맵 형식의 폰트를 읽어오는 load() 메서드도 있습니다. 한국어 텍스트를 삽입할 때는 한국어가 포함된 폰트를 지정해야 합니다.

`ImageDraw.Draw.text()`

형식	ImageDraw.Draw.text(xy, text, fill=None, font=None, anchor=None)
설명	이미지에 텍스트를 삽입한다.
인수	• xy – 텍스트를 삽입할 좌표 (x, y)를 튜플로 지정한다. • text – 이미지에 삽입할 텍스트. • fill – 텍스트의 색상을 지정한다. • font – 폰트 객체를 지정한다.

텍스트 색상 지정 방법 예는 다음과 같습니다.

- RGB 16진수를 문자열로 지정 – `fill='#FF0000'`
- RGB 10진수를 튜플로 지정 – `fill=(255, 0, 0)`
- 색상 이름을 지정 – `fill='red'`

제8장

인터넷상의 데이터 다루기

이번 장에서 소개할 것은 소프트웨어를 인터넷과 연결해주는 입구 역할을 하는 라이브러리들입니다. 그중에서도 중심이 되는 HTTP를 자유자재로 다루는 것은 인터넷상의 방대한 데이터를 활용하기 위한 기본입니다. 꼭 사용법을 익혀서 다음 단계로 나아가도록 합시다.

URL 해석하기

공식 문서	https://docs.python.org/3.4/library/urllib.parse.html

여기에서는 URL과 쿼리 문자열을 해석하여 구성 요소를 분해하거나 결합하는 기능을 제공하는 urllib.parse를 설명하겠습니다. urllib.parse 모듈은 Python 2에서는 urlparse라는 독립된 모듈이었으나, Python 3부터 urllib.parse가 되었습니다.

URL 해석하기 – urlparse()

urlparse()를 사용하면 URL을 구성 요소로 분해할 수 있습니다.

urlparse()

형식	urlparse(urlstring, scheme='', allow_fragments=True)
설명	URL을 해석하여 결과를 반환한다.
인수	• urlstring – 해석 대상 URL을 지정한다. • scheme – URL 스키마를 지정한다. 주어진 URL에 스키마가 포함되어 있지 않을 때만 유효하다. • allow_fragments – fragment 식별자를 해석할지 여부를 지정한다.
반환값	urllib.parse.ParseResult 클래스 인스턴스

URL 해석하기

```
>>> from urllib import parse
>>> result = parse.urlparse('https://www.python.org/doc/;parameter?q=example#hoge')
>>> result ——— parse 결과, ParseResult 클래스 인스턴스를 반환
ParseResult(scheme='https', netloc='www.python.org', path='/doc/',
params='parameter', query='q=example', fragment='hoge')
```

```
>>> result.geturl()  # parse 결과로부터 URL을 취득
'https://www.python.org/doc/;parameter?q=example#hoge'

>>> result.scheme  # 튜플 요소에 이름으로 접근함
'https'

>>> result[0]  # 튜플 요소에 인덱스로 접근함
'https'

>>> result.hostname  # 튜플 요소 이외에도 몇 개의 속성을 가짐
'www.python.org'
```

해석 결과인 ParseResult는 튜플의 서브클래스입니다. 튜플과 마찬가지로 언패킹하거나 슬라이스를 사용하여 요소에 접근할 수 있습니다. 튜플로서 가지는 요소와 그 외 인스턴스 속성을 다음 표에 정리하였습니다. 이 속성은 URL 중에 존재하지 않으면 None을 반환합니다.

표에는 튜플의 각 요소가 URL "scheme://username:password@netloc:port/path;params?query#fragment"의 어떤 부분에 대응하는지도 적어 두었습니다.

ParseResult의 속성

속성	값	URL 대응 부분
scheme	URL 스키마(http, https 등)	scheme
netloc	네트워크상의 위치	username:password@netloc:port
path	경로 계층	/path
params	URL 인수(; 뒤의 문자열)	;params
query	쿼리 문자열(?hoge=hoge&fuga=fuga)	?query
fragment	fragment 식별자(# 뒤 문자열)	#fragment
username	사용자 이름	username

속성	값	URL 대응 부분
password	패스워드	password
hostname	호스트 이름	netloc
port	포트 번호	port(실제로는 수치)

쿼리 문자열 해석하기 – parse_qs()

parse_qs()는 쿼리 문자열을 해석하여 Python 자료구조로 변환합니다.

parse_qs()

형식	parse_qs(qs, keep_blank_values=False, strict_parsing=False, encoding='utf-8', errors='replace')
설명	인수 qs에 지정된 쿼리 문자열을 해석한다.
인수	• qs – 쿼리 문자열을 지정한다. • keep_blank_values – 빈 값이 있는 쌍이 쿼리 문자열에 포함된 경우, 이 인수가 False이면 해석 결과에서 제외된다. • strict_parsing – False이면, parse 처리 중 오류를 무시한다. • encoding – Unicode로 디코딩할 때의 문자 코드를 지정한다. • errors – Unicode로 디코딩할 때의 동작을 지정한다.
반환값	dict

이 함수는 해석한 결과를 사전으로 반환하지만, parse_qsl()을 사용하면 각각의 쌍이 하나의 튜플을 이루는 리스트로 받을 수도 있습니다. parse_qsl()의 인수는 parse_qs()와 같습니다.

쿼리 문자열 해석하기

```
>>> result = parse.urlparse('https://www.google.co.kr/search?q=python&oq
=python&sourceid=chrome&ie=UTF-8')

>>> result.query
'q=python&oq=python&sourceid=chrome&ie=UTF-8'

>>> parse.parse_qs(result.query)  ── parse 결과를 사전으로 받고 싶으면 parse_qs를 사용
{'oq': ['python'], 'q': ['python'], 'ie': ['UTF-8'], 'sourceid': ['chrome']}

>>> parse.parse_qs('key=1&key=2')  ── 하나의 키에 대한 값이 여럿일 때
{'key': ['1', '2']}

>>> parse.parse_qsl(result.query)  ── parse 결과를 튜플 리스트로 받고 싶으면 parse_qsl을 사용
[('q', 'python'), ('oq', 'python'), ('sourceid', 'chrome'), ('ie', 'UTF-8')]

>>> parse.parse_qsl('key=1&key=2')  ── 하나의 키에 대한 값이 여럿일 때, parse_qs와는 달리 두 개의 튜플이 됨
[('key', '1'), ('key', '2')]
```

다음은 인수 keep_blank_values가 False일 때(기본값)와 True일 때의 동작 차이입니다.

인수 keep_blank_values에 따른 동작 차이

```
>>> parse.parse_qs('key1=&key2=hoge')  ── 기본으로 key1은 값이 없으므로 무시된다
{'key2': ['hoge']}

>>> parse.parse_qs('key1=&key2=hoge', keep_blank_values=True)
  └── 인수를 True로 지정하면 빈 문자로 취급된다
{'key2': ['hoge'], 'key1': ['']}
```

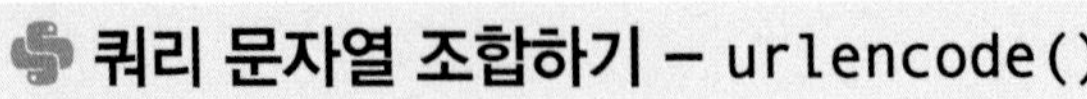

urlencode( )는 Python의 자료구조로부터 application/x-www-form-urlencoded와 같은 폼 데이터나 URL 쿼리 문자열로 사용할 수 있는 문자열을 조합합니다.

urlencode()

형식	urlencode(query, doseq=False, safe='', encoding=None, errors=None)
설명	Python
인수	• query – 쿼리를 나타낼 자료구조를 지정한다. • doseq – True를 지정하면, 각 쌍의 값 요소에 시퀀스를 주었을 때 올바르게 해석된다. False일 때는 문자열로 해석된다. • encoding – Unicode로 디코딩할 때의 문자 코드를 지정한다. • errors – Unicode로 디코딩할 때의 동작을 지정한다.
반환값	str

인수 query에는 사전 등의 매핑형 객체 또는 두 요소로 된 튜플 리스트를 넘길 수 있습니다. 사전일 때, 쿼리 문자열의 조합 순서는 보장되지 않습니다.

쿼리 문자열 조합하기

```
>>> parse.urlencode({'key1': 1, 'key2': 2, 'key3': '파이썬'})
'key2=2&key1=1&key3=%ED%8C%8C%EC%9D%B4%EC%8D%AC'

>>> parse.urlencode([('key1', 1), ('key2', 2), ('key3', '파이썬')])
'key1=1&key2=2&key3=%ED%8C%8C%EC%9D%B4%EC%8D%AC'
```

다음은 인수 doseq 값에 따른 동작의 예입니다.

인수 doseq에 따른 동작 차이

```
>>> query = {'key1': 'hoge', 'key2': ['fuga', 'piyo']}    key2의 값이 시퀀스인 자료구조
>>> parse.urlencode(query)    기본으로 doseq는 False
'key2=%5B%27fuga%27%2C+%27piyo%27%5D&key1=hoge'
    시퀀스 ['fuga', 'piyo']는 문자열로 평가됨
>>> parse.urlencode(query, doseq=True)    doseq에 True를 지정
'key2=fuga&key2=piyo&key1=hoge'    하나의 키에 여러 개의 값이 존재하는 것으로 해석됨
```

URL 열기

공식 문서	https://docs.python.org/3.4/library/urllib.request.html

여기에서는 URL을 열기 위한 인터페이스를 제공하는 urllib.request에 대해서 설명하겠습니다. Python 2의 urllib2 모듈이 Python 3에서는 urllib 패키지가 되었습니다. 또한, urllib2의 기능은 urllib.request와 urllib.error 두 모듈로 정리되었습니다.

그리고 urllib.request는 표준 라이브러리이므로 여기서도 설명하고 있으나, 공식 문서에서는 같은 용도로 더 편리한 서드파티 패키지인 requests의 이용을 권장하고 있습니다. requests에 대해서는 "9.3 인간친화적인 HTTP 클라이언트 – requests"에서 설명하겠습니다.

지정한 URL 열기

urllib.request 모듈로 URL을 열기 위한 대표적인 인터페이스는 urlopen()입니다.

urlopen()

형식	urlopen(url, data=None, [timeout,]*, cafile=None, capath=None, cadefault=False, context=None)
설명	URL을 열어 콘텐츠를 취득한다.
인수	• url – URL을 지정한다. Request 클래스의 인스턴스를 전달할 수도 있다. • data – URL에 POST할 데이터를 bytes 객체로 지정한다. • timeout – 타임아웃 시간을 지정한다. • cafile – HTTPS 요청을 위한 증명서 파일 경로를 지정한다. • capath – HTTPS 요청을 위한 증명서 파일이 저장된 디렉터리 경로를 지정한다. • cadefault – 사용하지 않는 인수 • context – ssl.SSLContext 클래스의 인스턴스를 지정한다.
반환값	http.client.HTTPResponse

다음은 HTTP 메서드별 urlopen() 호출 방법을 정리한 것입니다.

HTTP 메서드별 urlopen() 호출

형식	설명
GET	urlopen(url=〈url〉) 또는 urlopen(url=Request(url=〈url〉))
POST	urlopen(url=〈url〉, data=〈data〉) 또는 urlopen(url=Request(url=〈url〉, data=〈data〉))
HEAD	urlopen(url=Request(url=〈url〉, method='HEAD'))
PATCH	urlopen(url=Request(url=〈url〉, data=〈data〉, method='PATCH'))
PUT	urlopen(url=Request(url=〈url〉, data=〈data〉, method='PUT'))
DELETE	urlopen(url=Request(url=〈url〉, method='DELETE'))
OPTIONS	urlopen(url=Request(url=〈url〉, method='OPTIONS'))

urlopen( )에는 HTTP 메서드를 지정하는 인수가 존재하지 않습니다. GET 메서드와 POST 메서드만이 직접 URL과 데이터를 전달해 요청할 수 있으나, 그 외의 HTTP 메서드를 사용해 요청할 때는 HTTP 요청을 추상화한 urllib.request.Request 클래스 인스턴스를 지정해야 합니다.

GET 요청하기

URL을 열려면 urlopen( )에 문자열로 URL을 지정하기만 하면 됩니다. 문자열 대신에 뒤에서 설명할 Request 클래스의 인스턴스를 전달할 수도 있습니다.

GET 메서드 사용 예

```
>>> from urllib import request
>>> res = request.urlopen('http://httpbin.org/get')
>>> res.code
200
```

```
>>> res.read()
b'{\n "args": {}, \n "headers": {\n "Accept-Encoding": "identity",
\n "Host": "httpbin.org", \n "User-Agent": "Python-urllib/3.4"\n },
\n "origin": "219.166.46.195", \n "url": "http://httpbin.org/get"\n}\n'
```

반환값은 응답 정보를 저장한 객체로서 file-like 객체이기 때문에, read( ) 등의 메서드로 데이터를 읽어올 수 있습니다. 반환값은 http.client.HTTPResponse 클래스의 인스턴스입니다.

urlopen( )에는 GET할 때 매개변수를 전달하는 특별한 인터페이스는 준비되어 있지 않습니다. 인수 문자열을 URL의 일부로서 요청해야 합니다.

매개변수를 붙여 요청하기

```
>>> res = request.urlopen('http://httpbin.org/get?key1=value1')
```

이 책에서 소개하는 urllib.parse 모듈의 urlencode( ) 등을 사용하면 사전이나 튜플로부터 안전하게 매개변수 문자열을 조합할 수 있습니다. 자세한 내용은 "9.1 URL 해석하기 – urllib.parse"를 참고하기 바랍니다.

사용자 정의 헤더 설정

요청할 때 사용자 정의 헤더를 설정하려면 urllib.request.Request 클래스의 생성자로 사전을 넘겨줍니다.

사용자 정의 헤더 설정하기

```
>>> headers = {'Accept': 'application/json'}
>>> request.Request('http://httpbin.org/get', headers=headers)
```

POST 요청하기

urlopen()에 두 번째 인수 data를 전달하여 첫 번째 인수 URL 데이터를 POST할 수 있습니다. 인수 data에는 bytes형의 데이터를 전달해야 하므로, 다음 샘플 코드에서는 문자열을 .encode()를 사용하여 변환하고 있습니다.

POST 메서드 사용 예

```
>>> data = 'key1=value1&key2=value2'
>>> res = request.urlopen('http://httpbin.org/post', data=data.encode())
>>> res.code
200
```

application/x-www-form-urlencoded 형식의 인수를 data에 전달할 때에도 GET 메서드에서 소개한 urllib.parse 모듈을 이용할 수 있습니다.

GET, POST 이외의 HTTP 메서드 다루기

GET, POST 이외의 HTTP 메서드로 요청하기 위해서는 urllib.request.Request 클래스를 사용합니다. Request 클래스의 생성자로 HTTP 메서드를 전달할 수 있습니다.

자주 사용하는 인수는 다음과 같습니다.

urllib.request.Request 클래스

형식	class urllib.request.Request(url, data=None, headers={}, origin_req_host=None, unverifiable=False, method=None)
인수	• url – URL을 지정한다. • data – URL에 POST할 데이터를 bytes 객체로 지정한다. • headers – HTTP 헤더를 사전 형식으로 지정한다. • method – HTTP 메서드를 지정한다.

제 9 장

Request 객체를 urlopen()의 첫 번째 인수로 전달하면 임의의 HTTP 메서드를 사용하여 URL을 열 수 있습니다. 다음은 HEAD 메서드로 지정된 URL을 요청하는 샘플 코드입니다.

HEAD 메서드를 사용하는 샘플 코드

```
>>> req = request.Request('http://httpbin.org/get', method='HEAD')
    └─ HEAD 메서드를 사용하여 요청 작성
>>> res = request.urlopen(req)
>>> res.code
200

>>> res.read() ─── HEAD 메서드이므로 응답 본문(body)은 비어 있음
b''
```

HTTP 클라이언트 테스트에 편리한 서비스 – httpbin

이 책의 urllib.request 모듈 및 requests 모듈의 코드 샘플에서는 요청 위치로 http://httpbin.org/라는 URL을 지정하고 있습니다. 이 URL에서는 httpbin이라는 서비스가 제공됩니다. httpbin에는 다양한 시나리오를 바탕으로 HTTP 응답을 반환하는 엔드 포인트(end point)가 준비되어 있기 때문에, HTTP 클라이언트 라이브러리 등의 테스트에 아주 편리하게 사용할 수 있습니다. 구체적으로 어떠한 엔드 포인트가 존재하는지는 실제로 서비스에 접속하여 확인해 보시기 바랍니다.

또한, httpbin은 Python 패키지로도 제공되고 있습니다.[1] 따라서 로컬 머신 등 임의의 PC 상에서 간단하게 호스트할 수 있습니다.

1 https://pypi.python.org/pypi/httpbin

인간친화적인 HTTP 클라이언트

버전	2.7.0
공식 문서	http://requests.readthedocs.org/en/latest/
PyPI	https://pypi.python.org/pypi/requests
소스 코드	https://github.com/kennethreitz/requests

여기에서는 인간친화적인 HTTP 클라이언트 기능을 제공하는 requests 패키지에 대해 설명하겠습니다. "9.2 URL 열기 – urllib.request"에서 설명한 urllib.request와 마찬가지로 URL 열기나 GET, POST 요청 등을 수행합니다.

requests 설치

requests는 다음과 같이 설치합니다.

requests의 pip 설치

```
$ pip install requests
```

지정한 URL 열기

HTTP 메서드마다 대응하는 인터페이스가 준비되어 있으며 매우 직관적입니다(다음 목록에서 인수는 생략하였습니다).

HTTP 메서드별 대응 인터페이스

HTTP 메서드	대응 인터페이스
GET	requests.get( )
HEAD	requests.head( )
POST	requests.post( )
PATCH	requests.patch( )
PUT	requests.put( )
DELETE	requests.delete( )
OPTIONS	requests.options( )

GET 요청하기

GET 메서드로 요청할 때에는 requests.get()을 사용합니다.

GET 요청하기

```
>>> r = requests.get('http://httpbin.org/get')
>>> r
<Response [200]>

>>> r.text
'{\n "args": {}, \n "headers": {\n "Accept": "*/*", \n
"Accept-Encoding": "gzip, deflate", \n "Host": "httpbin.org", \n
"User-Agent": "python-requests/2.7.0 CPython/3.4.3 Linux/
3.13.0-48-generic"\n }, \n "origin": "219.166.46.195", \n "url":
"http://httpbin.org/get"\n}\n'
```

매개변수를 붙여 GET 요청을 보내고 싶을 때는 params 인수에 문자열 또는 사전을 지정합니다.

매개변수를 붙여 GET 요청하기

```
>>> r = requests.get('http://httpbin.org/get', params='example')
>>> r.url
'http://httpbin.org/get?example'
>>> r = requests.get('http://httpbin.org/get', params={'key': 'value'})
>>> r.url
'http://httpbin.org/get?key=value'
```

문자열을 지정하면 단순히 해당 문자열을 매개변수로 취급합니다. 사전을 지정하면 key1=value1&key2=value2와 같이 키와 값의 세트를 문자열로 조합한 것을 매개변수로 취급합니다.

사용자 정의 헤더 설정

요청할 때 추가 HTTP 헤더를 지정하려면, headers 인수로 사전을 전달합니다.

HTTP 헤더 지정하기

```
>>> headers = {'Accept': 'application/json'}
>>> r = requests.get('http://httpbin.org/get', headers=headers)
```

이 인터페이스는 GET뿐만 아니라 모든 HTTP 공통입니다.

응답 객체

requests는 요청 처리에 대하여 requests.models.Response 객체를 반환합니다. 이 객체의 대표적인 속성은 다음과 같습니다.

requests.models.Response 객체의 대표적인 속성

속성	설명
Response.request	요청 정보를 지닌 객체.
Response.url	요청한 URL 문자열.
Response.cookie	응답에 포함되는 Cookie 정보를 지닌 객체.
Response.headers	사전 형식의 응답 헤더.
Response.status_code	응답의 HTTP 상태 코드.
Response.ok	응답의 HTTP 상태 코드가 정상이면 True를, 그렇지 않으면 False를 반환한다.
Response.text	문자열로 인코딩 완료된 응답 본문.
Response.iter_lines()	응답 본문을 한 줄씩 반환하는 반복자를 반환한다. 문자열이 아닌 바이트열로 반환한다.
Response.json()	응답 본문을 JSON 포맷으로 해석하고 사전으로 변환하여 반환한다.

응답 객체는 bool로 평가되면 .ok를 반환하므로, 응답이 오류 상태 코드를 반환하지 않는다는 것을 다음과 같이 판정할 수 있습니다.

응답의 상태 코드 판정

```
if requests.head(some_url):
    ...
else:    # 상태 코드가 오류(4XX, 5XX)일 때
    ...
```

Web API 등 응답 포맷이 JSON이면, .json() 메서드를 써서 사전으로 변환할 수 있습니다.

.json()으로 JSON 포맷에서 사전으로 변환

```
>>> r.headers['content-type']
'application/json'
```

```
>>> r.json()
{'origin': '219.166.46.195', 'url': 'http://httpbin.org/get', 'args':
{}, 'headers': {'Accept-Encoding': 'gzip, deflate', 'Host': 'httpbin.
org', 'Accept': '*/*', 'User-Agent': 'python-requests/2.7.0 CPython/
3.4.3 Linux/3.13.0-48-generic'}}
```

POST 요청하기

POST 메서드로 요청할 때는 requests.post()를 사용합니다.

POST 요청하기

```
>>> payload = {'hoge': 'fuga'}
>>> r = requests.post('http://httpbin.org/post', data=payload)
>>> r.request.body
'hoge=fuga'
```

data 인수에 사전을 지정하면, application/x-www-form-urlencoded 형식의 인수로 변환됩니다. 사전 외의 문자열이나 file-like 객체를 지정할 수도 있습니다.

제9장

9.4 base64

Base16, Base64 등으로 인코딩

공식 문서	https://docs.python.org/3.4/library/base64.html

지금부터는 Base64로 인코딩과 디코딩하는 모듈인 base64 모듈을 살펴보겠습니다. base64 모듈에서는 다음과 같은 인코딩 방식을 다룰 수 있습니다.

- Base16
- Base32
- Base64
- Base85

이들 인코딩 방식은 알파벳과 숫자 등 취급할 수 있는 문자 종류가 한정된 환경에서 그 외의 문자(예를 들면 멀티바이트 문자나 이진 데이터)를 사용하기 위한 것입니다.

이 중에서 가장 널리 쓰이는 Base64는 주로 Basic 인증이나 이메일 등에서 이용하고 있습니다.

Base64로 인코딩

문자열을 Base64로 인코딩하려면 바이트 문자열을 b64encode()에 넘겨줍니다.

base64 인코딩

```
>>> import base64
>>> s = 'Python은 간단히 습득할 수 있으며 이와 동시에 강력한 언어 중의 하나입니다.'
>>> base64.b64encode(s)    문자열을 전달하면 오류
Traceback (most recent call last):
  File "<stdin>", line 1, in <module>
  File "/usr/lib/python3.4/base64.py", line 62, in b64encode
    encoded = binascii.b2a_base64(s)[:-1]
TypeError: 'str' does not support the buffer interface

>>> s.encode()
b'Python\xec\x9d\x80\xea\xb0\x84\xeb\x8b\xa8\xed\x9e\x88\xec\x8a\xb5\xeb\x93\x9d
\xed\x95\xa0\xec\x88\x98\xec\x9e\x88\xec\x9c\xbc\xeb\xa9\xb0\xec\x9d\xb4\xec\x99\x80
\xeb\x8f\x99\xec\x8b\x9c\xec\x97\x90\xea\xb0\x95\xeb\xa0\xa5\xed\x95\x9c\xec\x96\xb8
\xec\x96\xb4\xec\xa4\x91\xec\x9d\x98\xed\x95\x98\xeb\x82\x98\xec\x9e\x85\xeb\x8b\x88
\xeb\x8b\xa4.'

>>> base64.b64encode(s.encode())    바이트 문자열로 인코딩하여 넘김
b'UHl0aG9u7J2AIOqwhOuLq02eiCDsirXrk53tlaAg7IiYIOyei0ycv0upsCDsnbTsmYAg64+Z7Iuc7JeQIO
qwleugpe2VnCDslrjslrQg7KSR7J2YIO2VmOuCmOyeheuLiOuLpC4='

>>> base64.b64encode(s.encode(), altchars=b'@*')
b'UHl0aG9u7J2AIOqwhOuLq02eiCDsirXrk53tlaAg7IiYIOyei0ycv0upsCDsnbTsmYAg64@Z7Iuc7JeQIO
qwleugpe2VnCDslrjslrQg7KSR7J2YIO2VmOuCmOyeheuLiOuLpC4='
```

앞선 예에서는 altchars 인수에 치환할 문자열을 지정함으로써, 인코딩 결과에 포함되는 +를 @로, /를 *로 치환하도록 했습니다.

base64 모듈은 base64.b64encode( )와는 문자열 치환 동작이 다른 함수도 제공합니다. urlsafe_b64encode( )는 URL의 일부로 안전히 이용할 수 있는 알파벳만을 사용한 인코딩 결과를 반환합니다.

b64decode()를 사용하여 Base64로 인코딩된 바이트 문자열을 디코딩할 수 있습니다.

base64 디코딩

```
>>> s = b'UHl0aG9u7J2AIOqwhOuLq02eiCDsirXrk53tlaAg7IiYIOyeiOycvOupsCDsnbTsmYAg64+Z7I
uc7JeQIOqwleugpe2VnCDslrjslrQg7KSR7J2YIO2VmOuCmOyeheuLiOuLpC4='

>>> base64.b64decode(s)
b'Python\xec\x9d\x80\xea\xb0\x84\xeb\x8b\xa8\xed\x9e\x88\xec\x8a\xb5\xeb\x93\x9d
\xed\x95\xa0\xec\x88\x98\xec\x9e\x88\xec\x9c\xbc\xeb\xa9\xb0\xec\x9d\xb4\xec\x99
\x80\xeb\x8f\x99\xec\x8b\x9c\xec\x97\x90\xea\xb0\x95\xeb\xa0\xa5\xed\x95\x9c\xec
\x96\xb8\xec\x96\xb4\xec\xa4\x91\xec\x9d\x98\xed\x95\x98\xeb\x82\x98\xec\x9e\x85
\xeb\x8b\x88\xeb\x8b\xa4.'

>>> base64.b64decode(s).decode()
'Python은 간단히 습득할 수 있으며 이와 동시에 강력한 언어 중의 하나입니다.'
```

인코딩과 마찬가지로 urlsafe_b64decode()가 있습니다. 인코딩 방법에 따라 적절한 방법으로 디코딩을 실행합시다.

이메일 데이터 다루기

공식 문서	https://docs.python.org/3.4/library/email.html

여기에서는 이메일 메시지나 헤더 해석과 작성을 위한 기능을 제공하는 email에 대해서 설명하겠습니다. 이메일에는 텍스트 외에도 이미지나 첨부 파일 등의 다양한 데이터가 포함됩니다. 이는 MIME(Multipurpose Internet Mail Extensions)라는 사양에 의해 구현되지만, MIME 형식의 데이터는 복잡합니다. email 모듈을 사용하면 MIME 형식의 데이터를 해석하고 생성할 수 있습니다. email 모듈에는 여러 서브 모듈이 있지만, 여기서는 다음 모듈에 대해 살펴보겠습니다.

- 이메일 메시지 해석 – email.parser
- 메시지 데이터 관리 – email.message
- MIME 형식의 이메일 작성 – email.mime

이메일 해석하기 – email.parser

email.parser 모듈은 이메일의 메시지를 해석합니다.

Parser()

형식	Parser(_class=email.message.Message, *, policy=policy.compat32)
설명	메일을 해석하기 위한 parser를 생성하는 생성자

Parser에는 다음 두 종류의 해석용 메서드가 존재합니다.

Parser 객체의 메서드

함수 이름	설명	반환값
parse(fp, headersonly=False)	파일 기술자로 지정된 파일의 내용을 해석한다. headersonly를 True로 지정하면 메일의 헤더 부분만을 해석한다.	email.message.Message
parsestr(text, headersonly=False)	지정된 텍스트를 해석한다.	email.message.Message

비슷한 클래스와 메서드로는 입력으로 바이트열을 넘기는 BytesParser가 있습니다. BytesParser의 메서드는 parse( )와 parsebytes( ) 두 종류가 있습니다. 사용법은 같습니다.

또한, 이러한 네 종류의 해석 방법에는 email 패키지로부터 직접 호출할 수 있는 네 개의 메서드가 있습니다.

- email.message_from_string(s): Parser().parsestr(s)에 해당
- email.message_from_bytes(s): BytesParser.parsebytes(s)에 해당
- email.message_from_file(fp): Parser().parse(fp)에 해당
- email.message_from_binary_file(fp): BytesParser().parse(fp)에 해당

다음과 같은 내용의 email.txt를 생성하여 해석해봅시다.

email.txt

```
From: takanory@example.com
Subject: test email

This is test.
```

다음 코드는 email.txt를 해석하는 모습입니다.

email.parser 샘플 코드

```
>>> import email
>>> import email.parser
>>> parser = email.parser.Parser()  ── Parser 생성
>>> with open('email.txt') as f:
...     m = parser.parse(f)  ── 파일 내용을 해석
...     type(m)
...     m.items()  ── 헤더 취득
...
<class 'email.message.Message'>
[('From', 'takanory@example.com'), ('Subject', 'test email')]

>>> with open('email.txt') as f:
...     s = f.read()
...     m = email.message_from_string(s)  ── 문자열을 해석
...     m.items()
...
[('From', 'takanory@example.com'), ('Subject', 'test email')]
```

메시지 데이터 관리하기 – email.message

email.message 모듈은 메일의 데이터를 관리하는 클래스를 제공합니다. 메일을 표시하는 객체 email.message.Message는 보통 email.parser나 email.mime로 생성합니다.

Message 객체의 메서드

함수 이름	설명	반환값
as_string()	메시지 전체를 문자열로 반환한다.	str
as_bytes()	메시지 전체를 바이트열로 반환한다.	bytes
is_multipart()	메일이 멀티파트(여러 가지 데이터를 포함)일 때 True를 반환한다.	MIME

함수 이름	설명	반환값
get_payload(i=None, decode=False)	메시지의 페이로드를 구한다. 멀티파트일 때는 Message 객체의 리스트를 반환한다. 또한, i에 수치를 지정하면 지정된 위치의 페이로드를 반환한다.	Message 또는 str
keys()	헤더의 필드 이름을 리스트로 반환한다.	list
items()	헤더의 필드 이름과 값을 튜플 리스트로 반환한다.	list
get(name, failobj=None)	name으로 지정된 헤더 값을 구한다. 존재하지 않으면 failobj로 지정된 값을 반환한다.	str
get_all(name, failobj=None)	name으로 지정된 헤더 값을 모두 구하여 리스트로 반환한다.	list

email.message 샘플 코드

```
>>> import email
>>> f = open('email.txt')
>>> msg = email.message_from_file(f)
>>> type(msg)
<class 'email.message.Message'>

>>> msg.is_multipart()      멀티파트인지 확인
False

>>> msg.get_payload()      페이로드(본문)를 얻음
'This is test email message.\n'

>>> msg.keys()      헤더의 리스트를 얻음
['Subject', 'From', 'To']

>>> msg.get('From')      From 값을 얻음
'spam@example.com'

>>> msg.as_string()      메시지 전체를 문자열로 얻음
'Subject: test message\nFrom: spam@example.com\nTo: ham@example.com\n\n
This is test email message.\n'
```

 MIME 형식의 메일 작성하기 – email.mime

email.mime 모듈은 MIME 형식의 메일을 작성할 때, 다양한 메시지를 다루는 클래스를 제공합니다.

multipart.MIMEMultipart 클래스

형식	class multipart.MIMEMultipart(_subtype='mixed', boundary=None, _subparts=None, **_params)
설명	멀티파트 형식의 MIME 메시지를 다루기 위한 클래스 생성자.
인수	• _subtype – 콘텐츠 타입의 서브타입을 지정한다. 기본값은 mixed. • boundary – 각 메시지의 경계 문자열을 지정한다. 기본으로는 임의의 문자열이 생성된다.

application.MIMEApplication 클래스

형식	class application.MIMEApplication(_data, _subtype='octet-stream', _encoder=email.encoders.encode_base64, **_params)
설명	애플리케이션 데이터(application/_subtype)의 MIME 메시지를 다루기 위한 클래스 생성자.
인수	• _data – 애플리케이션 데이터를 바이트열로 전달한다. • _subtype – 콘텐츠 타입의 서브타입(gzip, pdf 등)을 지정한다. 기본값은 octet-stream. • _encoder – 데이터를 인코딩하기 위한 함수를 지정한다.

audio.MIMEAudio 클래스

형식	class audio.MIMEAudio(_audiodata, _subtype=None, _encoder=email.encoders.encode_base64, **_params)
설명	음성 데이터(audio/_subtype)의 MIME 메시지를 다루기 위한 클래스 생성자.
인수	• _audiodata – 음성 데이터를 바이트열로 전달한다. • _subtype – 콘텐츠 타입의 서브타입(wav, mpeg 등)을 지정한다. • _encoder – 데이터를 인코딩하기 위한 함수를 지정한다.

image.MIMEImage 클래스

형식	class image.MIMEImage(_imagedata, _subtype=None, _encoder=email.encoders.encode_base64, **_params)
설명	이미지 데이터(image/_subtype)의 MIME 메시지를 다루기 위한 클래스 생성자.
인수	• _imagedata – 이미지 데이터를 바이트열로 전달한다. • _subtype – 콘텐츠 타입의 서브타입(jpg, png 등)을 지정한다. • _encoder – 데이터를 인코딩하기 위한 함수를 지정한다.

text.MIMEText 클래스

형식	class text.MIMEText(_text, _subtype='plain', _charset=None)
설명	텍스트 데이터(text/_subtype)의 MIME 메시지를 다루기 위한 클래스 생성자.
인수	• _text – 텍스트 데이터를 문자열로 전달한다. • _subtype – 콘텐츠 타입의 서브타입(html, xml 등)을 지정한다. 기본값은 plain. • _charset – 문자열의 문자 코드 세트를 지정한다.

다음은 이미지 파일 등을 포함한 멀티파트 메시지를 작성하는 샘플 코드입니다. 스크립트를 실행하는 디렉터리에 각종 파일이 배치되어 있다는 전제하에 작성한 것입니다.

email.mime 샘플 코드

```
>>> from email.mime.image import MIMEImage
>>> from email.mime.multipart import MIMEMultipart
>>> from email.mime.text import MIMEText
>>> from email.mime.application import MIMEApplication
>>> message = MIMEMultipart()  ―― 멀티파트 메시지를 작성
>>> with open('sample.html', 'r') as f:  ―― 텍스트 데이터를 작성
...     text = MIMEText(f.read(), _subtype='html')
...
>>> message.attach(text)  ―― 메시지에 텍스트 추가
>>> with open('sample.jpg', 'rb') as f:  ―― 이미지 데이터를 작성
...     image = MIMEImage(f.read(), _subtype='jpg')
```

```
...
>>> message.attach(image)
>>> with open('sample.pdf', 'rb') as f:  # 애플리케이션 데이터를 작성
...     app = MIMEApplication(f.read(), _subtype='pdf')
...
>>> message.attach(app)
>>> message.is_multipart()  # 멀티파트 형식을 확인
True

>>> for payload in message.get_payload():  # 페이로드 얻기
...     type(payload)  # 클래스 확인
...     payload.get_content_type()  # 콘텐츠 타입 얻기
...
<class 'email.mime.text.MIMEText'>
'text/html'
<class 'email.mime.image.MIMEImage'>
'image/jpg'
<class 'email.mime.application.MIMEApplication'>
'application/pdf'
```

제9장

Chapter

10

HTML과 XML 다루기

HTML이나 XML은 인터넷을 이용하는 데 필수적인 기술입니다. 이번 장에서는 Python에서 HTML과 XML을 다루는 라이브러리와 서드파티 패키지에 대해 설명하겠습니다. 또한, Web 스크래핑 및 HTML의 가공 방법도 소개하고 있습니다. 이번 장에서는 각종 라이브러리와 서드파티 패키지의 차이점에 대해서도 살펴봅니다. 특징을 파악하여 용도에 맞게 구분해서 사용하도록 합시다.

XML 해석하기

공식 문서	https://docs.python.org/3.4/library/xml.etree.elementtree.html

여기에서는 XML을 해석하는 기능을 제공하는 xml.etree.ElementTree에 대해 설명하겠습니다. XML은 XHTML이나 RSS에서 이용하는 외에도 오픈 데이터를 XML 포맷으로 제공하는 기상청도 있을 정도로, 오늘날 많은 분야에서 사용하고 있습니다.

xml.etree.ElementTree를 이용하면 XML을 해석하고 생성할 수 있습니다. 여기에서는 해석 기능에 초점을 맞추어 설명하겠습니다.

XML 해석하기

다음 XML 파일 sample.xml을 해석 대상으로 하겠습니다.

sample.xml

```
<?xml version="1.0" encoding="UTF-8"?>
<weather>
  <local_weather name="Tokyo">
    <condition>Sunny</condition>
    <temperature>25</temperature>
    <humidity>47</humidity>
  </local_weather>
  <local_weather name="Kanagawa">
    <condition>Cloudy</condition>
    <temperature>26</temperature>
    <humidity>38</humidity>
  </local_weather>
</weather>
```

XML을 해석하여 정보를 얻습니다.

XML을 해석하여 정보 얻기

```
>>> import xml.etree.ElementTree as et

>>> tree = et.parse('sample.xml')
>>> tokyo = tree.find('./local_weather')   요소 local_weather를 검색하여 맨 처음 하나를 얻음
>>> tokyo.tag   요소 이름 얻기
'local_weather'

>>> tokyo.attrib   속성 리스트 얻기
{'name': 'Tokyo'}

>>> tokyo.get('name')   지정한 속성값 얻기
'Tokyo'

>>> tokyo_condition = tokyo.find('./condition')   local_weather 탐색
>>> tokyo_condition.tag
'condition'

>>> tokyo_condition.text
'Sunny'
```

트리 구조를 따라가서 목적 정보에 도달하는 것이 기본적인 사용법입니다. 앞선 코드에서는 'Sunny'를 구하기 위해 find()를 두 번 사용하였으나, 다음과 같이 한 번에 계층에 도달할 수도 있습니다.

한 번에 더 깊은 경로 탐색하기

```
>>> kanagawa_condition = tree.find('./local_weather[@name="Kanagawa"]/condition')
>>> kanagawa_condition.text
'Cloudy'
```

find( ) 메서드는 맨 처음 하나가 발견된 시점에서 탐색을 종료합니다. 모두 찾을 때까지 계속 탐색하는 findall( ) 메서드를 사용할 때의 샘플 코드는 다음과 같습니다.

findall( )을 사용한 탐색

```
>>> elements = tree.findall('./local_weather')
>>> for element in elements:
...     element.attrib ─── 요소의 속성을 사전으로 얻음
...
{'name': 'Tokyo'}
{'name': 'Kanagawa'}
```

xml.etree.ElementTree.parse()

형식	xml.etree.ElementTree.parse(source, parser=None)
설명	XML을 해석하여 트리를 작성한다.
인수	• source – 해석 대상 파일 이름 또는 파일 객체를 지정한다.
반환값	ElementTree 객체

xml.etree.ElementTree.find()

형식	xml.etree.ElementTree.find(match, namespaces=None)
설명	요소를 트리에서 탐색하고 발견되면 Element 인스턴스를 반환한다. 맨 처음 하나가 발견된 시점에서 탐색을 종료한다.
인수	• match – 트리를 탐색하는 경로를 지정한다.
반환값	Element 객체

match에는 XPath[1]의 일부 표현을 사용하여 탐색 요소를 지정합니다.

---

1 http://www.w3.org/TR/xpath/

xml.etree.ElementTree.findall()

형식	xml.etree.ElementTree.findall(match, namespaces=None)
설명	요소를 트리에서 탐색하고 발견되면 Element 인스턴스를 리스트로 반환한다.
인수	• match – 트리를 탐색하는 경로를 지정한다.
반환값	Element 객체의 리스트

XML/HTML을 빠르고 유연하게 해석하기

버전	3.4.4
공식 문서	http://lxml.de/index.html#documentation
PyPI	https://pypi.python.org/pypi/lxml
소스 코드	https://launchpad.net/lxml

여기에서는 "10.1 XML 해석하기 – ElementTree"에서 설명한 xml.etree.ElementTree와 마찬가지로 XML을 해석하는 기능을 제공하는 lxml 패키지에 대해 설명하겠습니다. lxml은 처리 속도가 빠르므로 크기가 큰 파일, 많은 파일을 다룰 때 사용하기 편리합니다.

xml.etree.ElementTree와 다른 점은 parser의 동작을 제어하여 올바른 형식이 아닌(non well-formed) XML을 다룰 수 있다는 것입니다. HTML용 parser도 이용할 수 있습니다.

lxml 설치

lxml 설치는 다음과 같이 실행합니다.

lxml의 pip 설치

```
$ pip install lxml
```

또한, Linux 운영체제일 때는 libxml2와 libxslt가 필요합니다. Ubuntu 14.10에서 의존 라이브러리를 가져오는 방법의 예는 다음과 같습니다.

lxml 의존 라이브러리 설치 예

```
sudo apt-get install libz-dev libxml2-dev libxslt1-dev
```

올바른 형식이 아닌(non well-formed) XML 해석하기

lxml은 해석할 때 동작을 결정하는 parser의 사양을 세세히 제어할 수 있습니다. 다음 XML 파일 broken.xml을 해석 대상으로 하겠습니다.

broken.xml

```
<?xml version="1.0" encoding="UTF-8"?>
<weather>
  <local_weather name="Tokyo">
    <condition>Sunny</condition>
    <temperature>25</temperature>
    <humidity>47</humidity>
</weather>
```

broken.xml은 종료 태그인 </local_weather>가 작성되어 있지 않아, 구문으로서 올바르지 않습니다.

broken.xml을 해석하는 샘플 코드는 다음과 같습니다.

broken.xml 읽어오기

```
>>> from lxml import etree
>>> tree = etree.parse('broken.xml')   ← 오류가 됨
Traceback (most recent call last):
- 생략 -
lxml.etree.XMLSyntaxError: Opening and ending tag mismatch:
local_weather line 3 and weather, line 7, column 11
```

```
>>> parser = etree.XMLParser(recover=True)
>>> tree = etree.parse('broken.xml', parser)   # parser를 지정하고 있음
>>> tree.find('./local_weather').attrib
{'name': 'Tokyo'}
```

lxml.etree에 있는 많은 인터페이스가 xml.etree.ElementTree와 호환됩니다. 따라서 "10.1 XML 해석하기 – ElementTree"에서 나왔던 기능 설명은 생략하겠습니다.

"broken.xml 읽어오기"에 나와 있듯이, parse( ) 메서드를 기본값인 상태로 사용하면 broken.xml 해석에 실패합니다. parser의 동작을 조정하려 할 때는 XMLParser 클래스를 이용합니다. XMLParser 클래스의 인수 recover를 True로 설정하고 parse( )에서 사용하면 해석에 성공합니다.

lxml.etree.XMLParser 클래스

형식	class lxml.etree.XMLParser(self, encoding=None, attribute_defaults=False, dtd_validation=False, load_dtd=False, no_network=True, ns_clean=False, recover=False, XMLSchema schema=None, remove_blank_text=False, resolve_entities=True, remove_comments=False, remove_pis=False, strip_cdata=True, collect_ids=True, target=None, compact=True)
설명	XML을 해석한다. 올바른 형식이 아닌(non well-formed) XML도 다룰 수 있다.
인수	• recover – True이면, 올바른 형식이 아닌 XML도 해석을 시도한다. • remove_blank_text – True이면, 태그 간 공백이나 줄바꿈을 제외한다. • remove_comments – True이면, <!--주석-->으로 표현되는 주석을 제외한다.
반환값	XMLParser 객체

HTML 해석하기

lxml에는 HTML 해석에 적합한 lxml.etree.HTMLParser도 준비되어 있습니다.

실제 웹페이지 "The Python Standard Library"(https://docs.python.org/3.4/library/index.html)에서 제목 목록의 텍스트와 파일 경로를 구해봅시다.

검색 대상 HTML 예

```
<li class="toctree-l1">
  <a class="reference internal" href="intro.html">1. Introduction</a>
</li>
<li class="toctree-l1">
  <a class="reference internal" href="functions.html">2. Built-in Functions</a>
</li>
```

제목의 첫 항목은 li 요소로 class="toctree-l1"이 할당되어 있습니다. class="toctree-l1"을 이용하여 제목을 얻는 코드는 다음과 같습니다. 코드에서는 웹상의 HTML을 얻고자 urllib을 사용하였습니다. urllib에 대한 설명은 "9.2 URL 열기 – urllib.request"를 참고하기 바랍니다.

제목 목록 얻기

```
>>> import urllib.request
>>> source = urllib.request.urlopen('https://docs.python.org/3.4/library/index.
html').read()
>>> tree = etree.fromstring(source, etree.HTMLParser())
>>> elements = tree.findall('.//li[@class="toctree-l1"]/a')
>>> for element in elements:
...   print(element.text, element.attrib['href'])

1. Introduction intro.html
2. Built-in Functions functions.html
3. Built-in Constants constants.html
4. Built-in Types stdtypes.html
- 생략 -
```

제
10
장

제목과 해당 파일 목록을 얻었습니다.

lxml.etree.HTMLParser 클래스

형식	class lxml.etree.HTMLParser(self, encoding=None, remove_blank_text=False, remove_comments=False, remove_pis=False, strip_cdata=True, no_network=True, target=None, XMLSchema schema=None, recover=True, compact=True)

HTMLParser 클래스 사용법은 XMLParser 클래스와 거의 같습니다.

HTML 수정하기

lxml을 사용하여 HTML의 요소와 내용을 수정하는 방법에 대해 살펴봅시다. 이번에는 html 모듈을 사용하여 HTML을 해석합니다.

html 모듈을 사용하여 HTML 해석하기

```
from lxml import html
import urllib.request

url = 'https://docs.python.org/3.4/library/index.html'
tree = html.parse(urllib.request.urlopen(url)).getroot()
div_toctree = tree.find('.//div[@class="toctree-wrapper compound"]/')

print(html.tostring(div_toctree, pretty_print=True, encoding='unicode'))
```

"html 모듈을 사용하여 HTML 해석하기"의 실행 결과, 다음 HTML이 출력됩니다.

해석한 HTML

```
<ul>
<li class="toctree-l1"><a class="reference internal" href="intro.html">1. Introduc
```

```
  tion</a></li>
<li class="toctree-l1"><a class="reference internal" href="functions.html">2. Built-
  in Functions</a></li>
- 생략 -
```

"html 모듈을 사용하여 HTML 해석하기"에서는 HTML에 대한 변경은 이루어지지 않습니다. 이번에는 HTML을 다음과 같이 변경해봅시다.

- 각 요소의 class 속성을 삭제한다.
- a 요소의 href 속성값을 https://로 시작하는 경로로 수정한다.

HTML 가공하기

```
from lxml import html
import urllib.request

url = 'https://docs.python.org/3.4/library/index.html'
tree = html.parse(urllib.request.urlopen(url)).getroot()
div = tree.find('.//div[@class="toctree-wrapper compound"]/')

# class 속성을 삭제한다
for tag in div.xpath('//*[@class]'):
    tag.attrib.pop('class')

# a 요소의 href 속성값을 절대 경로로 변경한다
absolute_url = html.make_links_absolute(div, base_url="https://docs.python.org/3.4/
 library/")

print(html.tostring(absolute_url, pretty_print=True, encoding='unicode'))
```

"HTML 가공하기"의 실행 결과, 다음 HTML이 출력됩니다.

가공 후의 HTML

```
<ul>
<li><a href="https://docs.python.org/3.4/library/intro.html">1. Introduction</a></li>
<li><a href="https://docs.python.org/3.4/library/functions.html">2. Built-in Func
tions</a></li>
<li><a href="https://docs.python.org/3.4/library/constants.html">3. Built-in Constants
</a><ul>
- 생략 -
```

lxml.html.make_links_absolute()

형식	lxml.html.make_links_absolute(html, base_href)
설명	a 요소의 href 속성값을 절대 경로로 변경한다.
인수	• html — 대상 tree를 지정한다. • base_href — 기반이 되는 URL을 지정한다.
반환값	HtmlElement 객체

간편한 HTML parser 이용하기

버전	4.4.0
공식 문서	http://www.crummy.com/software/BeautifulSoup/bs4/doc/
PyPI	https://pypi.python.org/pypi/beautifulsoup4
소스 코드	https://launchpad.net/beautifulsoup

여기에서는 HTML을 해석하는 기능을 제공하는 beautifulsoup4 패키지에 대해 설명하겠습니다. "10.2 XML/HTML을 빠르고 유연하게 해석하기 - lxml"에서 설명한 lxml로도 HTML을 해석할 수 있으나, beautifulsoup4는 더욱 간편하고 알기 쉬운 인터페이스를 제공합니다. beautifulsoup4는 Web 스크래핑을 할 때 자주 사용됩니다. lxml과는 달리 libxml2에 의존하지 않으므로, 실행 환경에 따라서는 도입이 쉽다는 점 역시 beautifulsoup4의 장점입니다.

또한, BeautifulSoup라는 패키지는 2012년에 개발이 종료된 오래된 버전으로, Python 3를 지원하지 않습니다. 따라서 여기에서 설명하는 beautifulsoup4를 이용하기 바랍니다. 웹상에서 찾을 수 있는 문서는 BeautifulSoup를 대상으로 할 가능성이 있습니다. 이 둘이 다른 패키지라는 점을 꼭 알아둡시다. BeautifulSoup에서 beautifulsoup4로 전환하는 방법은 공식 문서 "Porting code to BS4"[2]에서 설명하고 있습니다.

beautifulsoup4 설치

beautifulsoup4는 다음과 같이 설치합니다.

2 http://www.crummy.com/software/BeautifulSoup/bs4/doc/index.html#porting-code-to-bs4

beautifulsoup4의 pip 설치

```
$ pip install beautifulsoup4
```

HTML 내 요소 정보 구하기

대상 HTML로부터 지정한 요소의 속성이나 속성값, 요소 내용을 구해봅시다. 코드에서는 웹상의 HTML을 얻고자 urllib.request를 사용하였습니다. urllib.request에 대한 설명은 "9.2 URL 열기 – urllib.request"를 참고하기 바랍니다.

HTML 내 요소 얻기

```
>>> from bs4 import BeautifulSoup
>>> from urllib import request
>>> from lxml import html
>>> html = BeautifulSoup(request.urlopen('https://www.python.org'))
>>> html.title          title 요소 얻기
<title>Welcome to Python.org</title>

>>> html.title.text          title 요소의 내용 얻기
'Welcome to Python.org'

>>> html.h1          h1 요소 얻기
<h1 class="site-headline">
<a href="/"><img alt="python™" class="python-logo" src="/static/img/python-logo.png"/></a>
</h1>

>>> html.find('h1')          html.h1과 마찬가지로 h1 요소 얻기
<h1 class="site-headline">
<a href="/"><img alt="python™" class="python-logo" src="/static/img/python-logo.png"/></a>
</h1>

>>> html.h1.img          h1 요소의 자식 요소인 img 요소 얻기
<img alt="python™" class="python-logo" src="/static/img/python-logo.png"/>
```

```
>>> html.h1.img.attrs        img 요소의 속성과 값 얻기
{'alt': 'python™',
 'class': ['python-logo'],
 'src': '/static/img/python-logo.png'}

>>> html.h1.img['src']        img 요소의 src 속성값
'/static/img/python-logo.png'

>>> html.find(id='back-to-top-1')        id 속성값으로 요소 검색
<a class="jump-link" href="#python-network" id="back-to-top-1">
<span aria-hidden="true" class="icon-arrow-up"><span>▲</span></span>
Back to Top</a>

>>> html.find('li', attrs={'class':'shop-meta'})        속성 이름과 값을 사전으로 지정하여 검색
<li class="shop-meta ">
<a href="/community/" title="Python Community">Community</a>
</li>
```

bs4.BeautifulSoup 클래스

형식	class bs4.BeautifulSoup(self, markup='', features=None, builder=None, parse_only=None, from_encoding=None, **kwargs)
설명	HTML을 해석한다.
인수	• markup – 해석 대상 HTML • features – parser를 지정한다.
반환값	BeautifulSoup 객체

features에는 'xml', 'html5lib', 'html.parser'를 지정할 수 있습니다. 'xml', 'html5lib'는 각각 패키지 lxml, html5lib을 미리 설치해 두어야 합니다. 'html.parser'는 Python 표준 라이브러리의 html.parser[3]를 사용합니다.

3 https://docs.python.org/3.4/library/html.parser.html

BeautifulSoup 객체는 html.h1.img처럼, 요소를 거슬러 올라가 목적 정보를 탐색할 수 있습니다. html.find('h1')처럼 find( ) 메서드를 사용해서 요소를 탐색하는 방법도 있습니다. 이들 모두 맨 처음 하나가 발견되면 탐색을 종료하고 Tag 객체를 반환합니다.

요소의 내용은 .text로 얻습니다. 요소 속성 정보는 Tag 객체에 사전으로 존재합니다. 속성 이름과 값, 한 쌍을 .attrs로 취득할 수 있습니다. 속성 이름을 지정하여 그 값을 직접 취득하려면 img['src']와 같이 지정합니다.

BeautifulSoup.find()

형식	BeautifulSoup.find(name=None, attrs={ }, recursive=True, text=None, **kwargs)
설명	요소를 탐색하여 맨 처음 발견된 하나를 얻는다.
인수	• name – 요소 이름을 검색 조건으로 한다. • attrs – 요소의 속성 이름과 값을 검색 조건으로 한다. 사전형으로 작성한다. • recursive – False를 지정하면 바로 아래 자식 요소만 대상이 된다. • text – 요소의 내용(시작 태그와 종료 태그 사이의 텍스트)을 검색 조건으로 한다.
반환값	Tag 객체

요소를 요소 이름 이외의 정보까지 추가해서 검색하려면 find( ) 메서드의 인수로 요소의 속성 정보를 부여합니다. id 속성값으로 요소를 특정하는 경우, find(id='ID 이름')과 같이 지정합니다. class 속성은 find(class_='class 이름')과 같이 하면 조건으로 쓸 수 있습니다. class_는 Python의 예약어와 충돌을 피하고자 끝에 밑줄이 붙어 있습니다.

find('요소 이름', attr={'속성 이름': '값'})과 같이 지정하면 조건을 더 좁힐 수 있습니다. 속성 이름과 값의 한 쌍을 여러 개 작성하면 AND 검색이 됩니다. find( ) 메서드의 첫 번째 인수인 요소 이름은 생략 가능합니다.

HTML 내의 링크 URL을 모두 추출하기

샘플 코드 "HTML 내 요소 얻기"에서는 요소가 발견된 시점에 검색을 종료하고 하나의 Tag 객체를 얻는 방법을 설명했습니다. HTML 내의 조건에 일치하는 여러 개의 요소를 얻는 샘플 코드는 다음과 같습니다.

URL 목록 추출하기

```
>>> import re
>>> html = BeautifulSoup(request.urlopen('https://www.python.org'))
>>> url_list = html.find_all('a')          모든 a 요소를 얻음
>>> for url in url_list:
...     print(url['href'])
...
#content
#python-network
/
/psf-landing/
https://docs.python.org
https://pypi.python.org/
- 생략 -

>>> docs_list = html.find_all(href=re.compile('^http(s)?://docs'), limit=2)
>>> for doc in docs_list:
...     print(doc['href'])
...
https://docs.python.org
https://docs.python.org/3/license.html
```

여러 개의 Tag 객체를 구하려면 find_all() 메서드를 이용합니다.

BeautifulSoup.find_all()

형식	BeautifulSoup.find_all(name=None, attrs={ }, recursive=True, text=None, limit=None, **kwargs)
설명	요소를 탐색하여 조건에 일치하는 모두를 구한다.
인수	• name – 요소 이름을 검색 조건으로 한다. • attrs – 요소의 속성 이름과 값을 검색 조건으로 한다. 사전형으로 작성한다. • recursive – False를 지정하면 바로 아래 자식 요소만 대상이 된다. • text – 요소의 내용(시작 태그부터 종료 태그 사이의 텍스트)을 검색 조건으로 한다. • limit – 지정한 수만큼 요소가 발견되면 검색을 종료한다.
반환값	Tag 객체의 리스트

find_all() 메서드는 조건에 일치하는 Tag 객체의 리스트를 반환합니다.

텍스트만 추출하기

HTML로부터 태그를 포함하지 않은 텍스트만 추출하려면 get_text()를 사용합니다.

텍스트만 추출하기

```
>>> html = BeautifulSoup(request.urlopen('https://www.python.org'))
>>> tag = html.find('div', attrs={'id': 'nojs'})
>>> tag
<div class="do-not-print" id="nojs">
<p><strong>Notice:</strong> While Javascript is not essential for this
website, your interaction with the co:ntent will be limited. Please turn
Javascript on for the full experience. </p>
</div>

>>> print(tag.get_text(strip=True))
Notice: While Javascript is not essential for this website, your
interaction with the content will be limited. Please turn Javascript on
```

```
for the full experience.

>>> print(tag.get_text(separator='-- '))
-- Notice:-- While Javascript is not essential for this website, your
interaction with the content will be limited. Please turn Javascript on
for the full experience. --
```

BeautifulSoup.get_text()

형식	BeautifulSoup.get_text(separator='', strip=False, types=(<class 'bs4.element.NavigableString'>, <class 'bs4.element.CData'>))
설명	트리로부터 텍스트 부분을 추출한다.
인수	• separator – 태그로 잘려 있던 위치에 지정한 문자열을 삽입한다. • strip – True를 지정하면 빈 행을 제외한다.
반환값	추출한 문자열

HTML을 정형화하여 출력하기

prettify()를 사용하면 HTML을 다듬어 출력할 수 있습니다.

HTML을 정형화하여 출력하기

```
>>> print(html.h1) ─── 일반 출력
<h1 class="site-headline">
<a href="/"><img alt="python™" class="python-logo" src="/static/img/
python-logo.png"/></a>
</h1>

>>> print(html.h1.prettify()) - prettify() 사용
<h1 class="site-headline">
 <a href="/">
  <img alt="python™" class="python-logo" src="/static/img/python-logo.png"/>
```

```
  </a>
</h1>

>>> print(html.h1.a.prettify(formatter='html'))    특수 문자를 엔티티 참조로 출력
<a href="/">
  <img alt="python&trade;" class="python-logo" src="/static/img/python-logo.png"/>
</a>
```

HTML 수정하기

beautifulsoup4에는 HTML을 간단히 수정하는 방법이 준비되어 있습니다. Tag 객체에 대해 실행할 수 있는 메서드 목록은 다음 표와 같습니다.

HTML 수정에 자주 이용하는 메서드

형식	설명
insert(position, new_child)	position 위치에 new_child 내용을 삽입한다.
replace_with(new_tag)	태그를 new_tag로 대체한다.
clear( )	요소의 내용을 삭제한다. 태그는 남는다.
decompose( )	트리에서 태그를 제거한다. 태그의 자식 요소도 제거된다.
extract( )	태그를 트리에서 추출하고 제거한다. 제거한 태그가 반환된다.
wrap(wrapper_tag)	태그를 wrapper_tag로 래핑한다.

HTML 수정에 자주 이용하는 메서드 사용 예

```
>>> html = BeautifulSoup(request.urlopen('https://www.python.org'))
>>> html.h1    h1 요소를 얻음
<h1 class="site-headline">
<a href="/"><img alt="python™" class="python-logo"
src="/static/img/python-logo.png"/></a>
```

```
</h1>

>>> html.h1.insert(0, 'ham')
>>> html.h1 ──── h1 시작 태그 바로 뒤에 문자열 ham이 삽입됨
<h1 class="site-headline">ham
<a href="/"><img alt="python™" class="python-logo"
src="/static/img/python-logo.png"/></a>
</h1>

>>> html.h1.insert(3, 'egg') ──── position 값에 따라 삽입 위치가 달라짐
>>> html.h1 ──── h1 종료 태그 직전에 문자열 egg가 삽입됨
<h1 class="site-headline">ham
<a href="/"><img alt="python™" class="python-logo"
src="/static/img/python-logo.png"/></a>egg
</h1>

>>> new_tag = html.new_tag('span') ──── 태그 span 생성
>>> new_tag.string = 'ham egg' ──── span의 내용을 설정함
>>> html.h1.img.replace_with(new_tag) ──── img 태그를 대체함
<img alt="python™" class="python-logo" src="/static/img/python-logo.png"/>

>>> html.h1 ──── img가 span으로 대체되어 있음
<h1 class="site-headline">ham
<a href="/"><span>ham egg</span></a>egg
</h1>

>>> html.h1.span.clear() ──── span 요소의 내용을 삭제함
>>> html.h1
<h1 class="site-headline">ham
<a href="/"><span></span></a>egg
</h1>

>>> html.h1.span.decompose() ──── span 태그를 제거함
>>> html.h1
<h1 class="site-headline">ham
```

```
<a href="/"></a>egg
</h1>

>>> html.h1.a.extract()        a 태그를 추출함
<a href="/"></a>

>>> html.h1        추출한 부분은 트리에서 제거되어 있음
<h1 class="site-headline">ham
egg
</h1>

>>> wrapper_tag = html.new_tag('div')        래핑용 태그 생성
>>> wrapper_tag.attrs['class'] = 'wapper'
>>> html.h1.wrap(wrapper_tag)        래핑
<div class="wapper"><h1 class="site-headline">ham
egg
</h1></div>
```

Chapter

11

테스트와 디버깅

테스트를 통해 프로그램 품질을 검증하거나 버그가 숨어 있을 때 그 원인을 찾아내는(디버깅) 것은 소프트웨어 개발에 있어서 매우 중요한 기술입니다.

이번 장에서는 Python의 테스트 기법과 디버깅 방법에 대해 설명하겠습니다.

문서 생성과 온라인 도움말 시스템

공식 문서	https://docs.python.org/3.4/library/pydoc.html

여기에서는 소스 코드에 작성한 주석으로부터 문서를 자동으로 생성하는 pydoc에 대해 설명하겠습니다. 생성된 문서는 텍스트 형식으로 콘솔에 표시하거나 HTML 파일로 저장할 수 있습니다. HTTP 서버를 구동하여 웹브라우저에서 열람할 수 있는 문서도 제공합니다.

모듈의 문서 확인하기

Python 인터프리터에서 "help( )"를 입력하면 대화 모드 인터프리터에서 온라인 도움말(help)을 실행할 수 있습니다.

Python 인터프리터에서 문서 확인

```
>>> help()
...

문서를 확인하고 싶은 모듈 이름을 입력한다(여기서는 string 모듈)
help> string

UNIX의 man과 같은 형식으로 문서가 표시된다
Help on module string:

NAME
    string - A collection of string constants.

MODULE REFERENCE
    https://docs.python.org/3.4/library/string
```

```
...

q라고 치면 help 모드에서 빠져나온다
help> q
>>>
```

pydoc 명령어를 이용하면 같은 기능을 명령줄에서 사용할 수 있습니다.

pydoc 명령어 실행 예

```
$ pydoc string
$ pydoc string.Formatter
  └ dot "."로 구분함으로써 클래스, 메서드, 함수의 help 정보도 참조할 수 있다
```

모듈의 문서 작성하기

pydoc은 Python의 소스 코드에 적힌 정보로부터 자동으로 문서를 생성합니다. 실제로 소스 코드로부터 어떤 문서가 생성되는지 확인해봅시다.

문서 작성 대상 파일: sample_module.py

```
"""
모듈에 관한 주석을 작성합니다.
"""

__author__ = "Python Freelec <sample@sample.com>"
__version__ = "0.0.1"

class SampleClass(object):
    """
    클래스에 관한 주석을 작성합니다.
    """
```

```
    def sample_method(self, sample_param):
        """
        메서드에 관한 주석을 작성합니다.

        :param str sample_param: 인수에 관한 주석을 작성합니다.
        """
        pass
```

여기에서 __author__나 __version__ 등의 작성은 모듈의 메타 정보를 나타내는 것입니다.

"sample_module.py"를 pydoc 명령어로 실행하면 다음과 같은 문서가 생성됩니다. 물론 이 문서는 Python 인터프리터에서 help() 명령어를 이용하여 확인할 수도 있습니다.

sample_module.py에 대해 pydoc 실행

```
Help on module sample_module:

NAME
    sample_module - 모듈에 관한 주석을 작성합니다.

CLASSES
    builtins.object
        SampleClass

    class SampleClass(builtins.object)
     |  클래스에 관한 주석을 작성합니다.
     |
     |  Methods defined here:
     |
     |  sample_method(self, sample_param)
     |      메서드에 관한 주석을 작성합니다.
     |
```

```
 |     :param str sample_param: 인수에 관한 주석을 작성합니다.
 |
 | ----------------------------------------------------------------------
 |  Data descriptors defined here:
 |
 |  __dict__
 |      dictionary for instance variables (if defined)
 |
 |  __weakref__
 |      list of weak references to the object (if defined)

VERSION
    0.0.1

AUTHOR
    Python Freelec <sample@sample.com>

FILE
    /path/to/sample_module.py
```

모듈의 문서를 HTML 형식으로 생성하기

pydoc 명령어의 인수에 -w 옵션을 지정하면 현재 디렉터리에 HTML 문서가 생성됩니다.

html 출력

```
$ pydoc -w sample_module
wrote sample_module.html
```

제
11
장

Python의 HTML 문서

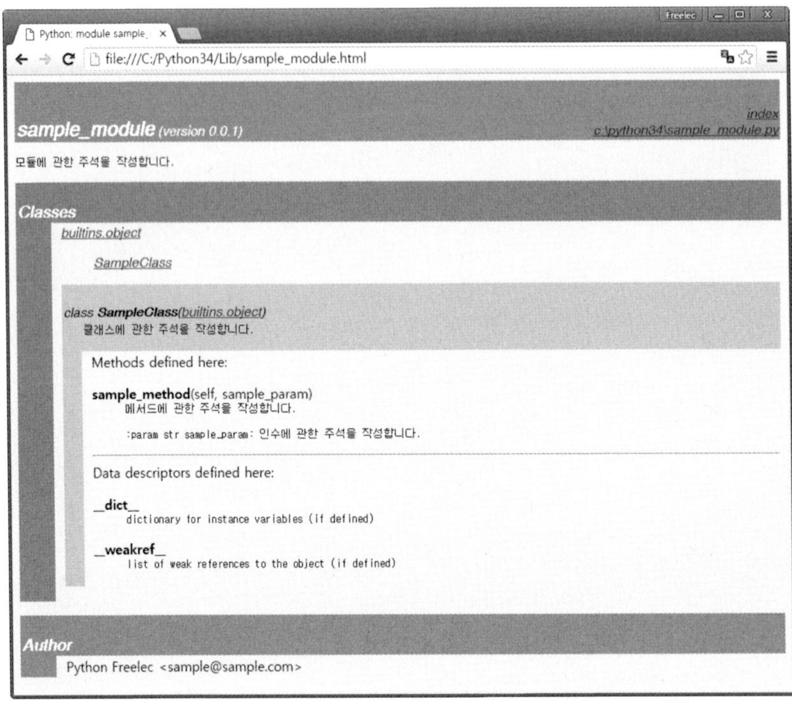

HTTP 서버를 구동하여 웹브라우저에서 문서 확인하기

pydoc 명령어에 -p 옵션으로 포트 번호를 지정하면 로컬 머신에 문서 열람용 HTTP 서버를 구동할 수 있습니다.

1234번 포트에 HTTP 서버 구동하기

```
$ pydoc -p 1234
Server ready at http://localhost:1234/
Server commands: [b]rowser, [q]uit
server>
```

임의의 브라우저에서 http://localhost:1234에 접근하면 문서를 열람할 수 있습니다.

Python 문서

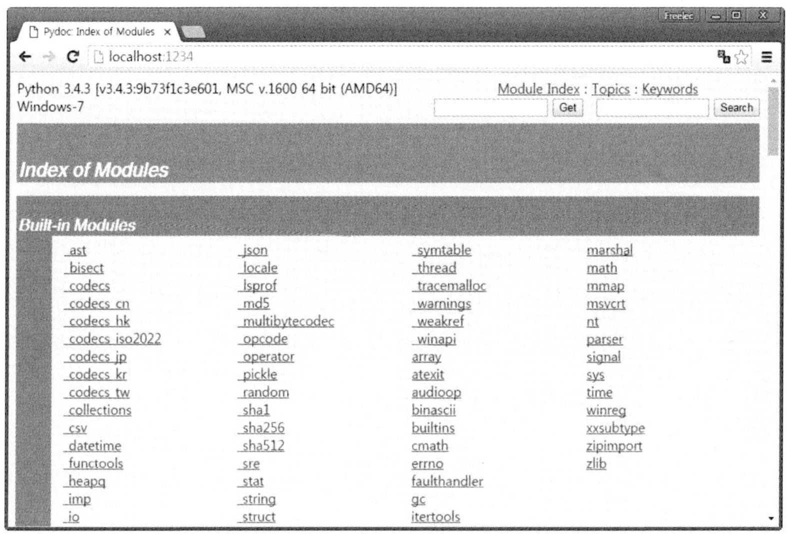

대화형 실행 예 테스트하기

공식 문서	https://docs.python.org/3.4/library/doctest.html

여기에서는 함수나 메서드에 있는 맨 처음 주석(docstring) 내에 작성한 테스트 코드를 실행하는 기능을 제공하는 doctest에 대해 설명하겠습니다.

테스트 코드는 Python의 대화 모드와 비슷한 형식으로, 실행 내용과 기대하는 결과를 적습니다. docstring에 기능 설명과 테스트 코드가 함께 적혀 있으면 사용자는 구체적인 동작을 이해하고 함수나 메서드를 이용할 수 있습니다.

또한, docstring이 아니라 외부 텍스트 파일에 테스트 코드를 적는 사용 방법에 대해서도 설명하겠습니다.

doctest 작성하기

doctest는 doctest 모듈을 import하여 doctest.testmod( )를 실행하기만 하면 간단하게 이용할 수 있습니다. doctest를 실행하면 코드 안에 주석으로 작성된 Python의 대화형 실행 예처럼 보이는 텍스트가 모두 실행되고, 대화형 실행 예대로 동작하는지 여부를 테스트합니다. 구체적으로는 ">>>"나 "..."로 시작하는 부분에 Python 코드를 적고, 그 바로 아래에 기대하는 출력 결과를 작성합니다(다음 ">>>" 행이나 빈 행까지를 출력 결과로 인식합니다). 출력 결과에 빈 행이 들어갈 때에는 <BLANKLINE>을 삽입합니다.

Python 코드 안에 doctest를 포함한 예: sample_doctest.py

```
"""
주어진 인수에 대해 a / b를 실행하는 함수입니다.
```

```
>>> div(5, 2)
2.5
"""

def div(a, b):
    """
    답은 소수로 반환됩니다.
    >>> [div(n, 2) for n in range(5)]
    [0.0, 0.5, 1.0, 1.5, 2.0]
    """

    return a / b

if __name__ == "__main__":
    import doctest
    doctest.testmod()
```

앞선 Python 스크립트를 실행하면 다음과 같은 결과가 나옵니다.

명령줄에서 sample_doctest.py 실행

```
$ python sample_doctest.py
$
```

이렇게 아무것도 출력되지 않습니다. 이는 모든 실행 예가 바르게 동작하고 있다는 것을 의미합니다. 스크립트에 -v를 부여하면 자세한 로그를 확인할 수 있습니다.

자세한 로그 출력

```
$ python sample_doctest.py -v
Trying:
    div(5, 2)
Expecting:
```

```
    2.5
ok
Trying:
    [div(n, 2) for n in range(5)]
Expecting:
    [0.0, 0.5, 1.0, 1.5, 2.0]
ok
2 items passed all tests:
    1 tests in __main__
    1 tests in __main__.div
2 tests in 2 items.
2 passed and 0 failed.
Test passed.
```

doctest에서 예외를 다룰 수도 있습니다. 예외가 발생할 때 원하는 출력은 트레이스백 헤더인 "Traceback (most recent call last):" 또는 "Traceback (innermost last):"로 시작해야 합니다.

doctest에서 예외를 작성하는 예

```
def div(a, b):
    """
    ...

    두 번째 인수가 0이면, ZeroDivisionError가 발생합니다.
    >>> div(1, 0)
    Traceback (most recent call last):
      File "<stdin>", line 1, in <module>
      File "<stdin>", line 2, in div
    ZeroDivisionError: division by zero
    """
    ...
```

이처럼 트레이스백 헤더 뒤에 트레이스백 스택이 이어져도 문제는 없으나, doctest는 이 내용을 무시합니다. 문서를 읽는 데 명확한 가치가 있는 정보가 아니라면 트레이스백 스택은 생략해도 상관없습니다. 앞선 예외는 다음과 같이 작성할 수 있습니다.

트레이스백 스택을 생략하는 예

```
def div(a, b):
    """
    ...

    두 번째 인수가 0이면, ZeroDivisionError가 발생합니다.
    >>> div(1, 0)
    Traceback (most recent call last):
        ...
    ZeroDivisionError: division by zero
    """
    ...
```

또한, Python 인터프리터에서 다음과 같이 실행하면 doctest 모듈을 표준 라이브러리로부터 직접 실행할 수 있습니다.

doctest를 표준 라이브러리로부터 직접 실행

```
$ python -m doctest -v sample_doctest.py
```

텍스트 파일 안의 실행 예 테스트하기

doctest를 이용하여 Python 코드와는 독립된 텍스트 파일 안에 있는 테스트 코드를 실행할 수 있습니다. 테스트 코드 작성법은 docstring과 같습니다.

sample_doctest.txt

```
div 모듈
======================
div 모듈을 import합니다.

    >>> from sample_doctest import div

함수 테스트 부분은 다음과 같이 작성합니다.

    >>> div(6, 2)
    4.0
```

단위 테스트를 실행하려면 testfile() 함수를 이용합니다.

sample_pydoc2.py

```
import doctest
doctest.testfile("sample_doctest.txt")
```

앞선 코드를 실행하면 다음 결과가 출력됩니다.

sample_pydoc2.py 실행

```
$ python sample_pydoc2.py
**********************************************************************
File "sample_doctest.txt", line 9, in sample_doctest.txt
Failed example:
    div(6, 2)
Expected:
    4.0
Got:
    3.0
**********************************************************************
```

```
1 items had failures:
     1 of 2 in sample_doctest.txt
***Test Failed*** 1 failures.
```

sample_doctest.txt에 작성한 기댓값과 실행 결과가 다르므로, 한 곳의 테스트 실패가 검출되었습니다.

11.3 unittest

단위 테스트 프레임워크 이용하기

공식 문서	https://docs.python.org/3.4/library/unittest.html

여기에서는 Python 언어 표준의 단위 테스트 프레임워크인 unittest에 대해 설명하겠습니다. unittest는 Java의 테스트 프레임워크인 JUnit[1]의 Python 버전이라고 할 수 있습니다. unittest는 테스트의 자동화, 초기 설정과 종료 처리 공유, 테스트 분류, 테스트 실행과 결과 리포트 분리 등의 기능을 제공합니다.

테스트를 작성하여 실행하기

테스트 케이스는 unittest.TestCase의 서브클래스로 작성합니다. 메서드 이름이 test로 시작하는 것이 테스트하는 메서드입니다. 테스트 러너는 명명 규칙(Naming conventions)에 따라 테스트를 수행하는 메서드를 검색합니다.

테스트 케이스의 작성 예: sample_unittest.py

```
import unittest

class TestSample(unittest.TestCase):
    def test_upper(self):
        self.assertEqual('foo'.upper(), 'FOO')

if __name__ == '__main__':
    unittest.main()
```

1 http://junit.org/

앞선 스크립트를 실행하면 다음과 같은 결과가 나옵니다.

sample_unittest.py 실행

```
$ python sample_unittest.py
.
----------------------------------------------------------------------
-------
Ran 1 test in 0.001s

OK
```

앞선 코드를 다음과 같이 수정하여 테스트에 실패하는 예를 확인해봅시다.

테스트 케이스 실패 예: sample_unittest.py

```
import unittest

class TestSample(unittest.TestCase):
    def test_upper(self):
        self.assertEqual('foo'.upper(), 'Foo')

if __name__ == '__main__':
    unittest.main()
```

sample_unittest.py 실행

```
$ python sample_unittest.py
F
======================================================================
=======
FAIL: test_upper (__main__.TestSample)
----------------------------------------------------------------------
-------
Traceback (most recent call last):
```

```
  File "sample_unittest.py", line 5, in test_upper
    self.assertEqual('foo'.upper(), 'Foo')
AssertionError: 'FOO' != 'Foo'
- FOO
+ Foo

----------------------------------------------------------------------
Ran 1 test in 0.001s

FAILED (failures=1)
```

테스트에 실패한 것을 확인할 수 있습니다.

다양한 조건이나 실패를 작성하기

unittest.TestCase 클래스에서는 테스트 러너가 테스트를 실행하는 인터페이스뿐만 아니라, 각종 검사 및 테스트 실패를 보고하는 메서드를 지원합니다.

다음 메서드를 이용하면 테스트를 실행하는 전후 처리(setUp/tearDown)를 작성할 수 있습니다.

테스트를 실행하는 전후 처리의 정의

형식	설명
setUp()	테스트 픽스처(test fixture)를 준비하는 메서드. 테스트 메서드를 실행하기 직전에 호출된다.
tearDown()	테스트 메서드를 실행하고 나서 호출된다. 이 메서드는 테스트 결과에 상관없이 setUp()이 성공한 경우에만 호출된다.
setUpClass()	클래스 내에 정의된 테스트를 실행하기 전에 호출되는 클래스 메서드. 클래스를 유일한 인수로 가지며, classmethod()로 장식되어(decorate) 있어야 한다.
tearDownClass()	클래스 내에 정의된 테스트를 실행하고 나서 호출되는 클래스 메서드. 클래스를 유일한 인수로 가지며, classmethod()로 장식되어 있어야 한다.

예를 들어 setUp() 메서드를 이용하면 다음과 같이 초기화 처리를 작성할 수 있습니다.

초기화 처리

```
class TestSample(unittest.TestCase):
    def setUp(self):
        self.target = 'foo'

    def test_upper(self):
        self.assertEqual(self.target.upper(), 'FOO')
```

unittest.TestCase 클래스의 assert 메서드를 이용하여 다양한 테스트를 수행할 수 있습니다. 대표적인 assert 메서드는 다음 표와 같습니다.

대표적인 assert 메서드

메서드	테스트 내용
assertEqual(a, b)	a == b
assertNotEqual(a, b)	a != b
assertTrue(x)	bool(x) is True
assertFalse(x)	bool(x) is False
assertIs(a, b)	a is b
assertIsNot(a, b)	a is not b
assertIsNone(x)	x is None
assertIsNotNone(x)	x is not None
assertIn(a, b)	a in b
assertNotIn(a, b)	a not in b
assertIsInstance(a, b)	isinstance(a, b)
assertNotIsInstance(a, b)	not isinstance(a, b)

테스트를 건너뛰거나 의도적으로 실패하기

Python의 장식자(decorator)를 이용하여 장식한 테스트를 건너뛰거나 의도적으로 실패하는 처리를 작성할 수 있습니다.

건너뛰거나 의도적 실패를 작성할 때 사용하는 장식자

장식자	설명
@unittest.skip(reason)	테스트를 무조건 건너뛴다. reason에는 테스트를 건너뛰는 이유를 적는다.
@unittest.skipIf(condition, reason)	condition이 참이면 테스트를 건너뛴다.
@unittest.skipUnless(condition, reason)	condition이 거짓이면 테스트를 건너뛴다.
@unittest.expectedFailure	테스트 실패가 의도적이라는 것을 나타낸다. 해당 테스트에 실패해도 이 테스트는 실패로 세지 않는다.

실제로 테스트를 건너뛰는 예는 다음과 같습니다.

테스트 건너뛰기

```
class TestSample(unittest.TestCase):
    @unittest.skip("이 테스트를 건너뜁니다.")
    def test_upper(self):
        self.assertEqual('foo'.upper(), 'FOO')

if __name__ == '__main__':
    suite = unittest.TestLoader().loadTestsFromTestCase(TestSample)
    unittest.TextTestRunner(verbosity=2).run(suite)
```

앞선 코드에서는 테스트 건너뛰기 처리를 알기 쉽게 표시하기 위해 unittest.main()을 수정하여 더 자세한 테스트 결과를 표시하였습니다. 이 코드를 실행하면 다음과 같은 결과를 얻을 수 있습니다.

자세한 테스트 결과 출력

```
$ python sample_unittest.py
test_upper (__main__.TestSample) ... skipped '이 테스트를 건너뜁니다.'

----------------------------------------------------------------------
Ran 1 test in 0.000s

OK (skipped=1)
```

명령줄 인터페이스 이용하기

unittest는 명령줄에서도 사용할 수 있습니다.

명령줄에서 unittest 사용

```
python -m unittest test_module1 test_module2  ── 특정 모듈로 정의된 테스트를 실행한다
python -m unittest test_module.TestClass  ── 특정 클래스로 정의된 테스트를 실행한다
python -m unittest test_module.TestClass.test_method  ── 특정 메서드로 정의된 테스트를 실행한다
```

명령줄 인터페이스에서 이용할 수 있는 옵션은 다음과 같습니다.

unittest 명령줄 옵션

옵션	설명
-b, --buffer	표준 출력과 표준 오류 출력의 스트림을 테스트를 실행하는 동안 버퍼링한다.
-c, --catch	control-C를 실행 중인 테스트가 종료될 때까지 지연시키고, 그때까지의 결과를 출력한다. 두 번째 control-C는 원래대로 KeyboardInterrupt 예외를 발생시킨다.
-f, --failfast	맨 처음 오류 또는 실패 시 테스트를 중지한다.

mock을 이용한 단위 테스트

공식 문서	https://docs.python.org/3.4/library/unittest.mock.html

지금부터는 소프트웨어 테스트를 위한 mock 객체를 제공하는 unittest.mock에 대해 설명하겠습니다.

mock이란, 테스트가 의존하고 있는 객체를 인터페이스가 동일한 의사 객체로 대체하는 것을 말합니다. unittest.mock에 의해 대체된 mock 객체에는 호출할 때의 반환값 지정이나 예외 발생 등을 지정할 수 있습니다. mock를 이용하면 외부 API를 사용하고 있거나 데이터베이스에 접속해야 해서 테스트가 어려울 때에도, 외부에 의존하지 않고 테스트를 실행할 수 있습니다.

예를 들어 다음과 같은 상황을 생각해봅시다. 즉, 단위 테스트를 실행하려는 함수 my_processing()이 외부 API인 "OutsideAPI"에 처리를 의존하고 있는 상태입니다.

외부 API에 의존하는 상황에서 함수의 단위 테스트를 시행하는 예: sample_processing.py

```
# 어떤 외부 API
class OutsideAPI:
    def do_something(self):
        return '외부 API로 어떠한 처리를 실행한 결과'

# 단위 테스트를 하려는 처리
def my_processing():
    api = OutsideAPI()
    return api.do_something() + '를 사용하여 무엇인가를 하고 있다.'


if __name__ == "__main__":
    print(my_processing())
```

sample_processing.py 실행 결과

```
$ python sample_processing.py
외부 API로 어떠한 처리를 실행한 결과를 사용하여 무엇인가를 하고 있다.
```

다음 절에서는 Python 표준의 mock 기능을 제공하는 unittest.mock을 이용하여 외부 API OutsideAPI에서의 처리를 mock 객체로 대체하여, my_processing() 함수를 단위 테스트하기까지의 흐름을 설명하고 있습니다.

mock 객체를 생성하여 반환값과 예외 설정하기 – MagicMock

unittest.mock.MagicMock 클래스를 이용하면 간단하게 mock 객체를 생성할 수 있습니다. 여기서는 앞에 정의한 외부 API OutsideAPI의 처리를 대체하는 mock 객체를 만들어 보겠습니다.

외부 API OutsideAPI의 do_something() 처리를 대체하는 mock 객체 생성하기

```
>>> from sample_processing import OutsideAPI
>>> from unittest.mock import MagicMock

외부 API의 do_something() 함수를 대체하는 mock 객체 생성
>>> api = OutsideAPI()
>>> api.do_something = MagicMock()
>>> api.do_something
<MagicMock id='4372473280'>

do_something() 함수의 반환값 설정
>>> api.do_something.return_value = 'mock 객체로 대체된 결과'
>>> api.do_something()
'mock 객체로 대체된 결과'

함수에 예외를 설정할 수도 있음
```

제 11 장

```
>>> api.do_something.side_effect = Exception('예외를 설정합니다.')
>>> api.do_something()
Traceback (most recent call last):
  ...
Exception: 예외를 설정합니다.
```

이렇게 외부 API의 처리를 mock 객체로 대체할 수 있다는 것을 확인하였습니다.

클래스와 메서드를 mock으로 대체하기 – patch

특정 클래스나 메서드를 mock 객체로 대체하려면, patch 장식자/컨텍스트 매니저를 이용합니다. 여기서는 실제로 외부 API OutsideAPI에 의존하는 처리를 mock으로 대체해보겠습니다.

장식자 이용하기

patch의 인수에 대체할 대상을 지정하고, 테스트 인수에 대체할 mock 객체를 넘겨줍니다.

장식자를 이용하여 외부 API OutsideAPI에 의존하는 처리를 mock으로 대체하기

: test_sample_processing1.py

```
from sample_processing import my_processing
from unittest.mock import patch
import unittest

class TestMyClass(unittest.TestCase):
    # 장식자를 이용하여 OutsideAPI를 APIMock으로 대체
    @patch('sample_processing.OutsideAPI')
    def test_my_processing(self, APIMock):
        api = APIMock()
        api.do_something.return_value = 'mock 객체로 대체된 결과'
```

```
        # 의존하고 있던 처리를 mock으로 대체하고, my_processing() 처리를 실행
        assert my_processing() == 'mock 객체로 대체된 결과를 사용하여 무엇인가를 하고 있다.'

if __name__ == "__main__":
    unittest.main()
```

test_sample_processing1.py 실행 결과

```
$ python sample_processing1.py
.
----------------------------------------------------------------------
Ran 1 tests in 0.001s

OK
```

컨텍스트 매니저 이용하기

with 문을 이용하여 특정 클래스나 메서드를 mock으로 대체할 수 있습니다. 이때, patch는 with 문의 블록 내에서만 적용됩니다.

컨텍스트 매니저를 이용하여 외부 API OutsideAPI에 의존하는 처리를 mock으로 대체하기 : test_sample_processing2.py

```
from sample_processing import my_processing
from unittest.mock import patch
import unittest

class TestMyClass(unittest.TestCase):
    # 컨텍스트 매니저를 이용하여 OutsideAPI를 APIMock으로 대체
    def test_my_processing(self):
```

```
        with patch('sample_processing.OutsideAPI') as APIMock:
            api = APIMock()
            api.do_something.return_value = 'mock 객체로 대체된 결과'

            # 의존하던 처리를 mock으로 대체하고, my_processing() 처리를 실행
            assert my_processing() == 'mock 객체로 대체된 결과를 사용하여 무엇인가를 하고 있다.'

        # with 문 밖으로 나오면 패치는 적용되지 않음
        assert my_processing() == '외부 API로 어떠한 처리를 실행한 결과를 사용하여
         무엇인가를 하고 있다.'

if __name__ == "__main__":
    unittest.main()
```

test_sample_processing2.py 실행 결과

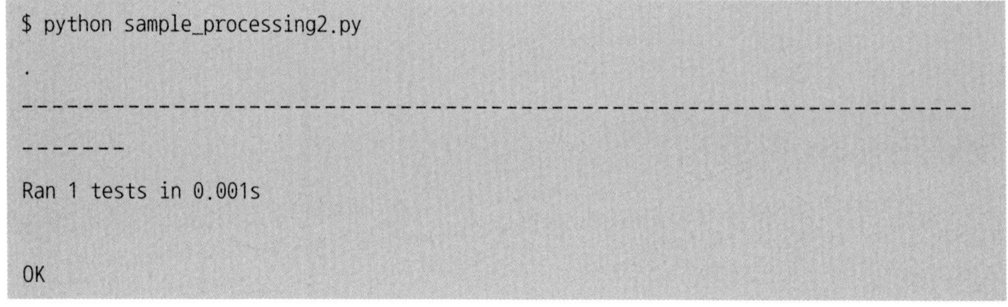

```
$ python sample_processing2.py
.
----------------------------------------------------------------------
-------
Ran 1 tests in 0.001s

OK
```

mock 객체가 호출되었는지 확인하기 – MagicMock.assert_called_with

MagicMock에는 mock 메서드가 실제로 호출되었는지를 확인하고 assertion을 던지는 메서드가 준비되어 있습니다. 이것은 단위 테스트를 할 때 매우 유용합니다.

mock 객체가 호출되었는지 확인하기

```
>>> from unittest.mock import MagicMock
>>> api = OutsideAPI()
>>> api.do_something = MagicMock()
>>> api.do_something.return_value = 'mock 객체로 대체된 결과'

do_something 메서드가 1회 이상 호출되었는지 확인한다
1회 이상 호출되지 않았으면 AssertionError가 발생한다
>>> api.do_something.assert_called_with()
Traceback (most recent call last):
  ...
  raise AssertionError(...)
AssertionError: Expected call: mock()
Not called
>>> api.do_something()  ── 첫 번째 호출
'mock 객체로 대체된 결과'
>>> api.do_something.assert_called_with()
>>>

메서드가 한 번만 호출되었는지 확인한다
>>> api.do_something.assert_called_once_with()
>>>
>>> api.do_something()  ── 두 번째 호출
'mock 객체로 대체된 결과'
>>> api.do_something.assert_called_once_with()
Traceback (most recent call last):
  ...
  raise AssertionError(msg)
AssertionError: Expected 'mock' to be called once. Called 2 times.
```

MagicMock과 Mock의 차이

unittest.mock 모듈에는 MagicMock과 Mock, 이 두 가지의 mock 객체가 준비되어 있습니다. MagicMock 클래스는 Mock 클래스의 서브클래스로서 정의되어 있으며, Mock 클래스가 갖는 모든 기능뿐만 아니라 Python이 갖는 모든 특수 메서드를 지원합니다. 예는 다음과 같습니다.

MagicMock과 Mock의 사용 예 비교

```
>>> from unittest.mock import Mock, MagicMock

##################################
# MagicMock을 이용하는 예

>>> mock = MagicMock()
>>> mock.return_value = 1.0

특수 메서드가 기본으로 지원된다
>>> int(mock)
1

##################################
# Mock을 이용하는 예

>>> mock = Mock()

특수 메서드에 대해서도 Mock을 준비해야 한다
>>> mock.__float__ = Mock(return_value=1.0)

__float__만 정의되어 있기 때문에 오류가 발생한다
>>> int(mock)
Traceback (most recent call last):
  ...
TypeError: int() argument must be a string, a bytes-like object or a
number, not 'Mock'

int()를 이용하고 싶으면 특수 메서드__int__도 정의해야 한다
>>> mock.__int__ = Mock(return_value=1)
```

```
>>> int(mock)
1
```

특별한 이유가 없다면 일단 MagicMock을 사용하면 됩니다.

11.5 pdb

대화 모드 디버깅하기

공식 문서	https://docs.python.org/3.4/library/pdb.html

여기에서는 Python 프로그램용 대화 모드 디버거인 pdb에 대해 설명하겠습니다. pdb를 이용하면 프로그램 실행 도중의 변수값과 오류 발생 시 원인 등을 조사할 수 있습니다. PyCharm으로 대표되는 Python의 통합 개발 환경에 풍부한 디버거가 탑재되어 있지만, pdb로도 디버깅할 수 있습니다.

대표적인 디버거 명령어

다음은 pdb가 지원하는 대표적인 디버거 명령어를 정리한 것입니다.

디버거 명령어

옵션	설명
h(elp) [command]	도움말 명령어. command를 지정하지 않으면 이용 가능한 명령어의 리스트를 표시한다.
w(here)	스택 트레이스(stack trace)를 출력한다.
n(ext)	다음 행으로 넘어간다(다음 행 실행).
l(ist) [first[, last]]	지정한 범위의 소스 코드를 표시한다. 지정하지 않으면 현재 위치 주위 11행을 표시한다.
c(ont(inue))	중단점(break point)에 도달할 때까지 실행한다.
q(uit)	디버거를 종료한다.

이 외에 pdb가 지원하는 디버거 명령어에 대해서는 공식 문서를 참고하기 바랍니다.

 중단점 삽입하기

pdb.set_trace를 삽입하면 중단점 역할을 합니다. pdb.set_trace의 삽입 위치에 도달한 시점에 디버그 모드로 전환합니다. 다음 스크립트 "sample_pdb.py"를 예로 들어 디버깅해 봅시다.

디버깅 대상 스크립트: sample_pdb.py

```
import pdb

def add(a, b):
    # 이 위치에서 중단한다
    pdb.set_trace()
    return a + b

def main():
    add(1, 2)

if __name__ == "__main__":
    main()
```

앞선 스크립트 실행하면, 다음과 같이 디버그 모드로 전환합니다.

sample_pdb.py 실행

```
$ python sample_pdb.py
> /path/to/sample_pdb.py(5)add()
-> return a + b
(Pdb)

help 명령어
(Pdb) h
```

```
Documented commands (type help <topic>):
========================================
...

현재 위치 주위 11행을 표시한다
(Pdb) l
  1     import pdb
  2
  3     def add(a, b):
  4         # 이 위치에서 중단한다
  5         pdb.set_trace()
  6  ->         return a + b
  7
  8     def main():
  9         add(1, 2)
 10
 11     if __name__ == "__main__":

스택 트레이스를 표시한다
(Pdb) w
  /path/to/sample_pdb.py(12)<module>()
-> main()
  /path/to/sample_pdb.py(9)main()
-> add(1, 2)
> /path/to/sample_pdb.py(6)add()
-> return a + b

다음 행을 처리한다
(Pdb) n
--Return--
> /path/to/sample_pdb.py(6)add()->3
-> return a + b

다음 중단점까지 계속 처리한다
(Pdb) c
```

이렇게 디버거의 프롬프트가 (Pdb)로 바뀌어 있습니다.

Python의 대화 모드에서 디버깅하기

다음은 앞서 작성한 sample_pdb.py 스크립트에 대하여, 대화 모드에서 디버그 모드로 전환하는 예입니다.

대화 모드에서 디버깅 모드로 전환하기

```
>>> import pdb
>>> import sample_pdb        디버깅 대상 스크립트(모듈)를 import한다
>>> pdb.run(sample_pdb.main())        pdb.run( ) 에 디버깅 대상을 넘긴다
> /path/to/sample_pdb.py(6)add()
-> return a + b
(Pdb)
```

비정상적으로 종료하는 스크립트 디버깅하기 – pdb.pm

pdb.py를 스크립트로서 호출하면 프로그램이 비정상적으로 종료할 때 자동으로 디버그 모드로 전환할 수 있습니다.

다음 스크립트 "sample_pdb2.py"를 디버깅합니다.

ZeroDivisionError가 발생하는 스크립트: sample_pdb2.py

```
def div(a, b):
    return a / b

def main():
    # 다음을 실행하면 1 / 0으로 ZeroDivisionError가 발생한다
    div(1, 0)
```

```
if __name__ == "__main__":
    main()
```

앞선 스크립트를 실행합니다.

sample_pdb2.py 실행

```
실행하면 자동으로 디버그 모드로 전환
$ python -m pdb sample_pdb2.py
> /path/to/sample_pdb2.py(1)<module>()

continue하면 오류가 발생하여 예외가 발생한 곳까지 돌아간다
-> def div(a, b):
(Pdb) c
Traceback (most recent call last):
  ...
ZeroDivisionError: division by zero
Uncaught exception. Entering post mortem debugging
Running 'cont' or 'step' will restart the program
> /path/to/sample_pdb2.py(2)div()
-> return a / b

변수 내용을 확인
(Pdb) p a
1
(Pdb) p b
0

하나 위의 프레임으로 이동
(Pdb) u
> /path/to/sample_pdb2.py(6)main()
-> div(1, 0)
```

대화 모드에서 오류가 발생했을 때 디버그 모드로 전환하려면 pdb.pm( ) 메서드를 사용합니다.

대화 모드에서 자동으로 디버그 모드로 전환하는 예

```
>>> import pdb
>>> import sample_pdb2
>>> pdb.run(sample_pdb2.main())
Traceback (most recent call last):
   ...
ZeroDivisionError: division by zero

>>> pdb.pm()
> /path/to/sample_pdb2.py(2)div()
-> return a / b
(Pdb)
```

제11장

11.6 timeit

코드의 실행 시간을 측정하기

공식 문서	https://docs.python.org/3.4/library/timeit.html

지금부터는 코드의 실행 시간을 측정하는 timeit에 대해 설명하겠습니다.

timeit은 실행하는 Python 코드 자체를 문자열로 넘겨야 하므로, 너무 크지 않은 코드들을 처리하는 데 사용합니다. 코드 실행 시간을 측정하면 구현 성능을 분석할 수 있기 때문에 병목 구간 발견에 도움이 됩니다.

실행 시간을 측정하는 방법으로는 명령줄 인터페이스를 이용하는 방법과 Python 인터페이스를 이용하는 방법, 두 종류의 방법이 있습니다. 각각의 방법에 대해 살펴보겠습니다.

명령줄에서 코드의 실행 시간 측정하기

명령줄에서 timeit을 실행할 때는 다음과 같은 형식을 이용합니다.

timeit의 형식

```
$ python -m timeit [-n N] [-r N] [-s S] [-t] [-c] [-h] [statement ...]
```

주요 명령줄 옵션은 다음과 같습니다.

명령줄 옵션

옵션	설명
-n N, --number=N	Python 코드를 실행하는 횟수를 지정한다. 생략하면 10회부터 시작하여 소요 시간이 0.2초가 되도록 반복 횟수가 자동으로 계산된다.

옵션	설명
-r N, --repeat=N	실행 시간 측정을 반복할 횟수를 지정한다(기본값은 3).
-s S, --setup=S	맨 처음 1회만 실행하는 명령문을 지정한다(기본값은 pass).
-p, --process	이를 지정하면, 실시간이 아닌 프로세스 시간을 측정한다.
-v, --verbose	이를 지정하면, 결과를 자세한 수치로 반복하여 표시한다.

구체적인 사용 예를 다음에 나타내었습니다. 명령줄 인터페이스를 이용하면, 특별히 지정하지 않는 한 반복 횟수는 자동으로 결정됩니다.

명령줄에서 timeit의 사용 예

```
지정된 Python 코드를 100만 회 실행할 때의 실행 시간을 측정하며, 이를 3회 반복한다
최종적으로 가장 실행 속도가 빨랐던 것을 선택한다
$ python -m timeit '"test" in "This is a test."'
10000000 loops, best of 3: 0.0422 usec per loop

맨 처음 한 번만 셋업문을 지정할 수 있다
$ python -m timeit 'text = "This is a test."; char = "test"' 'char in text'
10000000 loops, best of 3: 0.0586 usec per loop

여러 행을 포함한 식을 측정할 수도 있다
$ python -m timeit 'try:' ' "This is a test".__bool__' 'except AttributeError:' ' pass'
1000000 loops, best of 3: 0.471 usec per loop
```

Python 인터페이스에서 코드의 실행 시간 측정하기

코드의 실행 시간을 측정하기 위해, timeit 모듈은 다음 두 개의 함수를 제공합니다.

timeit 모듈의 함수

함수 이름	설명
timeit(stmt='pass', setup='pass', timer=<default timer>, number=1000000)	Timer 인스턴스를 생성하여, 해당 timeit( ) 함수를 사용해 Python 코드(stmt)를 number회 실행한다.
repeat(stmt='pass', setup='pass', timer=<default timer>, repeat=3, number=1000000)	Timer 인스턴스를 생성하여, 해당 timeit( ) 함수를 사용해 Python 코드(stmt)를 number회 실행하는 것을 repeat회 반복한다.

앞선 두 함수에서 이용할 수 있는 Timer 클래스에 대해 간단히 살펴보면 다음과 같습니다.

Timer 클래스

형식	class Timer(stmt='pass', setup='pass', timer=<timer function>)
설명	주어진 Python 코드의 실행 시간을 측정하기 위한 클래스.
인수	• stmt – 실행 시간을 측정하려는 Python 코드(기본값은 pass). • setup – 맨 처음에 한 번만 실행하는 문을 지정한다(기본값은 pass). • timer – 타이머 함수를 지정한다(플랫폼에 의존적이며, 자세한 내용은 이어서 설명함).

Timer 클래스의 함수

형식	설명
timeit(number=1000000)	주어진 Python 코드를 number회 실행한 시간을 측정한다(기본값은 100만 회). 그 결과로 실행에 소요된 시간(초)을 부동소수점 수로 반환한다.
repeat(repeat=3, number=1000000)	timeit( )을 number회 실행하는 것을 repeat회 반복하고, 그 결과를 리스트로 반환한다(기본값은 3회).

Timer 클래스에서 사용할 수 있는 타이머 함수는 플랫폼 의존이라는 점에 주의합시다.

- Windows일 때: time.clock( )은 마이크로초의 정밀도, time.time( )은 1/60초의 정밀도.
- UNIX일 때: time.clock( )은 1/100초의 정밀도, time.time( )은 더 정확함.

time 모듈에 대해서는 "3.2 시각 다루기 – time"을 참고하기 바랍니다.

구체적인 사용 예는 다음과 같습니다.

timeit 함수의 사용 예

```
>>> import timeit

main 문을 100만 회 실행한 시간을 측정하여, 걸린 시간을 부동소수점 수로 반환한다
>>> timeit.timeit('"test" in "This is a test."')
0.04839502200775314

timeit()을 3회 반복한 결과를 리스트로 반환한다
>>> timeit.repeat('"test" in "This is a test."')
[0.04914931798703037, 0.043436393985757604, 0.04310545398038812]

Timer 클래스를 이용하여 셋업문을 지정할 수 있다
>>> t = timeit.Timer('char in text', setup='text = "This is a test."; char = "test"')
>>> t.timeit()
0.04692401799547952

여러 행을 포함한 식을 측정할 수도 있다
>>> s = """\
... try:
...   "This is a test".__bool__
... except AttributeError:
...   pass
... """
>>> timeit.timeit(stmt=s)
0.4765314340038458
```

11.7 pytest

더 높은 수준의 unittest 기능 이용하기

버전	2.7.1
공식 문서	http://pytest.org/latest/
PyPI	https://pypi.python.org/pypi/pytest
소스 코드	https://bitbucket.org/pytest-dev/pytest/

여기에서는 "11.3 단위 테스트 프레임워크 이용하기 – unittest"에서 설명한 unittest보다 더 높은 수준의 기능을 제공하는 테스트 프레임워크인 pytest에 대해 설명하겠습니다.

pytest 설치

pytest는 다음과 같이 설치합니다.

pytest의 pip 설치

```
$ pip install pytest
```

테스트를 작성하여 실행하기

pytest에서 기댓값과 실제 값을 검증할 때에는 Python 표준인 assert 문을 이용합니다.

테스트 케이스 작성 예: test_sample.py

```
import pytest

def test_upper():
    assert 'foo'.upper() == 'FOO'
```

앞선 코드의 실행 결과는 다음과 같습니다.

test_sample.py 테스트 결과

```
$ py.test test_sample.py
================================================ test session starts =====
==========================================
platform darwin -- Python 3.4.3 -- py-1.4.30 -- pytest-2.7.2
rootdir: /path/to/dir, inifile:
collected 1 items

test_sample.py .

============================================ 1 passed in 0.01 seconds ====
=========================================
```

pytest는 테스트가 실패할 때는 함수 호출 반환값을 표시합니다. 앞선 코드를 다음과 같이 수정하여 테스트 실패 예를 확인해봅시다.

실패하는 테스트 케이스 예: test_sample.py

```
import pytest

def test_upper():
    assert 'foo'.upper() == 'Foo'
```

test_sample.py 테스트 결과

```
$ py.test test_sample.py
================================================ test session starts =====
==========================================
platform darwin -- Python 3.4.3 -- py-1.4.30 -- pytest-2.7.2
rootdir: /path/to/dir, inifile:
```

```
collected 1 items

test_sample.py F

=============================================== FAILURES ========
==========================================
_______________________________________________ test_upper _______
______

    def test_upper():
>       assert 'foo'.upper() == 'Foo'
E       assert 'FOO' == 'Foo'
E         - FOO
E         + Foo

test_sample.py:4: AssertionError
========================================= 1 failed in 0.30 seconds ===
=======================================
```

자동으로 테스트를 찾아 실행하기

pytest는 테스트를 실행할 때, 지정한 디렉터리 아래의 테스트를 자동으로 탐색하여 실행합니다(디렉터리를 지정하지 않으면 현재 디렉터리 아래의 테스트를 탐색합니다). 탐색하는 대상은 Python 패키지 아래의 test_* 또는 *_test 등의 이름으로 정의되어 있는 모듈입니다. 이들 조건을 충족하는 경우, unittest로 작성된 테스트도 실행됩니다.

테스트를 탐색하여 실행하는 예

```
$ py.test [테스트가 저장된 디렉터리]
```

여러 개의 입출력 패턴에 대한 테스트(Parameterized test)

pytest는 PHPUnit[2] 등에서 지원하는 데이터 제공자의 기능을 기본으로 지원하고 있습니다. 데이터 제공자란 하나의 테스트에 대한 입력과 이에 대응하는 출력을 여러 개 부여할 수 있게 해 주는 기능으로, 이를 통해 하나의 메서드에 대한 테스트를 매개변수화할 수 있습니다(Parameterized test).

주어진 객체가 숫자인지 아닌지를 판단하는 isdigit() 메서드에 대하여, 입력을 여러 개 주어 테스트하는 예를 살펴봅시다.

Parameterized test의 예: test_sample.py

```
import pytest

@pytest.mark.parametrize("obj", ['1', '2', 'Foo'])
def test_isdigit(obj):
    assert obj.isdigit()
```

앞선 코드의 실행 결과는 다음과 같습니다.

test_sample.py 테스트 결과

```
$ py.test test_sample.py
================================================ test session starts =====
========================================
platform darwin -- Python 3.4.3 -- py-1.4.30 -- pytest-2.7.2
rootdir: /path/to/dir, inifile:
collected 3 items

test_sample.py ..F
```

2 https://phpunit.de/

```
========================================================= FAILURES ========
============================================
___________________________________________ test_isdigit[Foo] _____
_____

obj = 'Foo'

    @pytest.mark.parametrize("obj", ['1', '2', 'Foo'])
    def test_isdigit(obj):
>       assert obj.isdigit()
E       assert <built-in method isdigit of str object at 0x109df55e0>()
E        + where <built-in method isdigit of str object at 0x109df55e0>
= 'Foo'.isdigit

test_sample.py:5: AssertionError
======================================= 1 failed, 2 passed in 0.02 seconds =
=======================================
```

입력이 1 또는 2일 때는 테스트가 성공하였으나, Foo를 주면 테스트가 실패하는 것을 알 수 있습니다.

스택 트레이스 다루기

공식 문서	https://docs.python.org/3.4/library/traceback.html

여기에서는 Python의 스택 트레이스(stack trace)를 서식을 맞추어 표시하거나 얻는 기능을 제공하는 traceback에 대해 설명하겠습니다. 스택 트레이스는 문제를 추적하거나 기록하기 위해 이용합니다.

traceback 모듈은 프로그램을 정지시키지 않고 스택 트레이스를 표시하거나, 콘솔 이외(로그 파일 등)에 스택 트레이스를 출력합니다. 여기에서는 traceback 모듈의 기본 인터페이스를 소개하겠습니다.

스택 트레이스 표시하기

print_exc()는 스택 트레이스를 Python 인터프리터와 같은 서식으로 출력합니다. 기본으로는 콘솔에 출력하지만, 인수 file을 지정하면 파일에도 출력할 수 있습니다.

print_exc()

형식	print_exc(limit=None, file=None, chain=True)
설명	발생한 예외로부터 스택 트레이스 정보를 취득하여, 서식에 맞추어 출력한다.
인수	• limit – 지정한 수까지의 스택 트레이스를 출력한다. • file – 출력 위치가 될 file-like 객체를 지정한다(기본값은 sys.stderr). • chain – True이면 연쇄적인 예외도 동일하게 출력된다.

다음 코드에서는 발생한 예외의 스택 트레이스를 print_exc()를 사용하여 콘솔에 출력하고 있습니다.

스택 트레이스 표시하기

```
import traceback

def hoge():
    tuple()[0]      존재하지 않는 요소에 대한 접근이기 때문에 IndexError가 발생한다

try:
    hoge()
except IndexError:
    print('--- Exception occurred ---')
    traceback.print_exc(limit=None)
```

다음은 앞선 코드를 example.py로 실행할 때의 출력 모습입니다. 인수 limit에는 기본값과 같은 None을 지정하였기 때문에, 모든 스택 트레이스가 출력됩니다.

print_exc()의 출력 예

```
$ python example.py
--- Exception occurred ---
Traceback (most recent call last):
  File "example.py", line 7, in <module>
    hoge()
  File "example.py", line 4, in hoge
    tuple()[0]
IndexError: tuple index out of range
```

인수 limit에 1을 지정하면, 스택 트레이스는 하나만 출력됩니다.

print_exc의 출력 예 – limit을 지정할 때

```
$ python example.py
--- Exception occurred ---
```

```
Traceback (most recent call last):
  File "example.py", line 7, in <module>
    hoge()
IndexError: tuple index out of range
```

이처럼 예외를 포착하여 print_exc()를 이용하면 스택 트레이스를 출력하면서도 프로그램을 계속 실행시킬 수 있습니다.

스택 트레이스를 문자열로 취급하기

format_exc()는 스택 트레이스를 Python 인터프리터와 같은 서식으로 맞춘 문자열로 반환합니다.

format_exc()

형식	format_exc(limit=None, chain=True)
설명	발생한 예외로부터 스택 트레이스 정보를 취득하고, 서식을 맞춘 문자열로 반환한다.
인수	• limit – 지정한 수까지의 스택 트레이스를 출력한다. • chain – True이면 연쇄적인 예외도 동일하게 출력된다.

다음은 발생한 예외의 스택 트레이스를 format_exc()를 사용하여 로그에 출력하는 예입니다. logging 모듈의 사용법은 "11.9 로그 출력하기 –logging"에서 설명하겠습니다.

스택 트레이스를 취득하여 로그에 출력하기

```
import traceback
import logging

logging.basicConfig(filename='/tmp/example.log', format='%(asctime)s %(levelname)s
%(message)s')
```

제11장

```
try:
    tuple()[0]
except IndexError:
    logging.error(traceback.format_exc())
    raise
```

샘플 코드에서는 발생한 예외의 스택 트레이스를 로그에 출력하고 있습니다. 예를 들어, 로그의 출력을 파일로 설정해 두면 로그 파일에 기록된 예외 내용을 나중에 확인할 수 있습니다. 이것은 데몬이나 정기 실행되는 패치 처리 등, 백그라운드에서 실행되는 프로그램을 이용할 때 유용합니다.

샘플 코드를 example.py로 실행하여 로그 파일에 출력된 스택 트레이스를 표시해봅시다.

스택 트레이스를 로그에 출력하는 스크립트 실행하기

```
$ python example.py
$ cat /tmp/example.log
2015-08-12 16:45:03,995 ERROR Traceback (most recent call last):
  File "example.py", line 8, in <module>
    tuple()[0]
IndexError: tuple index out of range
```

로그 출력하기

공식 문서	https://docs.python.org/3.4/library/logging.html

여기에서는 로그 출력에 관한 기능을 제공하는 logging 모듈에 대해 설명하겠습니다.

세 가지 로깅 설정 방법

logging 모듈에는 로깅 기능을 구성하는 세 가지 방법이 있습니다. 지금부터 차례대로 각각 자세한 내용을 살펴보겠습니다.

로깅 기능을 이용하는 방법

이용 방법	적절한 용도
logging으로 루트 로거를 설정한다.	한 모듈로만 구성되는 소규모 소프트웨어.
로거와 핸들러 등을 조합한 모듈 방식으로 설정한다.	여러 모듈로 구성되는 중~대규모 소프트웨어.
dictConfig() 등을 사용하여 특정 자료구조에서 일괄적으로 설정한다.	여러 모듈로 구성되는 중~대규모 소프트웨어.

모듈 방식과 dictConfig, 어느 쪽을 사용할까?

dictConfig는 구조적으로 읽기 쉬운 로깅 설정을 작성할 수 있으나 사전으로부터 일괄적으로 설정하기 때문에, 특히 대화 모드 등에서 조금씩 작성하여 동작시키는 것과 같은 방식에는 적합하지 않습니다. 반면 코드로 설정하는 모듈 방식은 다소 길게 작성해야 하지만, 짧은 코드에서도 동작을 확인할 수 있습니다.

따라서 로거나 핸들러 등을 사용한 짧은 코드로 로깅 설정을 다양하게 테스트해보며 로깅에 익숙해지고 나서, 코드를 dictConfig로 대체하는 방법을 추천합니다.

표준으로 정의된 로그 레벨

Python 로깅 기능에는 표준으로 6개의 로그 레벨이 정의되어 있습니다. 또한 NOTSET을 제외하고 각각의 로그 레벨을 사용하여 메시지를 출력하는 메서드가 있습니다.

표준 로그 레벨과 대응 메서드

로그 레벨	값	메서드
CRITICAL	50	logging.critical()
ERROR	40	logging.error()
WARNING	30	logging.warning()
INFO	20	logging.info()
DEBUG	10	logging.debug()
NOTSET	0	대응하는 메서드 없음

로그 레벨을 지정함으로써, 지정한 로그 레벨보다 낮은 값을 가진 로그 레벨 메시지의 출력을 제한할 수 있습니다.

예를 들어, 로그 레벨로 WARNING이 지정되어 있으면, 30보다 작은 값의 로그 레벨로 메시지를 출력하는 메서드인 logging.info()나 logging.debug()를 호출해도 메시지는 출력되지 않습니다. 구체적인 설정 예는 다음 절에서 이어서 살펴보겠습니다.

logging 모듈에서 로그 다루기

logging 모듈을 사용하여 로그를 출력하는 가장 간단한 예를 소개하겠습니다.

간단한 로그 출력 예

```
>>> import logging
>>> logging.debug('debug message')  ← 로그 레벨로 인해 출력되지 않음
>>> logging.warning('warning message')  ← 출력됨
WARNING:root:warning message
```

앞선 코드처럼 import 직후 logging 모듈에서 로그 출력 메서드를 호출하면, 로그 출력은 다음과 같이 동작합니다.

- 메시지는 표준 오류 출력된다
- 출력 포맷은 〈로그 레벨〉:〈로거 이름〉:〈메시지〉이다.
- 로그 레벨은 logging.WARNING으로 설정되어 있다.

다음은 로그 메시지에 변숫값을 출력하는 예입니다. 두 번째 이후의 인수 값이 메시지의 포맷 문자열로 치환됩니다.

로그 메시지에 변수를 출력하는 예

```
>>> import logging
>>> favorite_thing = 'bouldering'
>>> logging.error('I love %s!', favorite_thing)  ← %s가 변수의 값으로 치환된다
ERROR:root:I love bouldering!
```

출력 위치나 메시지 출력 포맷, 로그 레벨 등의 로깅 동작을 변경하고 싶을 때는 logging.basicConfig( )를 사용합니다. logging.basicConfig( )에는 다음 인수를 전달할 수 있습니다.

logging.basicConfig()의 인수

인수	내용
filename	출력 파일 이름을 지정한다.
filemode	파일을 열 때 모드를 지정한다.
format	지정한 로그 포맷으로 출력한다.
datefmt	지정한 일시 포맷을 사용한다.
style	format으로 쓸 수 있는 세 종류의 스타일 중 하나를 지정한다. '%' : % 스타일 '{' : str.format() 스타일 '$' : string.Template 스타일
level	로그 레벨의 임계 값을 지정한다.
stream	지정한 스트림을 사용한다. filename과 동시에 지정할 수 없다.
handlers	사용할 핸들러의 리스트를 지정한다. filename, stream과 동시에 지정할 수 없다.

인수 style에서 쓸 수 있는 포맷 스타일 중 하나인 str.format() 스타일에 대해서는 "1.1 일반적인 문자열 조작하기 – str, string"에 소개되어 있습니다.

다음은 logging.basicConfig()로 로깅 설정을 변경하는 예입니다.

logging.basicConfig()로 로깅 동작 변경하기

```
>>> logformat = '%(asctime)s %(levelname)s %(message)s'
>>> logging.basicConfig(filename='/tmp/test.log',   # 출력 대상 변경
...                     level=logging.DEBUG,        # 로그 레벨 변경
...                     format=logformat)           # 출력 포맷 변경

>>> logging.debug('debug message')
>>> logging.info('info message')
>>> logging.warning('warning message')
```

앞선 코드를 실행하면 출력 위치가 변경되므로 /tmp/test.log에 다음 내용이 출력됩니다.

/tmp/test.log의 출력 내용

```
2015-04-28 11:19:42,164 DEBUG debug message
2015-04-28 11:20:36,605 INFO info message
2015-04-28 11:20:56,509 WARNING warning message
```

로깅 동작을 변경한 내용이 반영된 메시지가 출력되었습니다.

- 출력 포맷을 변경함으로써, 맨 처음에 날짜를 포함한 포맷으로 메시지가 출력되었다.
- 로그 레벨을 logging.DEBUG로 설정함으로써, DEBUG 레벨과 INFO 레벨의 로그가 출력되었다.

포맷에 사용할 수 있는 속성 중 대표적인 것을 정리하면 다음과 같습니다.

로그 포맷에 사용할 수 있는 속성

이름	포맷	설명
asctime	%(asctime)s	"2015-08-13 15:00:30,123" 형식의 시각
filename	%(filename)s	pathname의 파일 이름 부분
funcName	%(funcName)s	로깅 호출을 포함한 함수 이름
levelname	%(levelname)s	로그 레벨을 가리키는 문자열
lineno	%(lineno)d	로깅을 호출하는 파일 내의 행 수
module	%(module)s	모듈 이름(finename의 이름 부분)
message	%(message)s	로그 메시지
name	%(name)s	로깅에 사용된 로거의 이름
pathname	%(pathname)s	로깅을 호출한 파일의 전체 경로
process	%(process)d	프로세스 ID
thread	%(thread)d	스레드 ID

모듈 방식으로 로깅 설정하기

logging 모듈에서는 앞에서 설명한 기본적인 사용법 외에도, 몇 가지 부품을 조합하여 유연하게 로깅을 구성할 수 있습니다.

로깅을 구성하는 부품

이름	내용
로거	로그 출력 인터페이스를 제공한다.
핸들러	로그의 송신 대상을 결정한다.
필터	로그의 필터링 기능을 제공한다.
포매터	로그 출력 포맷을 결정한다.

예를 들어 조합에 따라 다음과 같은 내용을 구현할 수 있습니다.

- 하나의 로거에 여러 개의 핸들러를 설정한다.

  예) 로거에 메시지를 넘길 때, 콘솔과 파일 두 개의 대상에 로그를 출력하고 싶을 때.

- 두 개의 로거에 각각 다른 핸들러를 설정한다.

  예) 로거 A에 메시지를 넘길 때는 로그 파일에 출력하지만, 로거 B에 넘길 때는 메일을 송신하고 싶을 때.

부품 조합에 따른 로깅 설정

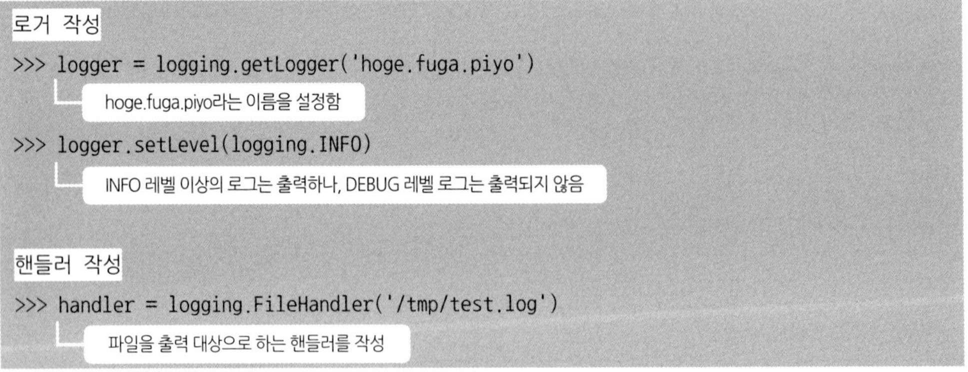

로거 작성
>>> logger = logging.getLogger('hoge.fuga.piyo')
hoge.fuga.piyo라는 이름을 설정함
>>> logger.setLevel(logging.INFO)
INFO 레벨 이상의 로그는 출력하나, DEBUG 레벨 로그는 출력되지 않음
핸들러 작성
>>> handler = logging.FileHandler('/tmp/test.log')
파일을 출력 대상으로 하는 핸들러를 작성

```
>>> handler.setLevel(logging.INFO)
    INFO 레벨 이상의 로그는 출력하나, DEBUG 레벨 로그는 출력되지 않음

필터 작성
>>> filter = logging.Filter('hoge.fuga')
    로거 이름이 hoge.fuga에 일치할 때만 출력하는 필터를 생성(위 로거는 일치함)

포매터 작성
>>> formatter = logging.Formatter('%(asctime)s - %(name)s - %(levelname)s - %(message)s')

조합
>>> handler.setFormatter(formatter)    핸들러에 포매터 설정
>>> handler.addFilter(filter)          핸들러에 필터 설정
>>> logger.addHandler(handler)         로거에 핸들러 설정
>>> logger.addFilter(filter)           로거에 필터 설정

로그 출력
>>> logger.debug('debug message')
>>> logger.info('info message')
```

로그 레벨 필터는 로거와 핸들러에 의해 동작합니다. 앞선 코드에서는 INFO 레벨 로그를 출력하도록, 로거와 핸들러 양쪽에 로그 레벨을 설정하였습니다.

출력 대상이 파일이므로 앞선 코드에서는 logging.FileHandler 클래스를 이용했습니다. 이외에도 logging 모듈과 logging.handlers 모듈에는 다양한 핸들러 클래스가 마련되어 있으므로 출력 위치에 따라 이용할 수 있습니다.

일시를 포함한 포맷으로 로그를 출력하기 위해 포맷을 작성했습니다. 포매터에서 이용할 수 있는 항목에 대해서는 공식 문서 "LogRecord attributes"[3]를 참고하기 바랍니다.

3 https://docs.python.org/3.4/library/logging.html#logrecord-attributes

로거의 계층 구조

로거를 생성하는 logging.getLogger()에는 인수로 로거 이름을 전달할 수 있습니다. 이 로거 이름의 문자열에 dot가 포함되면, 계층 구조가 만들어집니다. 앞선 예에서는 다음과 같은 계층이 만들어집니다.

로거의 계층 구조

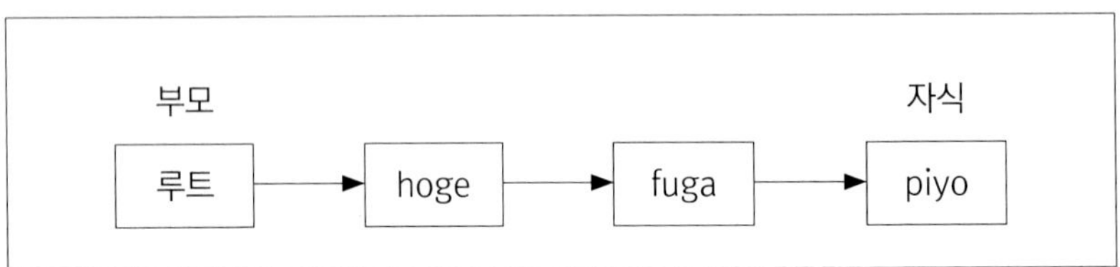

hoge.fuga.piyo의 부모 로거는 hoge.fuga이며, 그 부모는 hoge입니다. 모든 로거의 계층 구조에는 공통 부모 로거가 존재하며 이것을 가리켜 "루트 로거"라고 부릅니다.

또한 로거의 계층 구조를 이용한 자주 쓰이는 관용구를 살펴보면 다음과 같습니다.

로거의 계층 구조를 이용한 관용구

```
import logging
logger = logging.getLogger(__name__)
```

__name__은 패키지나 모듈의 구조가 문자열로 저장되어 있기 때문에, 로거 이름을 보면 어느 패키지/모듈에서 출력한 로그인지 직감적으로 알 수 있습니다. 로거 이름을 __name__으로 하는 로거를 "모듈 레벨 로거"라고 부릅니다.

계층 구조를 이용한 로깅 일괄 설정

자식 로거는 메시지를 부모 로거의 핸들러에 전달합니다. 이를 이용하여 특정 계층 다음에 있는 특정 이름을 가진 로거에 공통 설정을 적용할 수 있습니다.

- `logging.getLogger('hoge.fuga')`
- `logging.getLogger('hoge.piyo')`

앞선 로거는 메시지를 받으면 자신의 로거로 설정된 핸들러에 메시지를 넘깁니다. 이때 부모인 hoge 로거에 메시지를 전달하며, hoge 로거에 설정된 핸들러를 사용하여 로그 출력을 시도합니다. 따라서 hoge 로거에 대하여 핸들러를 설정해 두면 hoge.fuga와 hoge.piyo가 같은 핸들러를 사용할 수 있습니다.

메시지가 자식 로거로부터 부모 로거로 전달되는 성질과 모듈 레벨 로거를 조합하면, 특정 패키지/모듈 다음의 로거에 대해 간단히 공통 로깅을 설정할 수 있습니다.

필터를 통한 로그 출력 제어

샘플 코드 중에서 logging.Filter('hoge.fuga')와 같이 생성된 필터는 로거나 핸들러에 설정하여 로그 레벨과는 다른 기준을 적용하는 필터링 기능을 제공합니다.

필터는 로거의 이름에 따라 필터링을 실행합니다. 샘플 코드에서는 필터링할 로거 이름으로 'hoge.fuga'를 지정하였습니다. 이것은 로거 이름이 'hoge.fuga' 다음의 계층일 때 출력을 허가합니다(예: 'hoge.fuga', 'hoge.fuga.piyo' 등).

사전이나 파일로 로깅 설정하기

지금까지는 Python 코드로 로거와 핸들러, 포맷을 생성하여 로깅을 설정하는 방법에 대해 설명하였습니다.

Python 로깅 기능에서는 이러한 방법 외에도, logging.config 모듈에서 사전 객체나 파일로써 로깅 설정을 작성하는 방법도 제공합니다.

사전 객체로 설정하기 – dictConfig()

logging.config.dictConfig()는 사전 형식으로 작성한 설정 정보로 로깅을 설정할 수 있습니다.

logging.config.dictConfig()

형식	logging.config.dictConfig(config)
설명	사전 형식으로 작성한 설정 정보로 로깅을 설정한다.
인수	• config – 로깅 설정을 작성한 사전을 지정한다.

dictConfig를 사용한 로깅 설정 예

```
import logging
from logging.config import dictConfig
config = {
    'version': 1,  ── dictConfig의 버전, 1만 지원됨
    'disable_existing_loggers': False,  ── False이면 기존 로깅 설정을 무효화하지 않는다
    'formatters': {  ── 포매터 설정을 구성하는 사전
        'example': {  ── 포매터 이름
            'format': '%(asctime)s - %(name)s - %(levelname)s -
%(message)s',  ── 포맷 문자열
        },
    },
    'filters': {  ── 필터 설정을 구성하는 사전
        'hoge-filter': {  ── 필터 이름
            'name': 'hoge.fuga',  ── 필터 대상 로거 이름
        },
    },
    'handlers': {  ── 핸들러를 구성하는 사전
        'file': {  ── 핸들러 이름
            'level': 'INFO',  ── 핸들러의 로그 레벨 지정
            'class': 'logging.FileHandler',  ── 핸들러의 클래스
            'filename': '/tmp/test.log',  ── 출력 파일 경로
```

```
            'formatter': 'example',        핸들러에 설정하는 포매터 이름
            'filters': ['hoge-filter'],    핸들러에 설정하는 필터 이름 리스트
        },
    },
    'loggers': {          로거 설정을 구성하는 사전
        'hoge': {         로거 이름
            'handlers': ['file'],    로거가 이용하는 핸들러 이름의 리스트
            'level': 'INFO',         로거의 로그 레벨
            'propagate': True,       True이면 자식 로거에 설정을 전달함
        },
    },
}
dictConfig(config)
logger = logging.getLogger('hoge.fuga.piyo')
logger.debug('debug message')
logger.info('info message')
```

이는 앞에서 소개한 샘플 코드 "부품 조합에 따른 로깅 설정"과 같은 설정을 dictConfig()에 대응하는 포맷으로 치환한 예입니다.

disable_existing_loggers가 True이면(기본값), 그 이전의 로깅 설정은 무효화되므로 주의합시다.

dictConfig의 좋은 코드 샘플로, 웹 애플리케이션 프레임워크인 Django의 문서를 다음에 소개하겠습니다. Django가 설정 파일에 정의하는 항목 LOGGING의 값이 dicfConfig()의 포매터에 근거하여 작성되어 있기 때문입니다.

https://docs.djangoproject.com/en/1.8/topics/logging/#examples

파일로부터 설정 읽어오기 – fileConfig()

fileConfig( )를 사용하면 파일에 작성된 내용에 근거하여 로깅을 설정합니다. fileConfig( )는 dictConfig( )와 달리 필터를 설정할 수는 없습니다.

logging.config.fileConfig()

형식	logging.config.fileConfig(fname, defaults=None, disable_existing_loggers=True)
설명	configparser 형식의 파일에 작성한 설정 정보로부터 로깅을 설정한다. 취급할 수 있는 파일 형식에 대해서는 " 8.2 INI 파일 다루기 – configparser " 를 참고한다.
인수	• fname – 설정 파일 이름을 지정한다. • defaults – ConfigParser에 전달할 기본값을 지정한다. • disable_existing_loggers – True이면 이 함수를 호출하기 이전의 로깅 설정을 무효화한다.

fileConfig는 dictConfig보다 오래된 것이기 때문에 앞으로 기능 추가는 dictConfig에 대해서만 이루어질 예정입니다. 따라서 fileConfig보다 dictConfig를 사용할 것을 권장합니다.

Sentry – 오류 탐지, 디버깅을 위한 강력한 아군

서비스 환경에서 로그를 운용할 때는 "여러 개의 서버에서 출력된 로그를 어떻게 집약할 것인가?", 또 "발생한 오류를 어떻게 탐지할 것인가?"라는 문제는 피할 수 없습니다. 이를 해결하기 위한 수단 중 하나로, Sentry[4]라는 웹 서비스를 소개하겠습니다.

Sentry는 오류 추적(Error tracking)을 주목적으로 하는 로그 집약 서비스입니다. 로그를 출력하는 서버가 클라이언트가 됩니다. HTTP 등의 네트워크 프로토콜을 통해 Sentry 서버에 로그를 송신하면, 같은 종류의 로그 집약이나 사전에 등록되어 있던 메일 주소에 대한 통보 등을 수행합니다. Sentry 자체도 Python으로 작성된 소프트웨어입니다.

4 https://getsentry.com/

Sentry와 비슷한 서비스로는 Airbrake[5]나 Bugsnag[6] 등이 있는데, Python으로 웹 서비스를 개발하는 기업에서 만든 것이기 때문에 Python과는 잘 맞는 편입니다(다양한 언어를 위한 클라이언트 구현이 제공되고 있으나, Python 클라이언트 기능이 가장 좋습니다).

Sentry의 Python용 클라이언트 라이브러리인 raven-python[7]은 logging에 준거한 핸들러를 제공하거나 기존 로깅 구현을 쉽게 적용할 수 있습니다.

제 11 장

---

5 https://airbrake.io/

6 https://bugsnag.com/

7 https://github.com/getsentry/raven-python

Chapter

12

암호 관련

애플리케이션이 정보를 적절히 통신하고 저장하기 위해서는 암호화 기술이 필수입니다. 이번 장에서는 암호화, 복호화와 관련된 기능을 제공하는 PyCrypto와 원격 서버의 보안 통신에 이용하는 paramiko에 대해 설명하겠습니다.

다양한 암호화 다루기

버전	2.6.1
공식 문서	https://www.dlitz.net/software/pycrypto/apidoc/
PyPI	https://pypi.python.org/pypi/pycrypto
소스 코드	https://github.com/dlitz/pycrypto

여기에서는 암호화와 관련된 도구를 제공하는 PyCrypto에 대해 설명하겠습니다. PyCrypto는 AES와 DES, RSA 등 다양한 암호 알고리즘을 지원합니다. 암호화/복호화와 SSH 통신 공개키, 비밀키를 생성하는 목적으로 이용됩니다. 또한, MD5와 SHA-512 등의 해시 알고리즘도 갖추고 있어 부호화와 암호화를 폭넓게 지원할 수 있는 기본적인 패키지입니다.

다음 절인 "12.2 SSH 프로토콜 다루기 – paramiko"에서 설명할 paramiko는 PyCrypto에 의존하고 있습니다.

PyCrypto 설치

PyCrypto는 다음과 같이 설치합니다.

PyCrypto의 pip 설치

```
$ pip install pycrypto
```

해시값 생성하기

PyCrypto에서는 MD5나 SHA-512 알고리즘을 이용하여 해시값을 생성할 수 있습니다. 지원 알고리즘의 예는 다음과 같습니다.

- MD5
- RIPEMD-160
- SHA-1
- SHA-256
- SHA-512

특히 자주 쓰이는 MD5와 SHA-512의 알고리즘 해시값을 생성해보겠습니다. 샘플 코드는 다음과 같습니다.

해시값 생성하기

```
>>> from Crypto.Hash import MD5, SHA512
>>> hash_md5 = MD5.new()  ── MD5를 이용한다
>>> hash_md5.update(b'hamegg')  ── 문자열은 바이트 문자열로 전달해야 한다
>>> hash_md5.hexdigest()
'38f778abb3f6c5e050baaffdf74dac4e'

>>> hash_sha512 = SHA512.new()  ── SHA-512를 이용한다
>>> hash_sha512.update(b'ham')
>>> hash_sha512.hexdigest()
'a7c9f39cb45b21e8d82333b79c22d36a3d80af425108d964e39a0a6032e1466c
467a8724259cbf7945f4ffd02030ed74dd7dc86cdc9e6faaf18264c88d2951e1'

>>> hash_md5 = MD5.new(b'hamegg')  ── 인스턴스를 생성할 때 데이터도 전달할 수 있다
>>> hash_md5.hexdigest()
'38f778abb3f6c5e050baaffdf74dac4e'
>>> hash_md5 = MD5.new(b'ham')
```

```
>>> hash_md5.hexdigest()
'79af0c177db2ee64b7301af6e1d53634'

>>> hash_md5.update(b'egg')   # update 함수는 추가로 작성한다
>>> hash_md5.hexdigest()      # b'ham'과 b'egg'가 연결되어 b'hamegg'가 되었다
'38f778abb3f6c5e050baaffdf74dac4e'
```

어떤 알고리즘이든 통일된 API로 이용할 수 있습니다.

RSA 암호화 알고리즘 이용하기

암호화 방식에는 크게 공통키 암호와 공개키 암호가 있습니다. 공통키 암호 방식 알고리즘으로는 DES, 3DES, AES가 있으며 공개키 암호 방식 알고리즘은 RSA가 많이 알려졌습니다.

다음과 같이 비밀키와 공개키 한 쌍을 생성하는 샘플 코드를 살펴봅시다.

RSA를 사용한 비밀키와 공개키 생성

```
from Crypto.PublicKey import RSA

rsa = RSA.generate(2048)
private_pem = rsa.exportKey(format='PEM', passphrase='password')
with open('private.pem', 'wb') as f:
    f.write(private_pem)
public_pem = rsa.publickey().exportKey()
with open('public.pem', 'wb') as f:
    f.write(public_pem)
```

앞선 코드를 실행하면 다음 파일이 출력됩니다.

private.pem

```
-----BEGIN RSA PRIVATE KEY-----
Proc-Type: 4,ENCRYPTED
DEK-Info: DES-EDE3-CBC,E4E261F6B0EA5CFC

7y8ZWzJwBvhqJNxN9EIJJ/CqAMm1HsCuu/uQmFf5TU0uX+tHvQULM/Xp+ssveQXu
RHbL5Rqougb2Crgrki8NzpX7mZgJNRaOYmDT1LvkWFYTNSPq7x0Yz+urpCDn5Sqj
...
- 생략 -
...
3xA7WqQvGFgl6IOdu9HYeSUIcIz8FCAFg0I/XX9DKoUTYzdOdYlZX0ER501A1hiU
-----END RSA PRIVATE KEY-----
```

public.pem

```
-----BEGIN PUBLIC KEY-----
MIIBIjANBgkqhkiG9w0BAQEFAAOCAQ8AMIIBCgKCAQEA1EWk9BGuuVVpZooBHWmW
By12TBBwmvIFMaFUG4SYnugHqUxq1baJjQtw5DcTQyvJpiDqqroljWwWXJz4muy5
...
- 생략 -
...
LrapgWsVnLut/oxlJmRvir8Yvopzg1DvAduNlPso/k1N8J9Bo90Ytb4X8KQtYQTy
AwIDAQAB
-----END PUBLIC KEY-----
```

RSA.generate()

형식	RSA.generate(bits, randfunc=None, progress_func=None, e=65537)
설명	RSA 키를 무작위로 생성한다.
인수	• bits – 비트 강도
반환값	RSA key 객체(_RSAobj)

_RSAobj.exportKey()

형식	_RSAobj.exportKey(format='PEM', passphrase=None, pkcs=1)
설명	RSA 키를 작성한다.
인수	• format – 키의 포맷 • passphrase – 비밀키의 pass phrase. format을 PEM으로 지정한 경우에만 유효.
반환값	비밀키 또는 공개키 바이트 문자열

생성한 공개키와 비밀키 한 쌍을 사용하여 데이터를 암호화/복호화하는 샘플 코드를 살펴봅시다.

비밀키와 공개키를 사용한 데이터 암호화/복호화

```
from Crypto.PublicKey import RSA
from Crypto import Random

# 생성한 공개키와 비밀키를 읽어온다
public_key_file = open('public.pem', 'r')
private_key_file = open('private.pem', 'r')

public_key = RSA.importKey(public_key_file.read())
private_key = RSA.importKey(private_key_file.read(), passphrase='password')

plain_text = 'ham'
print('원래 문자열:', plain_text)

# 암호화 실행
random_func = Random.new().read
encrypted = public_key.encrypt(plain_text.encode('utf8'), random_func)
print('암호화된 문자열:', encrypted)

# 복호화 실행
decrypted = private_key.decrypt(encrypted)
print('복호화된 문자열:', decrypted.decode('utf8'))
```

```
public_key_file.close()
private_key_file.close()
```

앞선 코드의 실행 결과는 다음과 같습니다.

"비밀키와 공개키를 사용한 데이터 암호화와 복호화"의 실행 결과

```
원래 문자열: ham
암호화된 문자열: (b"9j\x8f\x8a\x19\x9ex\xf1\xba8\x1e\ ... 생략 ... \xc8,)
복호화된 문자열: ham
```

문자열 ham이 한 번 암호화되고 나서 다시 복호화된 것을 확인하였습니다.

RSA.importKey()

형식	RSA.importKey(externKey, passphrase=None)
설명	암호화된 RSA 키를 읽어온다.
인수	• externKey – 공개키 또는 비밀키를 지정한다. • passphrase – 비밀키일 때, pass phrase를 지정할 수 있다.
반환값	RSA key 객체(_RSAobj)

_RSAobj.encrypt()

형식	_RSAobj.encrypt(plaintext, K)
설명	RSA 방식으로 데이터를 암호화한다.
인수	• plaintext – 암호화 대상 문자열. • K – 난수를 생성하는 함수를 지정한다.
반환값	암호화된 바이트 문자열

_RSAobj.decrypt()

형식	_RSAobj.decrypt(ciphertext)
설명	RSA 방식으로 데이터를 복호화한다.
인수	• ciphertext – 복호화 대상인 암호화된 바이트열을 지정한다.
반환값	복호화된 바이트 문자열

표준 라이브러리 hashlib

해시값 생성은 표준 라이브러리인 hashlib으로도 가능합니다.

hashlib을 사용한 MD5 해시값 생성하기

```
>>> import hashlib
>>> hash_md5 = hashlib.md5(b'hamegg')
>>> hash_md5.hexdigest()
'38f778abb3f6c5e050baaffdf74dac4e'
```

이처럼 해시값 생성에 hashlib를 사용해도 좋습니다.

1 https://docs.python.org/3.4/library/hashlib.html

SSH 프로토콜 다루기

버전	1.15.2
공식 문서	http://docs.paramiko.org/en/
PyPI	https://pypi.python.org/pypi/paramiko/
소스 코드	https://github.com/paramiko/paramiko

지금부터는 SSH 모듈 기능을 제공하는 paramiko에 대해 설명하겠습니다. paramiko는 다양한 기능을 가진 패키지이지만, 주로 다음 목적으로 이용합니다.

- SSH 접속과 명령어 실행
- SFTP 접속을 통한 파일 전송

인증은 ID와 패스워드 인증 이외에 키 교환 방식도 지원합니다. 구성 관리 도구인 Ansible[2]이나 배포 도구인 Fabric[3]이 바로 이러한 paramiko를 이용하고 있습니다.

또한, paramiko에서는 FTP 접속은 불가능합니다. FTP 접속이 필요하다면 표준 라이브러리 ftplib[4]을 이용하기 바랍니다.

paramiko 설치

paramiko는 다음과 같이 설치합니다.

2 https://www.ansible.com/home

3 http://www.fabfile.org

4 https://docs.python.org/3.4/library/ftplib.html

paramiko의 pip 설치

```
$ pip install paramiko
```

 SSH 명령어 실행하기

paramiko를 사용하면 원격 서버에 SSH 로그인해서 명령어를 실행할 수 있습니다. 리눅스 서버에 접속하여 명령어 ls -l/tmp를 실행하는 샘플 코드를 살펴봅시다.

SSH 명령어 실행하기

```
import paramiko

ssh = paramiko.SSHClient()
ssh.set_missing_host_key_policy(paramiko.AutoAddPolicy())

ssh.connect('hamegg.com', 22, 'your_user', key_filename='/home/your_user
/.ssh/id_rsa')

stdin, stdout, stderr = ssh.exec_command('ls -l /home')

for line in stdout:
    print(line, end="")

ssh.close()
```

앞선 코드를 실행하면 다음과 같은 내용이 출력됩니다.

"SSH 명령어 실행하기"의 결과 예

```
drwx------  3 your_user your_user 4096 Jun 1 12:00 your_user
drwx------  3 test      test      4096 Jun 1 12:00 test
```

명령어 ls -l/home의 실행 결과인 표준 출력 내용이 표시되었습니다.

paramiko.client.SSHClient.connect()

형식	paramiko.client.SSHClient.connect(hostname, port=22, username=None, password=None, pkey=None, key_filename=None, timeout=None, allow_agent=True, look_for_keys=True, compress=False, sock=None, gss_auth=False, gss_kex=False, gss_deleg_creds=True, gss_host=None, banner_timeout=None)
설명	SSH 서버에 대한 접속 및 인증을 실행한다.
인수	• hostname — 접속할 서버 호스트를 지정한다. • port — 접속할 포트 번호를 지정한다. • username — 접속할 로그인 사용자를 지정한다. • password — 패스워드를 지정한다. • key_filename — 비밀키 경로를 지정한다.

paramiko.client.SSHClient.exec_command()

형식	paramiko.client.SSHClient.exec_command(command, bufsize=-1, timeout=None, get_pty=False)
설명	SSH 서버상에서 명령어를 실행한다.
인수	• command — 실행할 명령어를 지정한다.
반환값	표준 입력, 표준 출력, 표준 오류 출력

paramiko.client.SSHClient.set_missing_host_key_policy()

형식	paramiko.client.SSHClient.set_missing_host_key_policy(policy)
설명	모르는 서버 호스트에 접속할 경우 policy를 설정한다.
인수	• policy — policy

set_missing_host_key_policy( ) 메서드를 포함한, known_hosts에 관련된 동작의 자세한 내용은 뒤에 나오는 글상자 "paramiko와 known_hosts"에서 설명하겠습니다.

## 제 12 장

SFTP 파일 전송하기

SFTP 올리기/내려받기를 실행하는 코드는 다음과 같습니다.

SFTP 올리기/내려받기

```
import paramiko

ssh = paramiko.SSHClient()
ssh.set_missing_host_key_policy(paramiko.AutoAddPolicy())

ssh.connect('hamegg.com', 22, 'your_user', key_filename='/home/your_user/.ssh/id_rsa')
sftp = client.open_sftp()

# 올리기
sftp.put('local_file', 'remote_file')

# 권한을 0755로 지정
sftp.chmod('remote_file', 0o0755)

# 내려받기
sftp.get('remote_file', 'local_file')

sftp.close()
ssh.close()
```

paramiko.sftp_client.SFTPClient.put()

형식	paramiko.sftp_client.SFTPClient.put(localpath, remotepath, callback=None, confirm=True)
설명	로컬 호스트로부터 SFTP 서버에 파일을 복사한다.
인수	• localpath – 올릴 파일의 원래 경로 • remotepath – 파일을 올릴 위치의 경로
반환값	SFTPAttributes

remotepath에는 파일 이름까지 포함한 경로를 지정해야만 합니다. 디렉터리만 지정할 수는 없습니다.

paramiko.sftp_client.SFTPClient.get()

형식	paramiko.sftp_client.SFTPClient.get(remotepath, localpath, callback=None)
설명	SFTP 서버로부터 로컬 호스트로 파일을 복사한다.
인수	• remotepath – 내려받을 파일의 원래 경로 • localpath – 파일을 내려받을 위치의 경로

paramiko.sftp_client.SFTPClient.chmod()

형식	paramiko.sftp_client.SFTPClient.chmod(path, mode)
설명	파일 권한을 변경한다.
인수	• path – 권한을 변경할 대상의 파일 경로 • mode – 권한

mode에는 권한을 수치로 지정합니다. mode를 다룰 때는 주의할 필요가 있습니다. 예를 들어, 리눅스 명령어 "chmod 644"와 같은 동작을 기대하고 "mode=644"라고 지정하면, 실제로는 "--w----r-T"(chmod 1204)라는 권한이 설정됩니다. mode는 받은 값을 10진수 644라고 인식하여 8진수인 1204로 변환하기 때문입니다. 권한 644를 설정하려 할 때는 8진수 644를 10진수로 변환한 값인 "mode=420"이라고 지정하거나, 맨 앞에 0o(zero, o)를 붙여 0o0644와 같이 8진수로 지정하도록 합니다.

subprocess가 아닌 paramiko를 사용합시다

Python 코드로 SFTP/SCP 파일을 전송할 때, subprocess로 리눅스의 SFTP/SCP 명령어를 사용하는 경우를 자주 보게 됩니다.

subprocess로 SCP 명령어를 사용하는 예

```
import subprocess

subprocess.Popen(["scp", local_file, destination_host]).wait()
```

앞선 코드로도 파일은 전송할 수 있지만, paramiko를 쓰는 편이 오류 처리가 쉽습니다. 2015년 4월 기준으로 paramiko는 Python 3.4를 지원하고 있습니다. SFTP를 이용할 때는 paramiko를 쓰도록 합시다.

paramiko와 known_hosts

known_hosts에 대해 살펴보도록 하겠습니다. known_hosts는 접속할 서버 호스트의 진위 여부를 확인하기 위하여 서버 호스트 이름과 호스트 공개키 한 쌍을 기록해두는 파일을 가리킵니다. 보통은 사용자의 홈 디렉터리 아래 "~/.ssh/known_hosts"에 저장되어 있습니다.

앞선 샘플 코드 "SSH 명령어 실행하기" 중의 set_missing_host_key_policy( ) 메서드는 connect( ) 메서드로 접속할 대상의 서버 호스트 정보가 known_hosts에 없을 경우의 policy를 지정합니다. 자동으로 접속 완료 대상에 추가하는 paramiko.AutoAddPolicy( )와 추가하지 않는 paramiko.RejectPolicy( )를 지정할 수 있습니다.

known_hosts에 등록되어 있지 않은 서버 호스트에 접속할 때는 set_missing_host_key_policy( )를 생략하거나 또는 RejectPolicy( )를 지정하면, 예외 "SSHException: Server 'hamegg.com' not found in known_hosts"가 발생합니다.

AutoAddPolicy( )를 지정하는 것만으로는 실제로 known_hosts 파일에 내용이 입력되지 않습니다. SSHClient 클래스의 인스턴스 변수 _host_keys에 대입될 뿐입니다. known_hosts에 내용을 입력하고 싶을 때에는 load_host_keys( )와 save_host_keys( )를 이용합니다.

known_hosts의 읽기와 쓰기

```
import paramiko

KNOWN_HOSTS = '/home/your_user/.ssh/known_hosts'

ssh = paramiko.SSHClient()
ssh.set_missing_host_key_policy(paramiko.AutoAddPolicy())
ssh.load_host_keys(KNOWN_HOSTS_FILE)

ssh.connect('hamegg.com')

ssh.save_host_keys(KNOWN_HOSTS_FILE)

ssh.close()
```

실제로 load_host_keys( ) 메서드로 읽어온 파일의 경로는 임의의 것이라도 상관없습니다. load_host_keys( ) 메서드는 신규 파일을 생성하지 않기 때문에 파일을 미리 배치해 두어야 합니다.

load_system_host_keys( ) 메서드도 마찬가지로 known_hosts를 읽어오는 메서드지만, 파일 경로를 생략하면 자동으로 ~/.ssh/known_hosts를 읽어오고, 읽어온 파일에 대해 save_host_keys( ) 메서드로 내용을 입력할 수는 없다는 차이점이 있습니다.

load_host_keys( ) 또는 load_system_host_keys( ) 메서드로 읽어온 known_hosts 파일에 호스트 정보가 기재되어 있지 않고, 또한 policy에 paramiko.AutoAddPolicy( )가 지정되어 있지 않으면, 예외 "paramiko.ssh_exception.SSHException: Server 'hamegg.com' not found in known_hosts"가 발생합니다.

이러한 known_hosts 취급에 대해 잘 알아두고서 적절한 policy로 운용하도록 합시다.

Chapter 13

병렬처리

클라우드 기술의 급속한 발전에 따라, 누구나 강력한 머신을 손쉽게 이용할 수 있게 되었습니다. 이와 동시에 머신 리소스를 한계까지 사용하는 병렬처리 기술이 주목받고 있습니다.

이번 장에서는 Python의 병렬처리에 대해 설명하겠습니다. Python에서는 기본적으로 고기능 병렬처리 라이브러리를 지원하고 있습니다. 이 라이브러리를 이용하면 복잡한 프로세스 관리도 간단히 작성할 수 있습니다.

복잡한 프로세스를 생성하여 병렬처리하기

공식 문서	https://docs.python.org/3.4/library/multiprocessing.html

여기에서는 복잡한 프로세스의 생성과 병렬처리를 지원하는 multiprocessing에 대해 설명하겠습니다.

프로세스 생성하기

Process 객체를 만들어 start() 메서드를 호출하면 간단하게 자식 프로세스를 생성할 수 있습니다. 간단한 샘플 코드를 소개하자면 다음과 같습니다.

os 모듈에 대해서는 "5.1 운영체제의 기능 이용하기 - os"를 참고하기 바랍니다.

multiprocessing 모듈을 이용해 간단히 자식 프로세스를 생성하는 예: sample_process.py

```
from multiprocessing import Process
import os

def f(x):
    print("{0} - 프로세스 ID: {1} (부모 프로세스 ID: {2})".format(x, os.getpid(),
os.getppid()))

def main():
    for i in range(3):
        p = Process(target=f, args=(i, ))
        p.start()
    p.join()
```

```
if __name__ == "__main__":
    main()
```

여기서는 Process 객체를 생성할 때 자식 프로세스를 생성하는 대상(target)과 인수(args)를 지정하고 있습니다. 또한, 자식 프로세스 종료를 기다리도록 join() 메서드를 이용하고 있습니다.

join() 메서드를 생략하면 병렬처리가 완료되기 전에 다음 처리가 시작될 가능성이 있으므로 조심해야 합니다.

이 코드를 실행하면 다음과 같은 결과를 얻으며, 같은 부모 프로세스로부터 여러 개의 자식 프로세스가 생성된 것을 확인할 수 있습니다.

sample_process.py 실행

```
$ python sample_process.py
0 - 프로세스 ID: 22363 (부모 프로세스 ID : 22330)
1 - 프로세스 ID: 22364 (부모 프로세스 ID: 22330)
2 - 프로세스 ID: 22365 (부모 프로세스 ID: 22330)
```

생성된 프로세스가 종료되었는지 확인할 때는 is_alive() 메서드를 사용합니다.

is_alive() 이용

```
>>> p.is_alive()
False  프로세스가 종료되었음
```

프로세스 간 객체 교환하기

프로세스 간 통신을 위해 "큐(Queue)"와 "파이프(Pipe)" 두 가지 수단이 준비되어 있습니다.

큐(Queue)

큐는 thread-safe, process-safe 통신 방법입니다. thread-safe, process-safe라는 것은 여러 개의 스레드 및 프로세스가 동시에 병렬로 실행되어도 문제가 발생하지 않는다는 것을 의미합니다. 보통 어떤 객체에 접근하는 스레드나 프로세스는 한 번에 하나로 제한됩니다. 따라서 이 thread-safe, process-safe라는 것은 멀티스레드, 멀티프로세스 프로그래밍에서 매우 중요한 개념입니다.

구체적인 큐의 이용 예는 다음과 같습니다.

Queue를 이용하여 프로세스 간 통신하는 예: sample_queue.py

```
from multiprocessing import Process, Queue

def sender(q, n):
    # 큐에 메시지를 송신
    q.put('{0}회째의 Hello World!'.format(n))

def main():
    q = Queue()
    for i in range(3):
        p = Process(target=sender, args=(q, i))
        p.start()

    # 큐로 보낸 메시지를 수신
    print(q.get())
    print(q.get())

    p.join()

if __name__ == "__main__":
    main()
```

앞선 코드를 실행하면 다음과 같은 결과가 나옵니다.

sample_queue.py 실행

```
$ python sample_queue.py
0회째의 Hello World!   ← 처음 큐에 보낸 출력
1회째의 Hello World!   ← 두 번째 큐에 보낸 출력
```

파이프(Pipe)

Pipe는 양방향 통신을 가능하게 하는 기술입니다. 큐보다 몇 배 더 빠르게 동작하지만, thread-safe가 아니므로 엔드 포인트가 2개밖에 없는 경우에 사용합니다.

Pipe를 사용하여 프로세스 간 통신하는 예: sample_pipe.py

```
from multiprocessing import Process, Pipe
import os

# 송신측
def sender(conn):
    # 다른 자식 프로세스로 Hello World!라는 메시지를 송신
    conn.send('Hello World!')
    conn.close()

# 수신측
def receiver(conn):
    # 다른 자식 프로세스로부터 메시지를 수신하여 표시
    msg = conn.recv()
    print('메시지 수신: {0}'.format(msg))
    conn.close()

def main():
    # 메시지를 송수신하는 파이프 생성
    parent_conn, child_conn = Pipe()
```

제 13 장

```
    # 메시지 송신
    p = Process(target=sender, args=(child_conn,))
    p.start()

    # 메시지 수신
    p = Process(target=receiver, args=(parent_conn,))
    p.start()

    p.join()

if __name__ == "__main__":
    main()
```

앞선 코드를 실행하면 다음 결과를 얻습니다.

sample_pipe.py 실행

```
$ python sample_pipe.py
메시지 수신: Hello World!
```

프로세스 동기화하기

multiprocessing 모듈에는 threading 모듈과 같은 프로세스 동기화 기능이 있습니다. 프로세스 간에 lock을 사용하여 동기화하지 않으면, 표준 출력 내용에는 각 프로세스의 출력이 섞이게 됩니다.

각 프로세스의 출력이 섞여 있는 예: sample_mix.py

```
from multiprocessing import Process

def f(i):
```

```
    # 처리 순번 출력
    print('{0}번째 프로세스 실행 중'.format(i))

def main():
    for i in range(3):
        p = Process(target=f, args=(i,))
        p.start()
    p.join()

if __name__ == "__main__":
    main()
```

앞선 코드를 실행하면 다음과 같은 결과가 나옵니다.

sample_mix.py 실행

```
$ python sample_mix.py
1번째 프로세스 실행 중
0번째 프로세스 실행 중
2번째 프로세스 실행 중
```

lock을 사용하면 한 번에 하나의 프로세스만 표준 출력에 기록하도록 할 수 있습니다.

lock을 사용하여 프로세스 실행을 제어하는 예: sample_lock.py

```
from multiprocessing import Process, Lock

def f(lock, i):
    # lock이 unlock 상태가 될 때까지 block
    lock.acquire()

    # 처리 순번 출력
    print('{0}번째 프로세스 실행 중'.format(i))
```

제 13 장

```
    # lock 해제
    lock.release()

def main():
    # lock 객체
    lock = Lock()

    for i in range(3):
        p = Process(target=f, args=(lock, i))
        p.start()
    p.join()

if __name__ == "__main__":
    main()
```

앞선 코드를 실행하면 다음 결과가 나옵니다.

sample_lock.py 실행

```
$ python sample_lock.py
0번째 프로세스 실행 중
1번째 프로세스 실행 중
2번째 프로세스 실행 중
```

프로세스가 시작된 순서대로 실행되는 것을 확인할 수 있습니다.

동시에 실행하는 프로세스 수 제어하기

Pool 클래스를 이용하면 동시에 실행하는 프로세스 수를 제어할 수 있습니다. 구체적으로 살펴보면 다음과 같습니다. Pool 클래스가 지정된 수의 프로세스를 풀링하여(pooling), 태스크가 들어왔을 때 비어 있는 적당한 프로세스에 태스크를 할당해 줍니다. 사용할 프로세스 상한은 Pool 클래스의 인스턴스를 생성할 때 지정합니다. 객체의 요소 수가 설정된 프로세스 상한값보다 많을 때에는 설정된 상한값 이외의 프로세스는 생성되지 않습니다. 이때에는 다른 요소의 처리가 끝나는 대로, 프로세스를 재이용하여 처리가 이루어집니다.

실행하는 프로세스 상한을 설정하고, 비동기 처리하는 예

```
>>> from multiprocessing import Pool
>>> def f(x):
...     return x * x
...
>>> p = Pool(processes=4)  ——— 프로세스 수 상한을 4개로 설정한다
>>> result = p.apply_async(f, [10])  ——— 비동기로 f(10) 처리 실행
>>> print(result.get())  ——— 결과 취득
100
```

사용하는 프로세스 수를 제한하고 객체의 각 요소에 대하여 함수를 적용시키는 map 처리를 병렬화할 수도 있습니다.

사용하는 프로세스 수를 제한하고 map을 병렬화

```
사용할 프로세스 상한을 5개로 설정
>>> with Pool(5) as p:
...     p.map(f, [1, 2, 3])
...
[1, 4, 9]
```

제 13 장

multiprocessing과 threading의 차이

스레드 생성을 지원하는 threading 모듈도 multiprocessing 모듈과 같이 병렬처리 기능을 제공합니다.

하지만 threading 모듈에는 Global Interpreter Lock(이하, GIL) 제약 때문에, 한 번에 하나의 스레드밖에 실행할 수 없다는 단점이 있습니다. GIL이란, 여러 개의 스레드가 동시에 메모리에 접근하지 않도록 1 인터프리터 당 1 스레드를 보장하는 것입니다(Python뿐만 아니라 많은 LL 언어에서는 thread-safe가 아닌 C 언어 모듈을 많이 사용하므로, GIL을 채택하고 있습니다).

이에 반해 multiprocessing 모듈은 스레드 대신 서브 프로세스를 이용함으로써, GIL 문제를 회피하여 여러 CPU나 멀티코어 CPU의 리소스를 최대한으로 활용할 수 있습니다.

서브 프로세스 관리하기

공식 문서	https://docs.python.org/3.4/library/subprocess.html

여기에서는 자식 프로세스의 생성과 관리 기능을 제공하는 subprocess에 대해 설명하겠습니다. subprocess는 새로 프로세스를 시작하거나, 프로세스의 표준 입출력과 오류 출력에 대하여 파이프로 연결하거나, 종료 상태를 취득합니다.

자식 프로세스 실행하기

자식 프로세스 실행에는 subprocess.call( ) 메서드를 사용합니다.

subprocess를 이용하여 명령어를 실행하는 예

```
>>> import subprocess

실행하려는 명령어와 인수를 리스트로 넘김
>>> result = subprocess.call(['echo', 'Hello World!'])
Hello World!
>>> result
0

shell=True라고 지정하면 셸을 거쳐 명령어가 실행됨
여기에서는 "exit 1"을 지정하여 셸을 비정상 종료시키고 있음
>>> result = subprocess.call(['exit 1'], shell=True)
>>> result
1
```

메서드를 실행하면, 실행한 명령어의 종료 상태가 반환값으로 반환됩니다(정상 종료한 경우에는 0이 반환됨). "shell=True"를 지정하면 셸을 통해 명령어가 실행되므로 셸 특유의 다양한 기능을 사용할 수 있는 반면, 실행 결과가 사용자의 플랫폼에 의존하여 달라집니다. 특별히 필요한 경우가 아니라면 "shell=True"는 지정하지 않는 것이 좋습니다.

subprocess.call()에서는 표준 출력 결과(앞선 예에서는 'Hello World!')를 받을 수 없다는 것에 주의합시다. 더욱 복잡한 처리를 하려면 다음 절에서 설명할 Popen을 사용하도록 합시다.

정상 종료하지 않았을 때 예외를 발생시키려면 subprocess.check_call() 메서드를 이용합니다.

자식 프로세스가 비정상 종료할 때 예외 발생

```
>>> subprocess.check_call(['exit 1'], shell=True)
Traceback (most recent call last):
  ...
subprocess.CalledProcessError: Command '['exit 1']' returned non-zero
exit status 1
```

subprocess.check_call( ) 메서드는 자식 프로세스가 정상 종료되지 않았을 때 CalledProcessError 예외가 발생합니다.

자식 프로세스를 실행하여 표준 출력 결과 얻기

subprocess.call()보다 복잡한 처리를 하려는 경우, 예를 들어 표준 입출력/오류 출력과 값을 주고받고 싶을 때에는 subprocess.Popen 클래스를 사용합니다. Popen에 전달하는 주요 인수는 다음과 같습니다.

Popen 클래스의 인스턴스를 생성할 때 지정할 수 있는 주요 인수

옵션 이름	설명
args	실행할 프로그램을 문자열 또는 시퀀스로 지정한다.
stdin, stdout, stderr	표준 입출력 및 표준 오류 출력의 파일 핸들러를 지정한다. 기본값은 None.
shell	True이면 셸을 거쳐 명령어를 실행한다. 기본값은 False.

자식 프로세스의 표준 입력에 데이터를 보내고 싶을 때, 혹은 자식 프로세스의 표준 출력 및 표준 오류 출력으로부터 데이터를 받고 싶을 때는 각각의 인수에 subprocess.PIPE를 지정해야 합니다. subprocess.PIPE는 표준 스트림에 대해 파이프 여는 것을 지정하기 위한 특별한 값입니다.

명령어의 표준 출력 결과를 얻는 예

```
>>> from subprocess import Popen, PIPE
>>> cmd = 'echo Hello World!'

자식 프로세스 생성
>>> p = Popen(cmd, shell=True, stdout=PIPE, stderr=PIPE)

실행한 결과를 표준 출력으로 얻음
>>> stdout_data, stderr_data = p.communicate()
>>> stdout_data
b'Hello World\n'
```

자식 프로세스의 표준 출력을 얻을 때는 communicate( )를 사용하자

subprocess 모듈은 자식 프로세스의 표준 출력을 얻는 방법으로 communicate( ) 메서드 외에 stdout.read( ), stderr.read( )와 같은 메서드를 제공합니다. 하지만 communicate( ) 메서드 외의 방법을 이용하면 표준 출력 데이터의 양이 매우 클 때, 운영체제의 파이프 버퍼가 대기 상태가 되어 데드록(deadlock)이 발생하는 문제가 있습니다. 이와 같은 데드록을 피하기 위해, 자식 프로세스의 표준 출력을 얻을 때는 communicate( )를 이용하도록 합시다.

여러 자식 프로세스를 연결하여 최종 결과 얻기

명령어를 파이프로 이어서 이용하는 것처럼, 자식 프로세스의 출력을 다른 자식 프로세스의 입력으로 전달하는 처리를 작성할 수 있습니다. 앞선 프로세스의 출력(Popen.stdout)을 다음 프로세스의 입력(stdin)으로 전달하면 됩니다.

자식 프로세스의 출력을 다른 자식 프로세스의 입력으로 전달하는 예

```
>>> from subprocess import Popen, PIPE

첫 번째 자식 프로세스 생성(Hello World!라고 출력함)
>>> cmd1 = 'echo Hello World!'
>>> p1 = Popen(cmd1, shell=True, stdout=PIPE, stderr=PIPE)

첫 번째 자식 프로세스를 두 번째 자식 프로세스의 입력으로 넘겨줌(받은 출력을 소문자로 변환함)
>>> cmd2 = 'tr "[:upper:]" "[:lower:]"'
>>> p2 = Popen(cmd2, shell=True, stdin=p1.stdout, stdout=PIPE, stderr=PIPE)

최종 출력 결과를 얻음
>>> stdout_data, stderr_data = p2.communicate()
>>> stdout_data
b'hello world!\n'
```

찾아보기

C

D

E

F

G

T

U

W

X

Y

Z

저자 Profile

이케우치 다카히로 池内 孝啓

가나가와 현 요코하마 시 출신으로 1984년생이다. 소프트웨어 개발 회사, 인프라 서비스 제공 회사를 거쳐 2011년 3월 주식회사 ALBERT에 입사하여, 클라우드 컴퓨팅을 활용한 마케팅 플랫폼 사업 초기 전개를 담당했다. 2014년 1월 집행임원으로 취임했으며, 2015년 8월 주식회사 유리에를 설립했다. 현재 유리에 대표이사 겸 CTO이다.

2014년 커뮤니티 PyData.Tokyo를 공동으로 출범시키는 등, Python과 PyData 보급 활동을 벌이고 있다.

스즈키 다카노리 鈴木 たかのり

부서 내부 사이트 구축을 위해 Zope/Plone을 처음 접한 후, 업무에서 필요성을 느끼고 Python을 사용하기 시작했다. 현재 주요 활동으로는 PyCon JP 2015 좌장, 일반사단법인 PyCon JP 이사, Python 인공암벽등반부(#kabepy) 부장, Python mini Hack-a-thon 주최, Plone User's Group Japan 등이 있다.

이시모토 아츠오 石本 敦夫

오랫동안 Python을 사용한 개발자로서, 일본 Python 메일링 리스트 설립과 python.jp 사이트 구축 등을 담당했다.

고사카 겐지로 小坂 健二郎

비트 아일 종합연구소 소속으로, 1년 정도 취미로 Python을 사용하다가 그 후 업무로 Django를 사용한 웹 시스템 개발을 3년 정도 담당했다. 클라이밍을 천직으로 삼고 있으며, Python 인공암벽등반부 부부장을 맡고 있다. 집에서는 6마리의 고양이와 함께 생활하고 있다.

마카비 아이 真嘉比 愛

주식회사 VOYAGE GROUP에서 광고 기술 관련 데이터 분석 업무를 담당하고 있다. 2014년 9월에 여성 파이썬 사용자를 위한 국제 커뮤니티 PyLadies의 일본 지부 PyLadies Tokyo를 설립하여 대표를 맡고 있다.

최지연 옮긴이

동아대학교 일어일문학과를 졸업하고 한국외대 통번역대학원 국제회의통역을 전공했다. 삼성전자에서 다년간 무선통신기술 관련 번역과 통역을 담당했으며, 현재 번역에이전시 하니브릿지에서 전문 번역가로 활동하고 있다. 역서로는《게임 프로그래밍, 물리로 생각하라》,《리눅스 시스템의 이해와 활용》등이 있다.